U0730545

浦睿文化　出品

LOOKING FOR
SU DONGPO
IN
THE PALACE MUSEUM

在故宫
寻找苏东坡

祝勇 著

CNS | 湖南美术出版社

# 目录

最
好
的
时
代
，
最
坏
的
时
代

---

那是最美好的时代，那是最糟糕的
时代；那是智慧的年头，那是愚昧的年
头；那是信仰的时期，那是怀疑的时期；
那是光明的季节，那是黑暗的季节……

——［英］狄更斯《双城记》

一

我们已经习惯于抱怨自己所处的时代，因为在这个时代里
有太多的事物值得抱怨，比如无所不在的噪声，覆盖了世界本
初的声音——风声雨声、关雎鹿鸣；我们需要走很远的路才能
看见蓝天，由于霾的存在，我已无法分辨白昼与黄昏，即使在

中午，我的房间也需要开灯，当年宋徽宗把青瓷的颜色定位为"雨过天青云破处"，那样的颜色，也只能从旧日瓷器上寻找了；苏丹红、瘦肉精、地沟油、三聚氰胺，这些原本不属于这个世界的物质被"发明"出来，让我们的生存时时处于险境；更不用说各种诈骗手段加深了人们彼此间的不信任，在任何公共场合，每个人都会下意识地捂紧自己的钱包；面对他人的求助，大多数人都会装聋作哑，落荒而逃。

有些事情一时难分好坏，比如登月、填海造陆、武器不断升级……人们总是有很多理由，把这个时代里的勾当说成正当，把无理变成合理。人心比天高，尽管上帝早就警告人类的自信不要无限膨胀，但是建一座登天之塔（巴别塔）的冲动始终没有熄灭，人们总是要炫耀自己的智商，这恰恰是缺乏智商的表现。我引一段王开岭的话："20世纪中叶后的人类，正越来越深陷此境：我们只生活在自己的成就里！正拼命用自己的成就去篡改和毁灭大自然的成就！""可别忘了：连人类也是大自然的成就之一！"[1]

连作家都对我们这个时代失去了信心，文学似乎与农业文明有着天然的联系，当世界失去了最真实的声音与光泽，蒙在世界上的那一层魅被撕掉了，文学也就失去了表达的对象，也失去了表达的激情。流行的网络文学已经是工业生产的一部分，对此，大多数作家都持抵抗的态度。所谓"纯文学"，除

---

1 王开岭：《夜泊笔记》，见《第十六届百花文学奖散文奖获奖作品集》，第5页，天津：百花文艺出版社，2015年版。

了用"纯"字来表示自身的纯度外，几乎要在市场环境中沦陷。我听到不止一位朋友抱怨说，发表即终结，也就是说，一部精心构筑的作品发表在刊物上那一天，就是它死亡的那一天，因为已经没有人再去阅读文学刊物，所以对于一部作品，连骂的人都没有。

## 二

站在这样一个时代里，我想起清末学人梁济与他的儿子梁漱溟的一段对话。梁漱溟年轻时是革命党，曾参加北方同盟会，参与了推翻清朝的革命；而梁济则是保皇党，对推翻清朝的革命持坚决的反对态度。中国近代史上的这爷儿俩，真是一对奇葩。辛亥革命成功后，梁济这样问自己的革命党儿子："这个世界会好吗？"年轻的梁漱溟回答说："我相信世界是一天一天往好里去的。"梁济说："能好就好啊！"三天之后，梁济在北京积水潭投水自尽。

在儒家知识分子心里，最好的时代不在将来，而在过去。对于孔子，理想的时代就是已经逝去的周代，是那个时代奠定了完善的政治尺度和完美的道德标准，所以他一再表示自己"梦见周公"，"吾从周"。同理，在当代，在有些知识分子心里，最好的时代是民国时代。他们把那个时代假想为一个由长袍旗袍、公寓电车、报馆书局、教授名流组成的中产阶级世界，似乎自己若置身那个时代，必定如鱼得水，殊不知在那个饿殍遍野、战乱不已的时代，一个人在生死线上挣扎的概率恐怕更大。

当然，对过往朝代的眷恋往往被当作对现实的一种谈判策略，这就另当别论了，与那个朝代本身无关。


三


　　相比之下，喜欢宋代的人可能最多。对于宋代，黄仁宇先生曾在《中国大历史》一书中做过这样的描述："公元960年宋代兴起，中国好像进入了现代，一种物质文化由此展开。货币之流通，较前普及。火药之发明，火焰器之使用，航海用之指南针，天文时钟，鼓风炉，水力纺织机，船只使用不漏水舱壁等，都于宋代出现。在11-12世纪，中国大城市里的生活程度可以与世界上任何城市比较而毫无逊色。"[1]

　　于是，这样一个发达的朝代，就成了许多人向往的朝代。很多年前，有人做过"时光倒流，你愿意生活在哪个朝代？"的网络民调，宋代位居第一。有网友说：


　　　　这个时代之所以高居榜首，我的想法很简单，是因为这一百年里，五个姓赵的皇帝竟不曾砍过一个文人的脑袋。我是文人，这个标准虽低，对我却极具诱惑力……于是文人都被惯成了傻大胆，地位也空前的高。

　　　　想想吧，如果我有点才学，就不用担心怀才不遇，因

---

1　黄仁宇：《中国大历史》，第128页，北京：生活·读书·新知三联书店，1997年版。

为欧阳修那老头特别有当伯乐的瘾；如果我喜欢辩论，可以找苏东坡去打机锋，我不愁赢不了他，他文章好，但禅道不行，却又偏偏乐此不疲；如果我是保守派，可以投奔司马光，甚至帮他抄抄《资治通鉴》；如果我思想新，那么王安石一定高兴得不得了，他可是古往今来最有魄力的改革家；如果我觉得学问还没到家，那就去听程颢讲课好了，体会一下什么叫"如坐春风"。

当然，首先得过日子。没有电视看，没有电脑用，不过都没什么关系。我只想做《清明上河图》里的一个画中人，又悠闲，又热闹，而且不用担心社会治安……高衙内和牛二要到下个世纪才出来。至于这一百年，还有包青天呢。[1]


前不久，从微信视频里看到台湾艺术史家蒋勋先生的一段谈话，说"宋朝是中国历史最有品位的朝代"。他说："宋朝是中国和东方乃至全世界最好的知识分子典范。读圣贤书，所学何事？读书的目的是让自己找到生命存在的意义和价值，让自己过得悠闲，让自己有一种智慧去体验生命的快乐，并且能与别人分享这种快乐。"[2]

对此我不持异议，因为宋代人的生活中，有辞赋酹酒，有丝弦佐茶，有桃李为友，有歌舞为朋。各门类的物质文明史，

---

1　《时光倒流，你愿意生活在哪个朝代？》，http://www.u148.net/tale/13810.html。
2　《蒋勋：宋朝是中国历史最有品位的朝代》，见腾讯视频，2015 年 11 月 12 日。

宋代都是无法绕过的环节。比如吃茶，虽然在唐代末期因陆羽的《茶经》而成为一种文化，但在宋代才成为文人品质的象征，吃茶的器具，也在宋代登峰造极，到了清代，仍被模仿。又如印刷业的蝴蝶装，到宋代才成为主要的装订形式，它取代了书籍以"卷"为单位的形态，在阅读时可以随便翻到某一页，而不必把全"卷"打开。我们今天最广泛使用的字体——宋体，也是用这个朝代命名的，这是因为在宋代，一种线条清瘦、平稳方正的字体取代了粗壮的颜式字体，这种新体，就是"宋体字"，可见那个朝代影响之深远。更不用说山水园林、金石名物、琴棋书画、民间娱乐，都在宋代达到高峰。欧阳修自称"六一居士"，意思是珍藏书籍一万卷、金石遗文一千卷、琴一张、棋一局、酒一壶，加上自己这个老翁，刚好六个"一"。他把自己的收藏编目并加以解说，编成一本书，叫《集古录》。后来宋徽宗有了规模更大的收藏，也编了一本书，叫《宣和博古图录》。

但这只是泛泛地说，具体到某一个人，情况就不这么简单了。比如，在苏东坡看来，自己身处的时代未必是最好的时代，甚至，那是一个很差的时代。

我们就拿苏东坡来说事儿吧。

## 第 一 章

# 夜雨西山

> 苏轼一生的主题，并不是如何报效
> 他的朝廷，而是如何与自己的命运对抗。

## 一

我们今天所能见到的苏轼[1]的第一首诗，应该是《郭纶》。

公元1059年，苏轼与苏辙这两位大宋王朝的新科进士，回乡为母亲程夫人丁忧三年之后，在秋凉时节，带着两位年轻

---

[1] 苏轼，字子瞻，又字和仲，被贬黄州期间，带领家人开垦城东一块坡地，种田帮补生计，遂以"东坡居士"为别号（详见本书第49页），因此，自号"东坡"以前，本书称"苏轼"，其后皆称"苏东坡"。

的媳妇，走水路返回汴京。过嘉州[1]时，在落日苍茫的渡口，苏轼抬眼就看到了郭纶。

那时的郭纶逆光而坐，默数着河流中的船只。苏轼看到了他粗硬的轮廓，却想象不出蛰伏在那轮廓里的巨大能量，更不曾见过他身边那匹瘦弱的青白快马，曾像闪电一样驰过瀚海大漠。这位从前的英雄，曾在河西一带无人不识。那名声不是浪得的，定川寨[2]一战，当西夏的军队自地平线上压过来时，人们看到郭纶迎着敌军的方向冲去，用手里的丈八蛇矛，在敌酋的脖子上戳出了一个血窟窿，让对手的满腔热血，喷溅成一片刺眼的血雾。这般的勇猛，没有在西域的流沙与尘埃中湮没，却被一心媾和的朝廷一再抹杀。宋仁宗庆历四年（公元1044年），范仲淹写下著名的《岳阳楼记》那一年，宋夏签订和平协议，战争结束了，英雄失去了价值，郭纶于是骑上他的青白马，挎上曾经让敌军胆寒的弓箭，孤孤单单地踏上远行的路。他不知道自己是怎样走到四川来的，更不知道下一步要去哪里，只是在一个不经意的瞬间，与苏轼迎面相遇。

于是，年轻的苏轼写下了这样的诗句：

河西猛士无人识，
日暮津亭阅过船。
路人但觉骢马瘦，

---

1　今四川省乐山市。
2　今宁夏固原西北。

不知铁槊大如椽。

因言西方久不战，

截发愿作万骑先。

我当凭轼与寓目，

看君飞矢集蛮毡。[1]


几百年后，编修《四库全书》的纪晓岚读到这首诗，淡然
一笑，说："写出英雄失路之感。"[2]

是美人，就会迟暮；是英雄，就有末路。这是世界的规律。
只是他（她）们还是美人或英雄的时候，都不会意识到这一点。
年轻的苏轼在那一天就看到了自己的劫数，只不过那时的他，
刚刚见识到这个世界的壮阔无边，他的内心深处，正风云激荡，
还来不及收纳这般的苍凉与虚无，更不会意识到，郭纶的命运，
并不只是他一个人的命运，而是所有人的命运。苏轼从故乡奔
向帝国的中心，又被飞速旋转的政治甩向深不可知的荒野，王
朝为他预置的命运，几乎与郭纶别无二致。他一生的主题，并
不是如何报效他的朝廷，而是如何与自己的命运对抗。

夜色压下来，吞没了郭纶的身体。他的脸隐在黑暗中，滔
滔的江水中，他听不见苏轼的窃窃私语。

1　[北宋] 苏轼：《郭纶》，见《苏轼全集校注》，第一册，第 1 页，石家庄：河北人民出版社，
2010 年版。

2　[清] 纪昀：《纪评苏诗》，转引自《苏轼全集校注》，第一册，第 3 页，石家庄：河北人
民出版社，2010 年版。

图1.1
[元] 赵孟頫《苏轼小像》
北京故宫博物院藏

二

公元 1056 年，宋朝的春天，苏轼（图 1.1）平生第一次离开自己生活了近二十年的故乡眉州[1]，自阆中上终南山，和父亲苏洵、弟弟苏辙一起，走上褒斜谷迂回曲折、高悬天际的古栈道，经大散关进入关中，再向东进入河洛平原，前去汴京参加科考。

第二年，苏轼、苏辙参加了礼部初试，主考官的名字，叫欧阳修。

第一次听说欧阳修的名字，苏轼还是七八岁的孩子，刚刚开始入天庆观北极院的私塾读书。有一次，有一位先生从京师来，对范仲淹、欧阳修这些人的文学及品行大加赞赏，苏轼听了，就好奇地问："你说的这些人是什么人？"先生不屑地说："童子何用知之！"意思是小孩子知道这些干什么？没想到苏轼用稚嫩的声音反驳道："此天人也耶，则不敢知；若亦人耳，何为其不可？"这样的睿智的语言，出自小儿之口，令在场的人惊愕不已。

那个参与修撰《新唐书》的欧阳修，当时是大宋帝国的礼部侍郎兼翰林侍读学士，也是北宋文坛的第二位领袖（对此，后面还会讲到）。今天的故宫博物院，还收藏着他的多帧墨稿，最有名的，就是《灼艾帖》（图 1.2）了。这幅字，书法端庄

---

1　今四川省眉山市。

修启多日不相见诚以区区见发
亦曾灼艾不知体中如何来日修偶
在家或能见过乎□□此亦中医者常有顾
俗工深可与之论膂也亦有闲事思
相见不宣
修　再拜
廿八日
学正足下

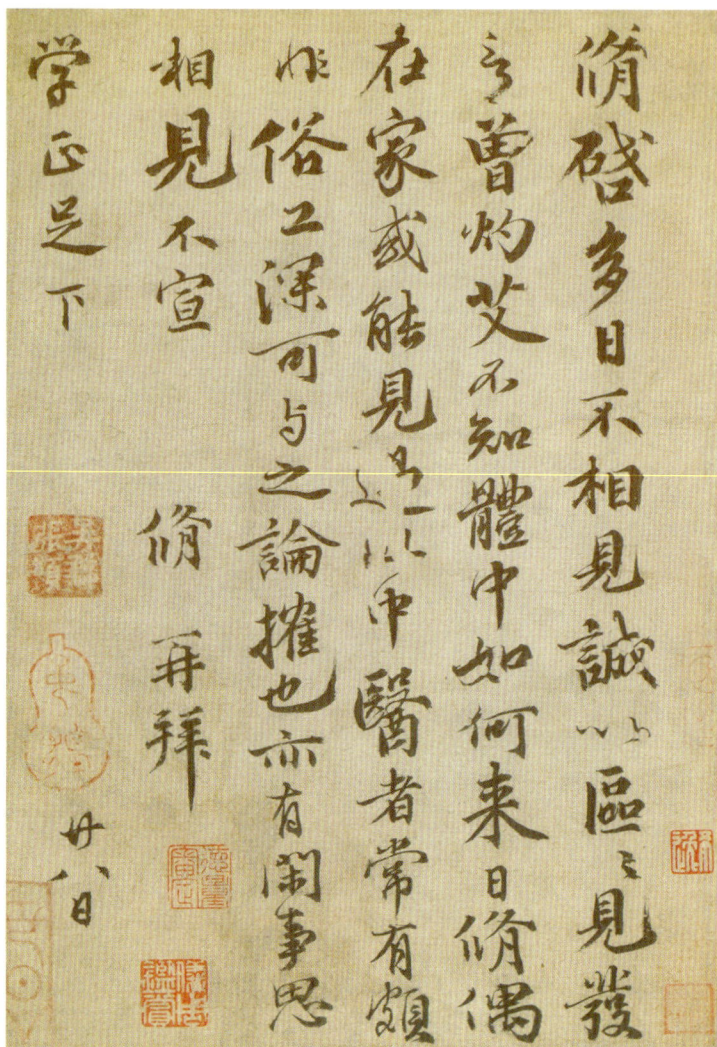

图1.2　［北宋］欧阳修《灼艾帖》
北京故宫博物院 藏

劲秀,既露锋芒又顿挫有力,黄庭坚评价:"于笔中用力,乃是古人法。"

那时,北宋文坛的空虚造作、奇诡艰涩的文风已让欧阳修忍无可忍。在他看来,那些华丽而空洞的词藻,就像是一座装饰华美的坟墓,埋葬了文学的生机。刚好在这个时候,他读到了苏轼、苏辙的试卷,他们文风之质朴、立论之深邃刷新了欧阳修的目光,让他拍案叫绝。他自己看不够,还拿给同辈传看。只不过,欧阳修以为如此漂亮的文章,只有自己的学生曾巩才写得出来,出于避嫌的考虑,他把原本列入首卷的文章,改列为二卷。

苏轼因此名列第二。

接下来的殿试中,章衡第一,苏轼第二,曾巩第三,苏辙第五。

宋代开国之初,立志打造一个文治国家,世代君主,莫不好学,而执政大臣,也无一不是科第出身,以学问相尚,把宋朝锻造为一个文明烂熟的文化大帝国。[1]

宋朝的科举,朝廷扩大了录取的名额,使它远远超过了唐代,平民阶层在社会阶层中上行的概率,也远远高于唐代。唐代"事前请托",也就是考生把自己的诗文进呈给考官以自我推荐的做法也被杜绝了,代之以糊名制度,就是把考生所填写的姓名、籍贯等一切可能作弊的资料信息全部密封,使主考官

---

1　参见李一冰:《苏轼传》,上册,第30页,南京:江苏文艺出版社,2013年版。

和阅卷官无法得知每张卷子是谁的。这使得像苏轼这样没有家世背景的读书人能够更公平地为政府所用。如钱穆先生所说，"升入政治上层者，皆由白衣秀才平地拔起，更无古代封建贵族及门第传统的遗存"。[1] 苏轼、苏辙、张载、吕惠卿，都是在嘉祐二年（公元1057年）由欧阳修主持的那次考试中及第的，但也造成了欧阳修的那次误会。

欧阳修就这样在试卷上认识了苏轼。很久以后，他对自己的儿子说："记着我的话，三十年后，无人再谈论老夫。"还说："老夫当退让此人，使之出人头地。"

苏氏兄弟的才华，挑动了欧阳修与张方平的爱才之心，使这两位朝廷上的死对头，步调一致地荐举这对年轻人。但他们掌控不了苏轼的命运，朝廷政治如同一个迅速转动的骰子，没有逻辑可言，而它的每一次停止，都会决定一个人的生死与荣辱。

三

有人说，苏轼的困境，来自小人的包围。

所以，苏轼要"突围"。

这固然不假，在苏轼的政治生涯里，从来没有摆脱过小人的围困。故宫博物院收藏的残存的《文官图》泥质壁画（图1.3）上，宋代官僚的样貌，比戏曲舞台上更加真实。在历朝历代，

---

1 钱穆：《理学与艺术》，见《宋史研究集》第七辑，第2页，台北：台湾书局，1974年版。

图1.3 ［北宋］佚名《文官图》壁画（局部）
北京故宫博物院 藏

官场都是培养小人的温床，不仅苏轼，像欧阳修、王安石、司
马光这些中央领导，也都不能摆脱小人的纠缠。指望官员都是
正人君子，未免太不切实际了，而将苏轼仕途的枯荣归因于他
人的道德，不能算错，但至少是不完整的，甚至失之肤浅。

实际上，奠定了苏轼一生政治悲剧的，非但不是小人，相
反是一位高士。

那就是他一生最大的政敌——王安石。

苏轼与王安石的冲突，似乎是命中注定。

他们谁也躲不开。

当时的宋朝，虽承平日久，外表华丽，但内部的溃烂，却早已成了定局。早在十多年前，王安石就曾写下长达万言的《上仁宗皇帝言事书》，痛陈国家积弱积贫的现实：经济困窘、社会风气败坏、国防安全堪忧。正是这纸万言书，一举奠定了王安石后来的政治地位。

宋神宗赵顼是在治平四年（公元 1067 年）即位的，第二年改年号为熙宁元年。四月里的一个早晨，宋神宗召请王安石入朝。那个早上，汴京的宫殿像往常一样安静，46 岁的王安石踩着在夜里飘进宫墙的飞花，脚下发出窸窸窣窣的声响。我猜想，那时的王安石，表情沉静似水，内心一定波澜起伏，因为大宋王朝的命运，就将在这个早上发生转折。他尽可能维持着均匀的步点，穿越巨大的宫殿广场，走进垂拱殿时，额头已经漾起一层微汗。在空荡的大殿中站定，跪叩之后，仰头与宋神宗年轻清澈的目光相遇。那一年，宋神宗 19 岁，庄严华丽的龙袍掩不住他身体里的欲望与冲动。他问王安石："朕治理天下，要先从哪里入手？"王安石神色不乱，答曰："选择治术为先。"宋神宗问："卿以为唐太宗如何？"王安石答："陛下当法尧舜，唐太宗又算得了什么呢？尧舜之道，至简而不烦，至要而不迂，至易而不难。只是后来的效法者不了解这些，以为高不可及罢了。"宋神宗说："你是在责备朕了，不过，朕扪心自问，不愿辜负卿意，卿可全力辅佐朕，你我君臣同济此道。"[1]

---

1　原文见 [元] 脱脱等撰：《宋史》，第 8462 页，北京：中华书局，2000 年版。

自那一天起，年轻的宋神宗就把所有的信任给了王安石，几乎罢免了所有的反对派，包括吕公著、程颢、杨绘、刘挚等。于是有了历史上著名的"王安石变法"，又称"熙宁变法"。

四

王安石是一位高调的理想主义者，日本讲谈社出版的《中国的历史》称他为"伟大的改革设计师"[1]，并评价"王安石变法"是"滴水不漏的严密的制度设计"，认为"其基础是对于《周礼》等儒教经典的独到的深刻理解。在以相传为周代的各种政治制度和财政机构为模范的基础上，他结合宋代的社会现实构筑的各种新法，是唐宋变革期最为华丽的改革。"还说："如果新法政策能够得到长久继承，那我们是否可以想象，中国社会也可能同西洋的历史一样，就那样顺势跨入近代社会。"[2]

王安石的书法，在宋徽宗时代就入了宫廷收藏。《宣和书谱》形容他的书法"美而不夭饶，秀而不枯瘁，自是一世翰墨之英雄"[3]。 这份自信与强健，正与他本人一样。他的字，今天所存甚少。台北故宫博物院藏有一卷，叫《过从帖》（即《奏

---

1 ［日］小岛毅：《中国思想与宗教的奔流：宋朝》，第93页，桂林：广西师范大学出版社，2014年版。
2 ［日］小岛毅：《中国思想与宗教的奔流：宋朝》，第193页，桂林：广西师范大学出版社，2014年版。
3 《宣和书谱》，第111页，杭州：浙江人民美术出版社，2012年版。

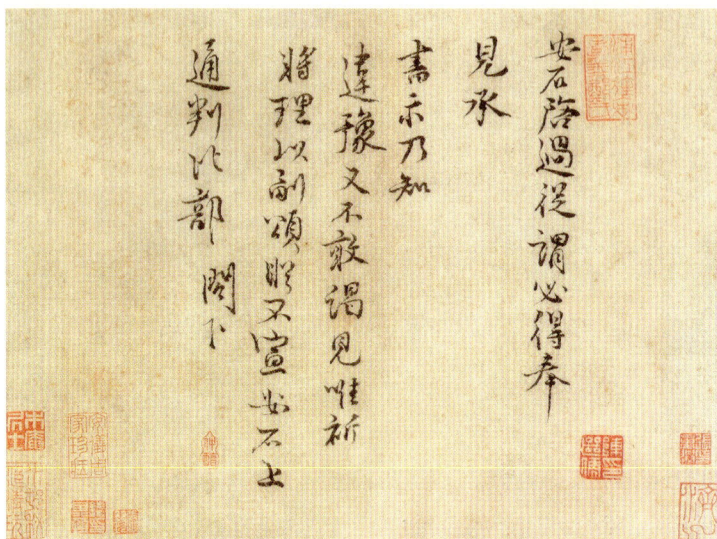

图1.4 ［北宋］王安石《过从帖》
　　　台北故宫博物院 藏

见帖》）（图1.4）；上海博物馆也有一卷，叫《首楞严经旨要》，只不过写这字时，他已归隐钟山。

　　苏轼初出茅庐（官居判官告院，兼判尚书祠部），却站在反对王安石的行列里。他不是反对变法，而是反对王安石的急躁冒进和党同伐异。《宋史》说王安石"果于自用"[1]。他的这份刚愎，不仅在于他不听反对意见，不能团结一切可以团结的力量，更在于他不屑于从"庆历新政"的失败中汲取教训，甚

―――――――――――――

1　［元］脱脱等撰：《宋史》，第8461页，北京：中华书局，2000年版。

書示乃知
達豫又不敢遏見惟祈
將理以副頌盻又宣
通判比部 閤下  宣安不具

至范仲淹当年曾想办一所学校，以培养改革干部，这样的想法，王安石都没有，王安石的过度自信，由此可见。因此，他领导的改革，就注定不会比范仲淹领导的"庆历新政"有更好的结果。

苏轼知道，无论多么优美的纸上设计，在这块土地上都会变得丑陋不堪——惠及贫苦农民的"青苗法"，终于变成盘剥农民的手段，而募役法，本意是让百姓以赋税代兵役，使人民免受兵役之苦，但在实际操作中，又为各级官吏搜刮民财提供了堂皇的借口，每人每户出钱的多寡，根本没有客观的标准，而全凭地方官吏一句话。王安石心目中的美意良法，等于把血淋淋的割肉刀，递到各级贪官污吏的手中。

苏轼深知这变法带来的恶果。但此时的宋神宗，面对一个墨守成规、不思进取的朝局，急于做出改变，他对文彦博说："天下敝事甚多，不可不革。"宋神宗的急切、王安石的独断，让关心政局的苏轼陷入深深的忧虑。

苏轼敏锐地意识到，目今正是一个危险而黑暗的时代。那时的他，纵然有宋神宗赏识，却毕竟人微言轻。他可以明哲保身，但他是个任性的人，明知是以卵击石，却仍忍不住要发声。

熙宁三年（公元1070年），天子御试，不考诗赋，专考策论，目的是广征言路。那次考试，苏轼是考官，吕惠卿是主考官。

然而当时的举子，别的没有学会，迎合上级却已是行家里手，他们知道当朝皇帝和宰相都是主张变法的，所以在考卷中，他们个个声言变法的伟大，以媚时君。最出格的，要数一个名叫叶祖洽的邵武考生，他在策论中说："祖宗法度，苟且因循，陛下当与忠智豪杰之臣合谋而鼎新之。"苏轼、宋敏求两位考官都主张将此卷黜落，没想到主考官吕惠卿，将叶祖洽的马屁考卷擢为第一。

这让苏轼大为光火，上书警告皇上说："自今以往，相师成风，虽直言之科，亦无敢以直言进者。风俗一变，不可复返，正人衰微，则国随之，非复诗赋策论迭兴迭废之比也。"

说过这些话，苏轼还没有过瘾，索性借用这一次的考题，写了一篇《拟进士对御试策》，一针见血地指出：

> 古之为医者，聆音察色，洞视五脏。则其治疾也，有剖胸决脾，洗濯胃肾之变。苟无其术，不敢行其事。今无知人之明，而欲立非常之功，解纵绳墨以慕古人，则是未能察脉而欲试华佗之方，其异于操刀而杀人者几希矣！[1]

宋神宗声色不动，不满 20 岁，就已经有了帝王的风范，沉稳而不骄矜。他把苏轼的策论交给王安石。王安石看了，说，苏轼才华很高，但路子不正，因为在官场上不能如意，才会发表这样的歪理邪说。

宋神宗还是有主见的。放下苏轼的上书，他决定立刻召见苏轼。

那是熙宁四年（公元 1071 年）正月。

垂拱殿里，他第一次见到传说中的苏轼。

---

1 ［北宋］苏轼：《拟进士对御试策》，见《苏轼全集校注》，第十二册，第 946 页，石家庄：河北人民出版社，2010 年版。

那一年，苏轼 34 岁。

宋神宗说："朝廷变法，得失安在？哪怕是朕个人的过失，你也可坦白指陈，无须避讳。"

苏轼深知自己人微言轻，但皇帝的此次召见，说明他的上疏正在发生作用，或许，这是扭转帝国危局的一次机会。所以，他丝毫没有准备闪躲。他说："陛下有天纵之才，文武兼备，然而当下改革，不怕不明智，不怕不勤政，不怕不决断，只怕求治太急，听言太广，进人太锐。所以，还以从容一些、安静一些为好，观察效果之后，再作处置。"[1]

宋神宗听后，陷入长久的沉默。

苏轼进一步说："一切政治制度和法律的变革，都应该因应时势而逐渐推行。生活与风俗变化于先，法律制度革新于后。宛如江河流转，假如用强力来控制它，只能适得其反。"[2]

那一次，面对神宗，苏轼说出了憋闷已久的话。他说得痛快，宋神宗静静地聆听着，一直没有打断他。等苏轼说完，宋神宗才略微沉吟了一下，表情温和地说："卿之言论，朕当熟思之。凡在馆阁之官员，皆当为朕深思治乱，不要有所隐瞒。"

宋神宗的召见，让苏轼看到了希望。他难以抑制自己的兴奋。他把这件事说给朋友听。但他还是太年轻，太缺乏城府，如此重大的事件，怎能向他人述说？宋神宗召见苏轼，就这样

---

1　原文见［元］脱脱等撰：《宋史》，第 8641 页，北京：中华书局，2000 年版。
2　原文见［元］脱脱等撰：《宋史》，第 8641 页，北京：中华书局，2000 年版。

被他自己走漏了风声，而且，这风声必然会传到王安石的耳朵里，让他有所警觉，有所准备。

召见苏轼后，宋神宗也的确感觉苏轼是个人才，有意起用他，作起居注官。那是一个几乎与皇帝朝夕相处的职位，对皇帝的影响，也会更大。但王安石早有准备，才阻此事成功，任命苏轼到开封府，做了推官，希望这些吃喝拉撒的行政事务，捆住苏轼的手脚。

但苏轼没有忘记帝国的危机。二月里，苏轼写了长达三千四百余字的《上神宗皇帝书》。

苏轼后来对好友，也是欧阳修的门生晁端彦说："我性不忍事，心里有话，如食中有蝇，非吐不可。"

他的命运，也因此急转直下。


五


王安石就在这种近乎亢奋而紧张的心情中，登上了帝国政治的巅峰。就在王安石出任相职的第二年，他的老师欧阳修就挂靴而去，退隐林泉了。欧阳修的另一位弟子曾巩则被贬至越州担任通判小职。司马光也向朝廷递交了辞呈，去专心从事写作，为我们留下一部浩瀚的历史巨著《资治通鉴》。

范镇也辞职了，他在辞职书上愤然写下这样的话："陛下有爱民之性，大臣用残民之术。"宋神宗在早朝时把这话交给王安石看，王安石气得脸色煞白，手不住地颤抖。

王安石放眼望去，御史部门的同事，只剩下了曾布和吕惠卿这两个马屁虫。

帝国的行政中枢，很快成了王安石的独角戏。当时的人们用"生老病死"形容中书省，即：王安石生，曾公亮老，富弼病，唐介死。

正人君子们退出政坛以后，这个坛自然就被投机小人们填满了，从此在帝国政坛上横行无忌。这些人，包括吕惠卿、曾布、舒亶、邓绾、李定等。

王安石火线提拔的这些干部，后来无一例外地进入了《宋史》中的佞臣榜。

苏轼不会想到，自己的才华与政绩，终究还是给朝廷上的小人们提供了合作的理由。沈括对苏轼的才华始终怀有深深的嫉妒，李定则看不惯地方百姓对苏轼的拥戴，尤其苏轼在离开徐州时，百姓遮道拦马，流泪追送数十里，更令李定妒火中烧。当然，他们的凶狠里，还包含着对苏轼的恐惧，他才华熠熠，名满天下，又深得皇帝赏识，说不定哪天会得到重用，把持朝廷，因此，必须先下手为强。

罪名，当然是"讥讪朝政"。苏轼口无遮拦，这是他唯一的软肋。

当沈括到杭州见苏轼的时候，苏轼丝毫不会想到，这位旧交，竟然是"乌台诗案"的始作俑者。

也是在熙宁四年（公元1071年），七月里，苏轼带着家眷，到杭州任通判。杭州的湖光山色、清风池馆，使苏轼纠结的心舒展了许多。然而，在江南扯不断的梅雨里，在鹭鸶惊飞的空寂里，他还是听到了百姓的哀怨与痛哭。

那个写出《梦溪笔谈》的沈括，就在这个时候来到苏轼身边，表面上与苏轼畅叙旧情谊，实际上是来做卧底的。他要骗取苏轼的信任，然后搜集对苏轼不利的证据。天真的苏轼，怎知人心险恶，沈括自然很容易就得逞了。他拿走了苏轼送给他的诗集，逐条批注，附在察访报告里，上交给皇帝，告他"词皆讪怼"。

## 六

苏轼是在湖州知州任上被抓的。

官场潜规则，倾轧皆在暗处，雾里看花，神龙见首不见尾，杀人不见血。这是一门学问，私塾里不教，科举从来不考，但官场中人，个个身手非凡，只是苏轼在这方面的情商，不及格。

何正臣率先在朝廷上发难，上书指责苏轼"愚弄朝廷，妄自尊大"，继而有舒亶紧随其后，找出苏轼的诗集，陷苏轼于"大不敬"之罪，压轴戏由御史中丞李定主唱，他给苏轼定了四条"可废之罪"，这临门一脚，绝然要把苏轼送上断头台。

历史中所说的"乌台诗案"，"乌台"，就是御史台。它位于汴京城内东澄街上，与其他官衙一律面南背北不同，御史台的大门是向北开的，取阴杀之义，四周遍植柏树，有数千乌鸦在低空中回旋，造成一种暗无天日的视觉效果，所以人们常把御史台称作乌台，以颜色命名这个机构，直截了当地指明了它的黑暗本质。"诗"，当然是指苏轼那些惹是生非的诗了。

用写诗来反朝廷，这是一大发明。

"乌台诗案"，写进了中国古代文字狱的历史，它代表着变法的新党与保守的旧党之间的政治斗争，已经演变为朋党之间的倾轧与报复。

但此时的苏轼，还高坐无忧。有人偷偷告诉苏轼，他的诗被检举揭发了，他先是一怔，然后不无调侃地说："今后我的诗不愁皇帝看不到了。"

终于，御史台发出了逮捕苏轼的命令。王诜事先得到消息，立刻派人火速赶往南都告知苏辙，苏辙又立刻派人奔向湖州，向苏轼通风报信。没想到带着台卒奔向湖州的皇甫僎行动更快。他们倍道疾驰，其行如飞。幸而到润州时，一路随行的皇甫公子病了，苏辙派的人，才在这场超级马拉松中，稍早一步冲到了终点。

苏轼从来人的口中得知了自己将要被捕的消息，他的内心一定被深深刺痛。但他并不知道自己罪名的轻重。皇甫僎带着他的人马到达州衙时，苏轼惶然不知所措。他问通判："该穿什么衣服出见？"通判说："现在还不知是什么罪名，当然还是要穿官服出见。"

苏轼于是穿上靴袍，秉笏与皇甫僎相对而立。那两名台卒，一律白衣黑巾，站在两边，一副凶神恶煞的样子。苏轼说："臣知多方开罪朝廷，必属死罪无疑，死不足惜，但请容臣归与家人一别。"

皇甫僎说："不至如此严重。"

皇甫僎嘴上这么说，但他的做法却很严重。他下令手下台卒，用绳子把苏轼捆起来，推搡出门。

目击者形容当时的场面时说："顷刻之间，拉一知州，如驱犬鸡。"[1]

家人赶来，号啕大哭，湖州城的百姓也在路边流泪。

只有儿子苏迈，跟在他们身后，徒步相随。

## 七

根据苏轼后来在诗中的记述，他在御史台的监狱，实际上就是一口百尺深井，面积不大，一伸手，就可触到它粗糙的墙壁，他只能蜷起身，坐在它的底部，视线只能向上，遥望那方高高在上的天窗。这是一种非人的身体虐待，更是一种精神的折磨。将近一千年后，我在奥斯维辛集中营，看到了结构相同的监狱。

他终于知道了大宋政坛的深浅。那深度，就是牢狱的深度。黑暗、陡峭、寒冷。

苏轼就这样被要求在规定的时间和地点里交代"问题"，与此相伴的，是残酷的审问，还有狱卒们的侮辱。

他把提前准备好的青金丹埋在土里，以备有朝一日，必须面对死亡时，毫不犹豫地了断今生。

儿子苏迈，每天都到狱中为苏轼送饭。由于二人不能见面交流，因此之前约定：平时只送蔬菜和肉食，如果有死刑判决

---

1　［北宋］孔平仲：《孔氏谈苑》，转引自王水照、崔铭：《苏轼传》（最新修订版），第151页，天津：天津人民出版社，2013年版。

的坏消息，就改为送鱼，以便有个心理准备。

苏迈很快花光了盘缠，他决定暂时离开汴京，去朋友那里借钱，就托一个朋友代为送饭，情急之下，他忘了向朋友交待这个约定的秘密。而不知情的朋友，恰好给苏轼送去了一条熏鱼。乍见食盒里的熏鱼，苏轼脸色骤然一变。

他给自己最牵挂的弟弟写了两首诗，偷偷交给一个名叫梁成的好心狱卒，让他转交给苏辙。

梁成说："学士必不致如此。"

苏轼说："假使我万一获免，则无所恨，如其不免，而此诗不能送到，则死不瞑目矣。"

梁成只好接了下来。

其中一首写：


圣主如天万物春，

小臣愚暗自亡身。

百年未满先偿债，

十口无归更累人。

是处青山可埋骨，

他时夜雨独伤神。

与君今世为兄弟，

又结来生未了因。[1]

---

1 ［北宋］苏轼：《予以事系御史台狱，狱吏稍见侵，自度不能堪，死狱中，不得一别子由，故作二诗授狱卒梁成，以遗子由，二首》其一，见《苏轼全集校注》，第三册，第 2092 页，石家庄：河北人民出版社，2010 年版。

然后，他又坐到黑暗里，一动不动。

长夜里，他破茧为蝶。

## 八

御史台的那些小人们，原本是要置苏轼于死地的。副相王珪再三向皇帝表白："苏轼有谋反之意。"李定上书说，对苏轼要"特行废绝，以释天下之惑"。舒亶更是丧心病狂，认为不仅牵连入案的王诜、王巩罪不容赦，连收受苏轼讥讽文字而不主动向朝廷汇报的张方平、司马光、范镇等三十多人也都该杀头。

然而，在这生死之际，挺身为苏轼说情的人更多。

取代了王安石的当朝宰相吴充上朝说："魏武帝（曹操）这样一个多疑之人，尚能容忍当众击鼓骂曹的祢衡，陛下您为什么就不能容忍一个写诗的苏轼呢？"

太皇太后病势沉重，宋神宗要大赦天下为太皇太后求寿，太皇太后说："不须赦天下凶恶，但放了苏轼就够了。"

连苏轼的政治对手、此时已然退隐金陵的王安石都上书皇帝，说："岂有圣世而杀才士者乎？"

对于这些，苏轼毫不知情。他在牢狱里不知挨过了多少个夜晚，也只能透过墙壁上薄薄的光线，来感受白昼的降临。有一天，暮鼓已经敲过，隐隐中，一个陌生人来到他的牢房，一句话也不说，只在地上扔了一只小箱子，然后就在他身边躺下，枕在小箱子上，睡着了。

第二天醒来时，他终于开口了，对苏轼说："恭喜，恭喜！"苏轼把身子翻过来，面对他，疑惑地问："什么意思？"那人只微笑了一下，说声："安心熟寝就好！"然后就爬起身，背起小箱子，走了。

很久以后，苏轼才明白，那是皇帝派来观察苏轼动静的，看他是否怀有怨怼不臣之心。他发现苏轼在狱中吃得饱，睡得香，酣声如雷，就知道苏轼的心里没有鬼。他本来就舍不得杀苏轼，于是对大臣们说："朕早就知道苏轼于心无愧！"

十二月二十八这天，朝廷的判决终于降临：苏轼贬官黄州，作团练副使，不准擅离黄州，不得签署公文。驸马都尉王诜，身为皇亲国戚，与苏轼来往密切，收受苏轼讥讽朝廷的诗词书札也最多，而且在案发后向苏轼通风报信，因此被削除一切官职爵位；苏辙受到连累，被贬官筠州；苏轼的朋友王巩也远谪宾州。收受苏轼讥讽朝廷的诗词书信而不主动举报的张方平等罚铜三十斤，司马光、黄庭坚、范镇等十几位朋友，都被罚铜二十斤。

在宋代，罚铜是对官员获罪的一项处罚。当年苏轼在凤翔通判任上，就曾因为没有参加知州举办的官场晚宴，而被罚铜八斤。

狱卒梁成从自己的枕头里把苏轼写给弟弟苏辙的绝命诗翻找出来，交还给苏轼时，他说："还学士此诗。"苏轼把诗稿轻轻放在案子上，目光却回避着上面的文字，不忍再看。

苏轼踏着残雪走出监狱，是在元丰二年（公元 1079 年）旧历除夕之前。他的衣袍早已破旧不堪，在雪地的映衬下更显寒怆。他觉得自己就像一滴污渍，要被阳光晒化了。尽管那只是冬日里的残阳，但他仍然感到温暖和娇媚。

到那一天，他已在这里被折磨了整整一百三十天。

出狱当天，他又写了两首诗，其中一首写道：

> 平生文字为吾累，
> 此去声名不厌低。
> 塞上纵归他日马，
> 城东不斗少年鸡。[1]

"少年鸡"，指的是唐代长安城里的斗鸡高手贾昌，少年时因斗鸡而得到大唐天子的喜爱，实际上是暗骂朝廷里的谄媚小人，假如被嗅觉很灵的御史们闻出味儿来，又可以上纲上线了。

写罢，苏轼掷笔大笑："我真是不可救药！"

---

1　［北宋］苏轼：《十二月二十八日，蒙恩责授检校水部员外郎黄州团练副使，复用前韵二首》其二，见《苏轼全集校注》，第三册，第2108页，石家庄：河北人民出版社，2010年版。

第
二
章

人
生
如
蚁

他不是"不为五斗米折腰",而是
天天要为五斗米折腰。

一

公元 1082 年,被称为"天下行书第三"的《寒食帖》,
在黄州,等着苏轼书写。

"天下行书第一",是王羲之的《兰亭集序》(图 2.1),
写于东晋永和九年(公元 353 年)。

四百年后,唐乾元元年(公元 758 年),颜真卿写下"天
下行书第二"——《祭侄文稿》。

在我看来,被称作"天下行书第二"的,应该是李白《上
阳台帖》(图 2.2)。当然,这只是出于个人偏好。艺术没有

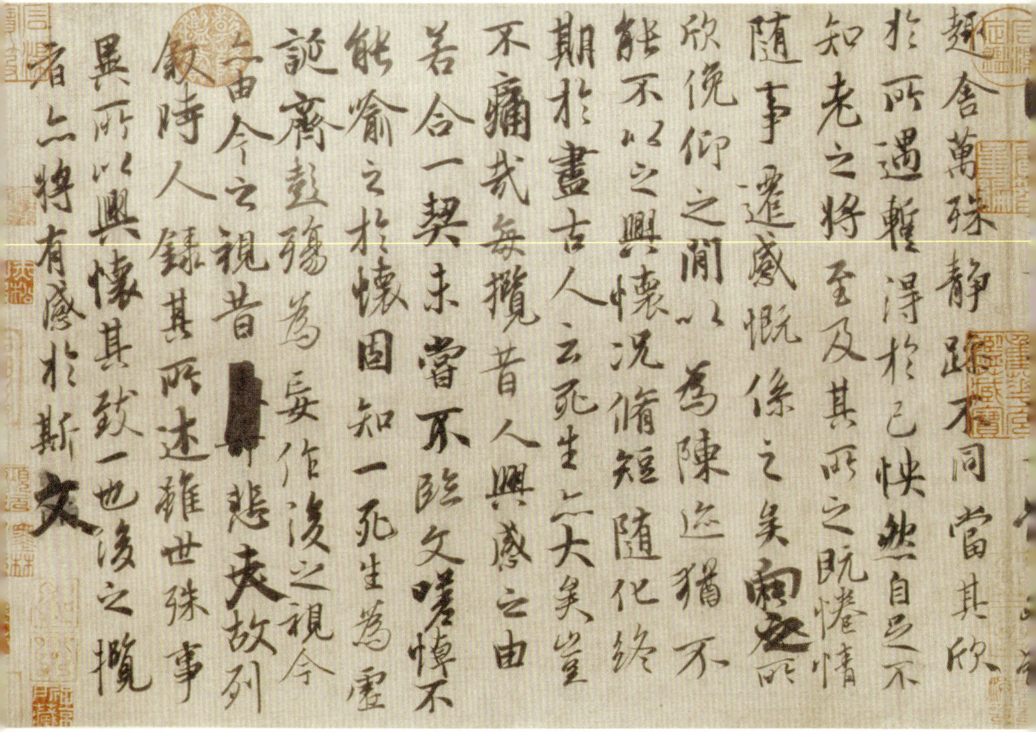

图2.1　［东晋］王羲之《兰亭集序》（唐·冯承素摹本）
北京故宫博物院 藏

永和九年歲在癸丑暮春之初會
于會稽山陰之蘭亭脩稧事
也群賢畢至少長咸集此地
有峻領茂林脩竹又有清流激
湍暎帶左右引以為流觴曲水
列坐其次雖無絲竹管弦之
盛一觴一詠亦足以暢敘幽情
是日也天朗氣清惠風和暢仰
觀宇宙之大俯察品類之盛
所以遊目騁懷足以極視聽之
娛信可樂也夫人之相與俯仰

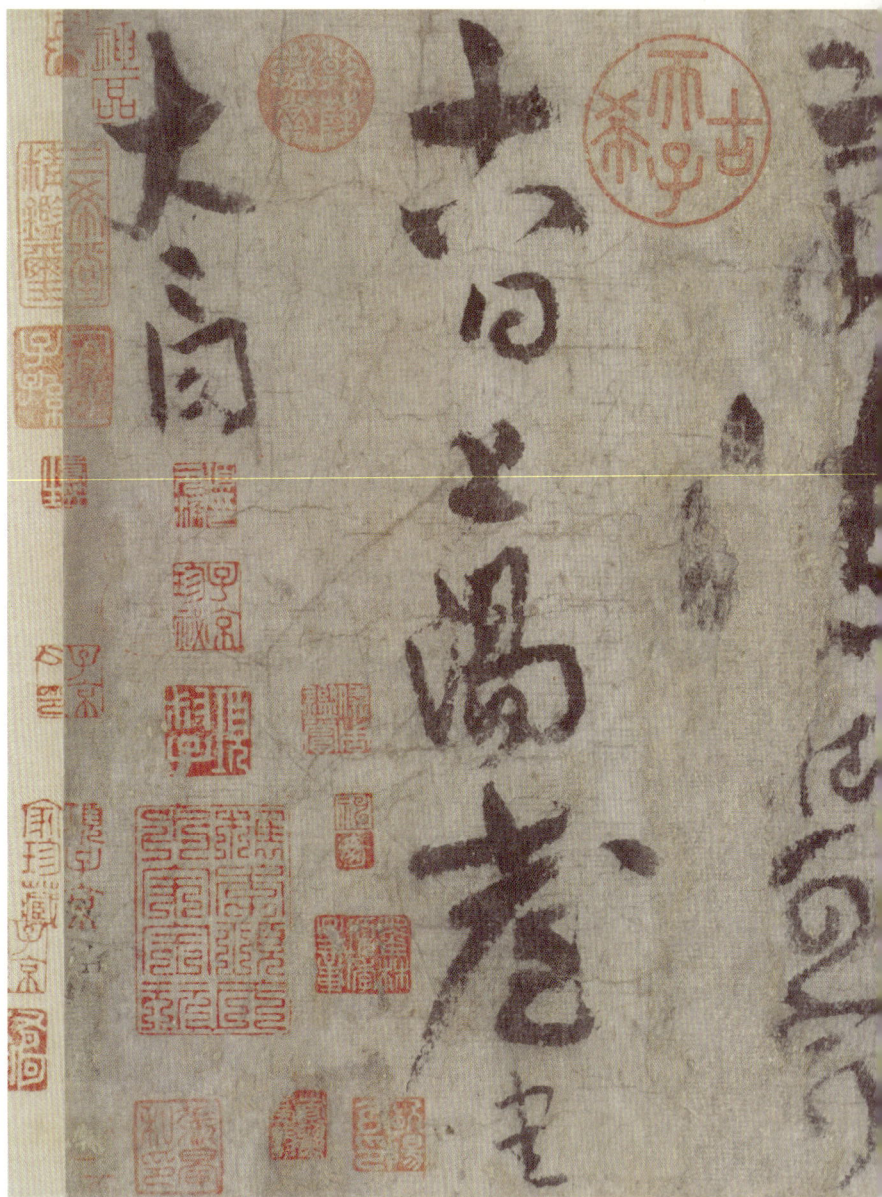

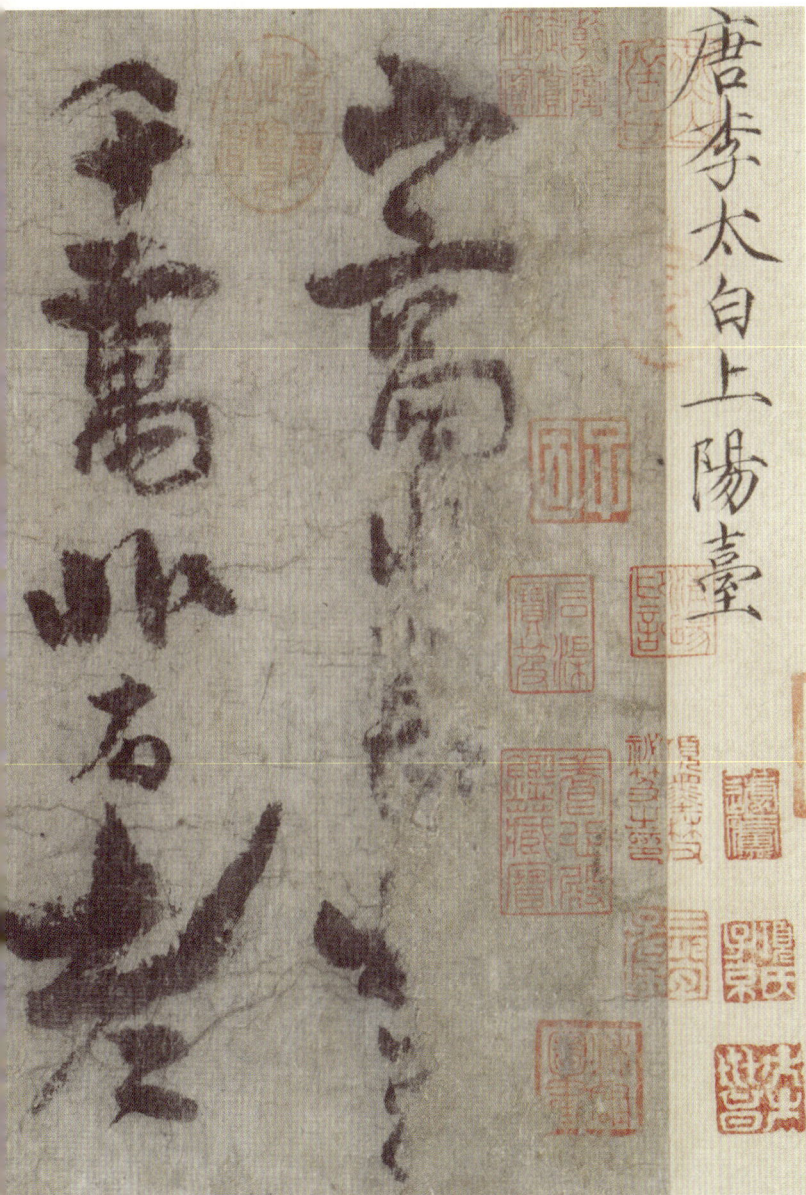

唐李太白上陽臺

图2.2

[唐]李白《上阳台帖》
北京故宫博物院 藏

第二章 人生如蚁　　037

平海書記許先製道服所以清其意而潔其身

同年范仲淹請寫贊云

道服贊　并序

道家者流　衣裳楚楚　君子服之　逍遥是與

虛白之室　可以居處　華胥之庭　可以步武

豈無青紫　寵爲辱主　豈無狐貉　驕爲禍府

重此如師　畏彼如虎　崔陽之孫　無忝於祖

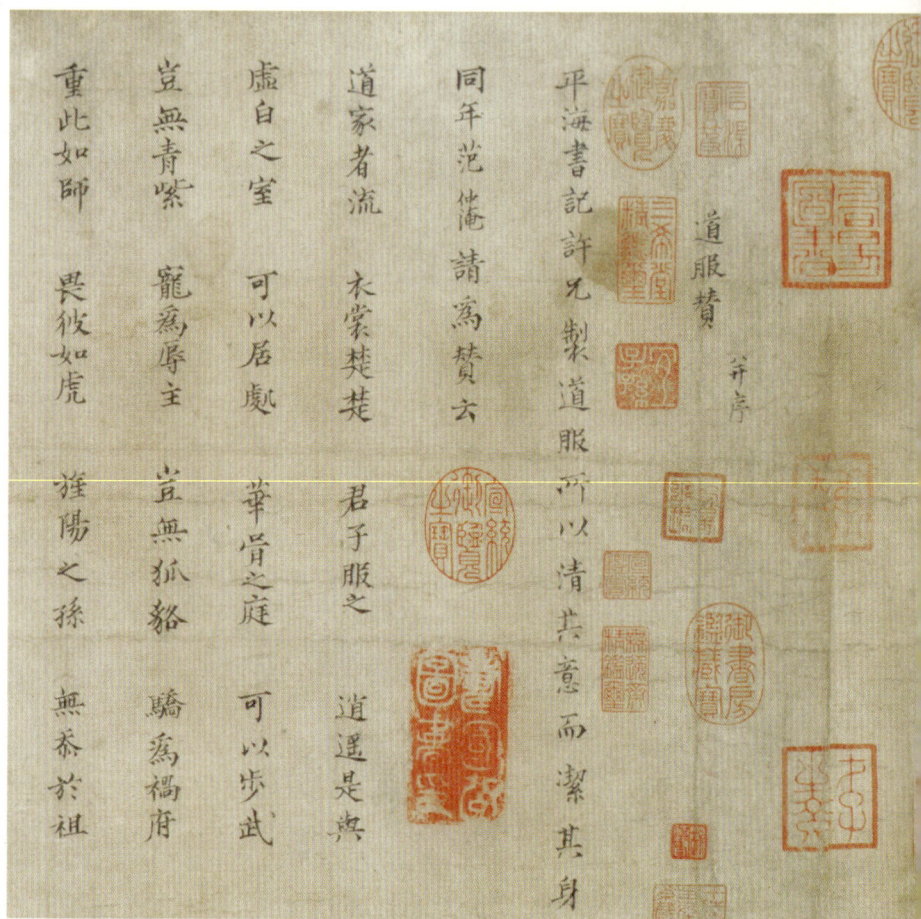

图2.3　［北宋］范仲淹《道服赞》
　　　　北京故宫博物院 藏

第一名，《兰亭集序》的榜首位置，想必与唐太宗李世民的推崇有关，但假如它永远第一，后来的艺术史就没有价值了，后来的艺术家就都可以洗洗睡了。

当然我们也不必那么较真，每一个人，都有自己心中的第一。

无论怎样，《寒食帖》，这"天下行书第三"，要等到《祭侄文稿》三百多年之后，才在苏轼的笔下，恣性挥洒。

王羲之《兰亭集序》原稿已失，故宫博物院收藏的，是唐代虞世南、褚遂良的临本和冯承素的摹本，台北故宫博物院亦藏有褚遂良临绢本和定武本。

颜真卿《祭侄文稿》和苏轼《寒食帖》，则都保存在台北故宫博物院。

在《祭侄文稿》和《寒食帖》之间，有五代杨凝式，以超逸的书美境界获得了显著的历史地位；有梅妻鹤子的林逋，书法如秋水明月，干净透澈，一尘不染；有范仲淹，"落笔痛快沉着"[1]。他们的作品，故宫博物院都有收存。其中范仲淹的楷书《道服赞》（图2.3），笔法瘦硬方正，民国四公子之一的张伯驹先生说它"行笔瘦劲，风骨峭拔如其人"[2]，《远行帖》（图2.4）和《边事帖》（图2.5），一律粉花笺本，亦在清劲中见法度，一如他的人格，"庄严清澈，信如其品"。

---

1　[北宋]黄庭坚：《山谷题跋》，转引自徐利明：《中国书法风格史》，第321页，郑州：河南美术出版社，1997年版。
2　张伯驹：《烟云过眼》，第77页，北京：中华书局，2014年版。

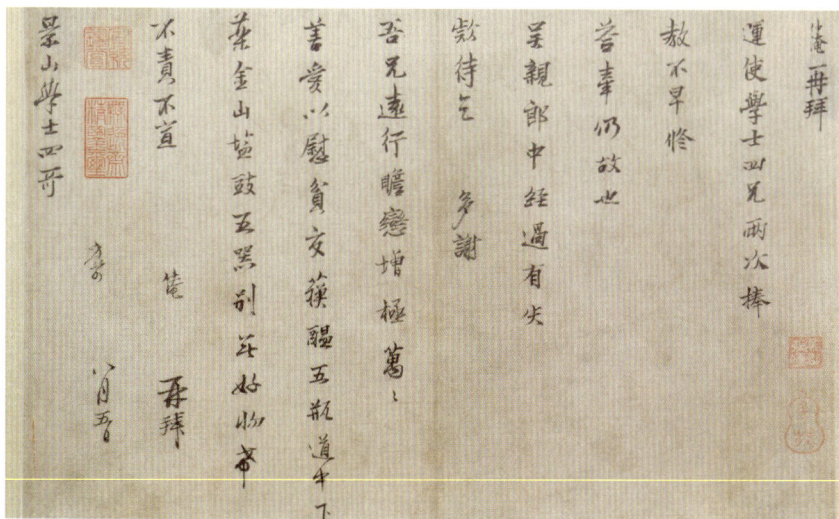

图2.4　［北宋］范仲淹《远行帖》
　　　　北京故宫博物院 藏

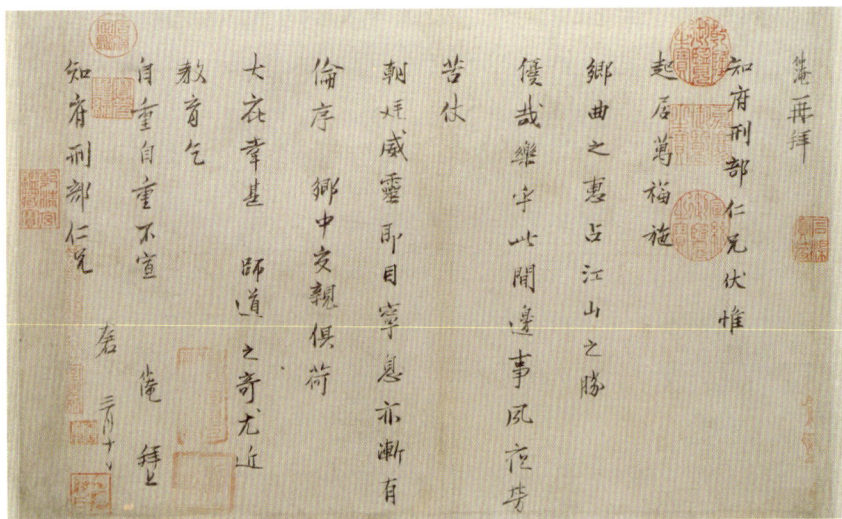

图2.5 ［北宋］范仲淹《边事帖》
北京故宫博物院 藏

但宋代书法的真正代表，却是"苏黄米蔡"。苏轼《寒食帖》，则被认为是宋人美学的最佳范例。

这幅字，是在一个原本与苏轼毫无干系的地方——黄州完成的。也是在这一年，苏轼写下了《念奴娇·赤壁怀古》、《赤壁赋》和《后赤壁赋》。

这字，这词，这文，无不成为中国艺术史上的不朽经典。

将近一千年后，我在书房里临写《寒食帖》，心里想着，公元1082年究竟是怎样的一个年份；在这一年，苏轼的生命里，到底发生了什么？

二

　　11 世纪，那个慷慨收留了苏轼的黄州，实际上还是一片萧索之地。这座位于大江之湄的小城，距武汉市仅需一个小时车程，如今早已是满眼繁华，而在当时，却十分寥落荒凉。

　　苏轼在儿子苏迈的陪伴下，一路风尘、跟跟跄跄地到了黄州——一个原本与他八竿子打不着的荒僻之地。那时的他，一身鲜血，遍体鳞伤。乌台诗狱，让他领教了那个朝代的黑暗。所幸，他没有被推上断头台。黄州虽远，毕竟给了他一个喘息的机会，让他慢慢适应眼前的黑暗。他的入狱，固然是小人们精诚合作的结果，但不能说与他自己没有干系。那时的他，年轻气盛，对劣行从不妥协，在他的心里，一切都是黑白分明，但对于对方，他无可奈何，自己，却落了一堆把柄，所谓杀敌一千，自损八百。他喜欢写诗，喜欢在诗里发牢骚，他不懂"墙里秋千墙外道"的道理，说到底，是他的生命没有成熟。那成熟不是圆滑，而是接纳。黑暗与苦难，不是在旦夕之间可以扫除的，在消失之前，他要接纳它们，承认它们的存在，甚至学会与它们共处。

　　那段时间，苏轼开始整理自己复杂的心绪。蒋勋说："这段时间是苏轼最难过、最辛苦、最悲剧的时候，同时也是他生命最领悟、最超越、最升华的时候。"[1]

---

1　蒋勋：《蒋勋说宋词》（修订版），第 128 页，北京：中信出版社，2014 年版。

人是有适应性的，他开始适应，而且必须适应这里的生活。

从苏轼写给王庆源的信中，我们可以看到他在黄州最初的行迹：

> 扁舟草履，放浪山水间。客至，多辞以不在，往来书疏如山，不复答也。此味甚佳，生来未曾有此适。[1]

在给毕仲举的信中，又说：

> 黄州滨江带山，既适耳目之好，而生事百须，亦不难致，早寝晚起，又不知所谓祸福安在哉？[2]

到了黄州，苏轼父子一时无处落脚，只好在一处寺院里暂居。那座寺院，叫定惠院，坐落在城中，东行五十步就是城墙的东门，虽几度兴废，但至今仍在。院中有花木修竹，园池风景，一切都宛如苏轼诗中所言。只是增加了后世仰慕者的题字匾额，其中最引人注目的，当是晚清名臣林则徐写下的一副对联：岭海答传书，七百年佛地因缘，不仅高楼邻白傅；岷峨回远梦，四千里仙踪游戏，尚留名刹配黄州。

———————————

1　［北宋］苏轼：《与王庆源十三首》其五，见《苏轼全集校注》，第十八册，第6562页，石家庄：河北人民出版社，2010年版。
2　［北宋］苏轼：《答毕仲举二首》其一，见《苏轼全集校注》，第十七册，第6183页，石家庄：河北人民出版社，2010年版。

苏轼寓居定惠院之东，抬眼，见杂花满山，竟有海棠一株。海棠是苏轼故乡的名贵花卉，别地向无此花，像黄州这样偏远之地，没有人知道它的名贵。看见那株海棠，苏轼突然生出一种奇幻的感觉。他抬首望天，心想一定是天上的鸿鹄把花种带到了黄州。那株茂盛而孤独的繁华，让他瞬间看到了自己。他惨然一笑，吟出一首诗：

> 江城地瘴蕃草木，
> 唯有名花苦幽独。
> 嫣然一笑竹篱间，
> 桃李漫山总粗俗。
> 也知造物有深意，
> 故遣佳人在空谷。
> 自然富贵出天姿，
> 不待金盘荐华屋。
> 朱唇得酒晕生脸，
> 翠袖卷纱红映肉。
> 林深雾暗晓光迟，
> 日暖风轻春睡足。
> 雨中有泪亦凄怆，
> 月下无人更清淑。
> 先生食饱无一事，
> 散步逍遥自扪腹。
> 不问人家与僧舍，

拄杖敲门看修竹。

忽逢绝艳照衰朽，

叹息无言揩病目。

陋邦何处得此花，

无乃好事移西蜀。

寸根千里不易致，

衔子飞来定鸿鹄。

天涯流落俱可念，

为饮一樽歌此曲。

明朝酒醒还独来，

雪落纷纷那忍触。[1]


当年唐玄宗李隆基在沉香亭召见杨贵妃，贵妃宿醉未醒，玄宗见她"朱唇酒晕"，笑曰："岂是妃子醉耶？真海棠睡未足耳。"唐玄宗以人比花，苏轼则是以花自喻了。

初到黄州的日子里，他没事就抄写这首诗，不知不觉之间，竟然抄写了几十本。

独自走路，在这无人问候的小城，没有朋友，没有人知道他的来历，只有一株远远的花树，与他相依为伴。这个仓皇疲惫的旅者，愿意像杨贵妃那样，宿醉不醒。竹叶在定惠院绵密的风声中晃动着，苏轼沉沉地睡去，像他诗里写的：

1 ［北宋］苏轼：《寓居定惠院之东，杂花满山，有海棠一株，土人不知贵也》，见《苏轼全集校注》，第四册，第 2162 页，石家庄：河北人民出版社，2010 年版。

畏蛇不下榻，

睡足吾无求。[1]


醒来时，窗外依旧是绵密的风声，还夹杂着竹子的清香。于是他觉得，这巢穴虽小，却是那样的温暖。萧萧的风声中，他再次睡去，"昏昏觉还卧，辗转无由足"，但没有做梦。即使做梦，也不会梦到朝廷上的岁月，那岁月已经太远，已被他甩在身后，丢在千里外的皇城中。

但有时也有梦。他会梦见故人，梦见自己的父亲、弟弟，梦见司马光、张方平，甚至梦见王安石。这让他在梦醒时分感到一种彻骨的孤寂。这里远离朝阙，朋友都远在他乡，找不出一个可以交谈的人，连敌人都没有。

寂寞中的孤独者，是他此时唯一确定的身份。

在定惠院寓居，他写下一首《卜算子》：


缺月挂疏桐，

漏断人初静。

谁见幽人独往来，

缥缈孤鸿影。


---

1 ［北宋］苏轼：《子由自南都来陈三日而别》，见《苏轼全集校注》，第四册，第2115页，石家庄：河北人民出版社，2010年版。

惊起却回头，

有恨无人省。

拣尽寒枝不肯栖，

寂寞沙洲冷。[1]


他会在万籁俱寂时刻，漫步于修竹古木之间，谛听风声雨声虫鸣声，也有时去江边，捡上一堆石子，独自在江面上打水漂。还有时，他干脆跑到田间、水畔、山野、集市，追着农民、渔父、樵夫、商贩谈天说笑，偶尔碰上不善言辞的人，无话可说，他就央告人家给他讲个鬼故事，那人或许还要推辞，摇头说："没有鬼故事。"苏轼则说："瞎编一个也行！"

话落处，扬起一片笑声。


## 三


花开花落，风月无边，可以抚慰脑子，却不能安抚肚子。苏轼的俸禄，此时已微薄得可怜。身为谪放官员，朝廷只提供一点微薄的实物配给，正常的俸禄都停止了。而苏轼虽然为官已二十多年，但如他自己所说，"俸入所得，随手辄尽"，是名副其实的"月光族"，并无多少积蓄。按照黄州当时的物价水平，一斗米大约二十文钱，一匹绢大约一千二百文钱，再加

---

1　［北宋］苏轼：《卜算子》，见《苏轼全集校注》，第九册，第249页，石家庄：河北人民出版社，2010年版。

上各种杂七杂八的花销，一个月下来也得四千多文钱。对于苏轼来说，无疑是一笔巨款。更何况，他的家眷也来到黄州相聚，全家团圆的兴奋过后，一个无比残酷的现实横在他们面前：这么多张嘴，拿什么糊口？

为了把日子过下去，苏轼决定实行计划经济：月初，他拿出四千五百钱分作三十份，一份份地悬挂在房梁上。每天早晨，他用叉子挑一份下来，然后藏起叉子，即便一百五十钱不够用，也不再取。一旦有节余，便放进一只竹筒。等到竹筒里的钱足够多时，他就邀约朋友，或是和夫人王闰之以及侍妾王朝云沽酒共饮。

即使维持着这种最低标准的生活，苏轼带到黄州的钱款，大概也只能支撑一年。一年以后该怎么办？妻子忧心忡忡，朋友也跟着着急，只有苏轼淡定如常，说："至时，别作经画，水到渠成，不须预虑。"意思是，等钱用光了再作筹划，正所谓水到渠成，无须提前发愁，更不需要提前预支烦恼。

等到第二年，家中的银子即将用尽的时候，生计的问题真的有了解决的办法。那时，已经是春暖时节，山谷里的杜鹃花一簇一簇开得耀眼，苏轼穿着单薄的春衫，一眼看见了黄州城东那片荒芜的坡地。

马梦得最先发现了那片荒芜的山坡。他是苏轼在汴京时最好的朋友之一，曾在太学里做官，只因苏轼在他书斋的墙壁上题了一首杜甫的诗《秋雨叹》，受到围攻，一气之下他辞了官，铁心追随苏轼。苏轼到黄州，他也千里迢迢赶来，与苏轼同甘共苦。

马梦得向官府请领了这块地，苏轼从此像鲁滨逊一样，开始荒野求生。

那是一片被荒置的野地，大约百余步长短，很久以前，这里曾经做过营地。几十年后，曾经拜相（参知政事）的南宋诗人范成大来黄州拜谒东坡，后来在《吴船录》里，他描述了东坡的景象：

> 郡东山垄重复，中有平地，四向皆有小冈环之。[1]

那片被荒弃的土地，苏轼却对它一见倾心，就像一个饥饿的人，不会对食物太过挑剔。这本是一块无名高地，因为它位于城东，让苏轼想起他心仪的诗人白居易当年贬谪到忠州做刺史时，也居住在城东，写了《东坡种花二首》，还写了一首《步东坡》，所以，苏轼干脆把这块地，称为"东坡"。

他也从此自称"东坡居士"。

中国文学史和艺术史里大名鼎鼎的苏东坡，此时才算正式出场。

---

1　［宋］范成大：《吴船录》卷下，见《范成大笔记六种》，第228页，北京：中华书局，2002年版。

四

　　苏东坡不会忘记那一年——宋神宗元丰三年（公元 1080年），他在那块名叫东坡的土地上开始尝试做一个农民。

　　苏东坡开始农业生产的第一个动作，应该是"煽风点火"，因为那些枯草，枝枝柯柯，弯弯曲曲，缠绕在土地上，拒绝着庄稼生长，苏东坡觉得既刺手，又棘手。于是，苏东坡在荒原上点了一把火。今天我们想象他当时呼喊与奔跑的样子，内心都会感到畅快。因为他不只烧去了地上的杂草，也烧去了他心里的杂草。自那一刻起，他不再患得患失，而是开始务实地面对自己生命中的所有困顿，他懂得了自己无论站立在哪里，都应当从脚下的土壤中汲取营养。火在荒原上燃起来，像有一支画笔，涂改了大地上的景物。大火将尽时，露出来的不仅是满目瓦砾，竟然还有一口暗井。那是来自上天的犒赏，帮助他解决了灌溉的问题。这让苏东坡大喜过望，说："一饱未敢期，瓢饮已可必！"那意思是，吃饱肚子还是奢望，但是至少，不必为水源发愁了。

　　苏东坡买来了一头牛，还有锄头、水桶、镰刀之类的农具，那是一个农民的笔墨纸砚，收纳着他的时光与命运。劳作时，苏东坡头戴竹笠，在田间挥汗。第一年种下的麦子在时光中发育，不断抬高他的视线，让他对未来的每一天都怀有乐观的想象。孔孟老庄、四书五经，此时都没了用场。他日复一日地观赏着眼前的天然大书，对它在每个瞬间里的细微变化深感痴迷。

　　我们没有必要把苏东坡的那段耕作生涯过于审美化，像陶渊明所写，"晨兴理荒秽，戴月荷锄归"，因为对于苏东坡本人来说，他的所有努力都不是为了审美，而是为了求生。我从小在城市里长大，不曾体验过稼穑之苦，也没有在广阔天地里炼过红心，但我相信，农民是世界上最艰苦的职业之一。对苏东坡而言，这艰辛是具体的，甚至比官场还要牢固地控制着他的身体。他不是"不为五斗米折腰"，而是天天要为五斗米折腰，折得他想直都直不起来。

但他是对土地折腰，不是对官场折腰。相比之下，还是对土地折腰好些——当他从田野里直起身，他的腰身可以站得像树干一样笔直，而在官场上，他的腰每时每刻都是弯的，即使睡觉、做梦，那腰也是弯的。李公麟《孝经图》卷中的这个细节，就是对这一身体命运的生动记录（图2.6）。一个人生下来，原本是健康的，但官场会把他培养成残疾人——身体与精神的双重残疾，死无全尸，因为在死后，他的灵魂也是弯曲的。

土地是讲理的，它至少会承认一个人的付出，一分耕耘，几分收获。张炜说："这种简单而淳朴的劳动方式本身即蕴含着无可比拟的道德感。"[1] 但官场没理可讲，道德更是尸骨无存，谁在官场上讲理讲道德，谁就是脑残。

所以，他的劳动生涯再苦再累，他的心是自由的。土地征用了他的身体，却使他的精神得到了自由。在这里，他无须蝇营狗苟、苟且偷安。官场培养表演艺术家，他们脸上可以变换

---

1　张炜：《陶渊明的遗产》，第184页，北京：中华书局，2016年版。

图2.6 ［北宋］李公麟《孝经图》卷（局部）
美国大都会艺术博物馆 藏

出无数种表情，但没有一种表情是属于他们自己的。他们都是演技派，而苏东坡是本色派，他不会装，也装不像——他的表演课永远及不了格。官场上绝大多数官员都会认为，这世界上什么都可以丢，唯独官位不能丢；而对于苏东坡来说则刚好相反，如果这个世界一定要从他身上剥夺什么，那就把官位拿去吧，剩下的一切，他都舍不得丢掉。

苏东坡站在烈日下的麦田里，成了麦田里的守望者，日复一日地经受着风吹和日晒，人变得又黑又瘦。他的臂膀和双腿，从来也没有像这样酸胀，从酸胀转为肿痛，又从肿痛转为了麻木。而他的情绪，也由屈辱、悲愤，转化为平淡，甚至喜悦。那喜悦是麦田带给他的——那一年，湖北大旱，幸运的是，苏东坡种的麦子，长势旺盛，芒种一过，麦子就已成熟。

这是田野上最动人的时刻，苏东坡一家在风起云涌的麦田里，抢收麦子。他让妻子用小麦与小米掺杂，将生米做成熟饭。他吃得香，只是孩子们觉得难以下咽，说是在"嚼虱子"，夫人王闰之则把它称作"新鲜二红饭"。

但苏东坡心中的自我满足是无法形容的，因为他经历了一次神奇的萃取，用他艰辛而诚实的劳动，把大自然的精华萃取出来。

一个黄昏里，他从田里返回住处。吱呀一声，沉重的门被推开了。朴素的农舍里没有太多的东西，只有简易的床榻，有吃饭和读书兼顾的桌子，有长长的木柜放在地上，上面或许摆放着一面女人用来梳妆的镜子——那是唯一可以美化他们的事物。太阳的余光从屋檐的齿边斜射进窗格，一些灰尘的微粒在方形的光中飘动，证明屋子里的空气不是绝对静止。生活是那样自然而然，他好像与生俱来，就生活在这样一个场景中。繁华的汴京、皇宫、朝廷，好像都是不切实际的梦。这里似乎只有季节，却看不见具体的日子。但他并不失望，因为季节的轮回里，就蕴藏着未来的希望，这是至关重要的。

独自啜饮几杯薄酒，晃动的灯影，映照出一张瘦长的脸。苏东坡提起笔，将笔尖在砚台上舔得越来越细，然后神态安然地，给朋友们写信。这段时间，为他留下最多文字的就是书信尺牍。他说："我现在在东坡种稻，虽然劳苦，却也有快乐。我有屋五间，果树和蔬菜十余畦，桑树一百余棵，我耕田妻养蚕，靠自己的劳动过日子。"

后来，老友李常任淮南西路提刑，居官安徽霍山，听说苏东坡在耕田糊口，就给他带来了一批柑橘树苗。这让他沉醉在《楚辞》"青黄杂糅，文章烂兮"的灿烂辞句里。他在诗里自嘲："饥寒未知免，已作太饱计。"

假如我们能够于公元 1082 年在黄州与苏东坡相遇，这个男人的面容一定会让我们吃惊——他不再是二十年前初入汴京的那个单纯俊美的少年，也不像三年前离开御史台监狱时那样面色憔悴苍白，此时的苏东坡，瘦硬如雕塑，面色如铜，两鬓皆白，以至于假若他在梦里还乡，从前的发妻都会认不出他来，此时的他，早已"尘满面，鬓如霜"。

有一天夜晚，苏东坡坐在灯下，看见墙壁上的瘦影，自己竟悚然一惊。他没有想到自己已经瘦成这个样子。他赶忙叫人来画，只要他画轮廓，不要画五官。画稿完成时，每个人都说像，只看轮廓，就知道这是苏东坡。

# 五

似乎一切都回到了原点。苏东坡原本就出身于农家，假如他不曾离家，不曾入朝，不曾少年得志，在官场与文场两条战线上尽得风流，他或许会在故乡眉州继承祖业，去经营自家的土地，最多成为一个有文化的劳动者。此时，他在官场上转了一圈，结局还是回到土地上，做一介农夫。

好像一切都不曾开始，就已结束。

但他不是一个普通的农夫。对于一个农夫来说，田野家园，构成了他全部的精神世界，而对苏东坡来说，田野即使大面积地控制了他的视线，在他的心里也只占了一个角落。他的心里还有诗，有梦，有一个更加深厚和广阔的精神空间等待他去完成。他的精神半径是无限的。

我想那时，不安和痛苦仍然会时时袭来。那是文墨荒疏带来的荒凉感，对于苏东坡这样的文人，"会引起一种特殊的饥饿感"[1]。每当夜里，苏东坡一个人静下来，他的心底便会幽幽地想起一个人。他从来没有见过那个人，但在苏东坡的案头，那人的诗集翻开着，苏东坡偶尔闲暇，便会读上几句。读诗与写诗，其实都是一个选定自我的过程。一个人，喜欢什么样的诗，他自己就是一个什么样的人。

---

1　张炜：《陶渊明的遗产》，第 140 页，北京：中华书局，2016 年版。

公元 4 世纪的东晋，有一个诗人，曾经当过江州祭酒、建威参军、镇军参军、彭泽县令。但这一串威赫的名声拴不住他的心，终于，他当彭泽县令八十多天，便弃职而去，归隐在鄱阳湖边一个名叫斜川的地方，写下《归园田居》这些诗歌，和《桃花源记》《五柳先生传》《归去来兮辞》这些不朽的散文。

陶渊明的名字，对中国人来说早就如雷贯耳，在苏东坡的时代亦不例外。那段时光里，陶渊明成了苏东坡最好的对话者。他说："渊明诗初视若散缓，熟读有奇趣。如'暧暧远人村，依依墟里烟。狗吠深巷中，鸡鸣桑树颠'。又曰：'采菊东篱下，悠然见南山'，大率才高意远，则所寓得奇妙，遂能如此，如大匠运斤，无斧凿痕，不知者则疲精力，至死不悟。"

时间把这两位不同时代的诗人越推越远，但在苏东坡的心里，他们越来越近。或许，只有在黄州，在此际，苏东坡才能如此深入地进入陶渊明的内心。苏东坡喜欢陶渊明，是因为他并不纯然为了避世才遁入山林，而是抱着一种审美的态度，来重塑自己的人生。他不是消极的，而是积极的。他也不是避世，而是入世，只不过这个"世"，不同于那个"世"。在陶渊明心里，这个"世"更加真实、丰沛和生动，风日流丽、鱼跃鸢飞、一窗梅影、一棹扁舟，都蕴含着人生中不能错过的美。生命就像树枝上一枚已熟软的杏子，剥开果皮，果肉流动的汁液鲜活芳香，散发着阳光的热度。陶渊明要把它吃下去，而不是永远看着它，事不关己，高高挂起。这位田野里质朴无华的农民，不仅开辟了中国山水文学之美，也成就了中国士大夫人生与人格之美，让自然、生活与人，彼此相合。

七个世纪以后，在黄州，在人间最孤寂的角落，苏东坡真正读懂了陶渊明，就像两片隔了无数个季节的叶子，隔着几百年的风雨，却脉络相通，纹路相合。张炜说："他们都是出入'丛林'（指官场丛林）之人，都是身处绝境之人，都是痛不欲生之人，都是矛盾重重之人，都是爱酒、爱诗、爱书、爱友人、爱自然之人。"[1]苏东坡一遍遍地抄写《归去来兮辞》（图2.7）。时至今日，我在台北故宫博物院打量这件手稿原迹，仍见湿润冲淡之气在往昔书墨之间流动回转。那是他在书写自己的前世——他在词里说："梦中了了醉中醒，只渊明，是前生。"写字的时候，他就成了陶渊明，而黄州东坡，就是昔日的斜川。

　　清末民初大学者王国维在《文学小言》中写道：

　　　三代以下之诗人，无过于屈子、渊明、子美、子瞻者。此四子若无文学之天才，其人格亦自足千古。故无高尚伟大之人格，而有高尚伟大文章者，殆未之有也。

　　　天才者，或数十年而一出，或数百年而一出，而又须济之以学问，帅之以德性，始能产生真正之大文学。此屈子、渊明、子美、子瞻等所以旷世而不一遇也。[2]

　　自夏商周三代以下，浩瀚数千年，王国维只筛选出四个人，分别是：屈原、陶渊明、杜甫、苏东坡。而这四个人，几乎全

---

1　张炜：《陶渊明的遗产》，第325页，北京：中华书局，2016年版。
2　王国维：《文学小言》，见《王国维文集》，第一卷，第26页，北京：中国文史出版社，1997年版。

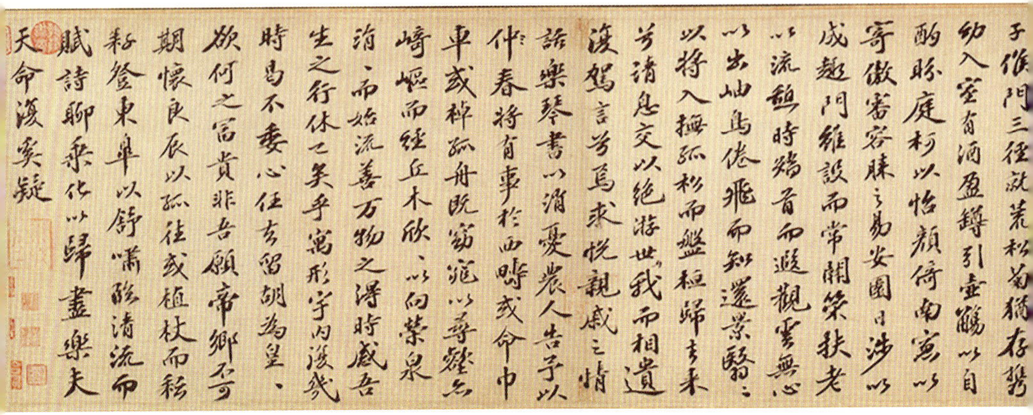

图2.7　［北宋］苏轼《归去来兮辞》
台北故宫博物院 藏

部集中在上一个一千年，也就是公元前340年（屈原出生）到公元1101年（苏东坡去世），此后近一千年（12世纪到20世纪），一个名额也没占上。

假如从这四者中再选，我独选苏东坡，因为苏东坡身处的宋代，中国历史正处于一场前所未有的变迁中，机遇更多，困境也更多，尤其对于苏东坡这样的人，几乎是冰炭同炉。苏东坡就是宋代这只炉子里冶炼出来的金丹，他在精神世界里创造的奇迹，既空前，也绝后——对此，我后面还要分头阐述。但他不是横空出世的，有人以自己的生命和艺术实践为他做了历史的铺垫，那个人就是陶渊明。

归去来兮辞

余家贫，耕植不足以自给。幼稚盈室，瓶无储粟，生生所资，未见其术。亲故多劝余为长吏，脱然有怀，求之靡途。会有四方之事，诸侯以惠爱为德，家叔以余贫苦，遂见用于小邑。于时风波未静，心惮远役，彭泽去家百里，公田之利，足以为酒，故便求之。及少日，眷然有归欤之情。何则？质性自然，非矫厉所得。饥冻虽切，违己交病。尝从人事，皆口腹自役。于是怅然慷慨，深愧平生之志。犹望一稔，当敛裳宵逝。寻程氏妹丧于武昌，情在骏奔，自免去职。仲秋至冬，在官八十余日。因事顺心，命篇曰归去来兮。乙巳岁十一月也。

归去来兮，田园将芜胡不归。既自以心为形役，奚惆怅而独悲。悟已往之不谏，知来者之可追。实迷途其未远，觉今是而昨非。舟

## 六

苏东坡写下一首词，名叫《哨遍》，把《归去来兮辞》的意蕴隐括其中。所谓隐括，与和韵、集句一样，是宋词创作的一个重要方法，是根据前人诗文内容或名句意境进行剪裁、改写来创作新词，而且是宋代词人独创的创作方法。晏几道《临江仙》、刘几《梅花曲》，都是著名的隐括之作。但苏东坡是真正明确使用"隐括"这个概念的词人，因此，历来都把苏东坡视为开宋代隐括词风气之先者。南宋最后一位著名词人张炎在《词源》中写道："《哨遍》一曲，隐括《归去来辞》，更是精妙，周、秦诸人所不能到。"[1] 清代著名诗人冯金伯在《词

---

貧苦遂見用為小邑于時風波
未靜心憚遠役彭澤去家百
里公田之利足以為酒故便求之
及少日眷然有歸歟之情何則
質性自然非矯勵所得飢凍
雖切違己交病常從人事皆

歸去来兮辭

余家貧耕植不足以自給幼稚
盈室絣無儲粟生生所資未見
其術親故多勸余為長吏脫
然有懷求之靡途會有四方之
事諸侯以惠愛為德家叔以

苑粹编》卷四引《本事纪》说:"东坡隐括《归去来辞》,山谷隐括《醉翁亭记》,两人固是词家好手。"[1]

纸页上的《归去来兮辞》是无声的,苏东坡的《哨遍》,把它转化为词,也就转化为声音,因为宋词是有旋律的。苏东坡在田野间劳作,就让家童歌唱这首词,他自己累了,就干脆放下犁耙,迎风站立,与他一同吟唱,一边还敲打牛角,轻击节拍。抬眼,他发现头上墨色不定的云,还有顿挫无常的山,原竟也是有节律,有平仄的。

那时他才意识到,自己其实并不在原点上。在世上走过这一遭,他就不可能再回到原点了。世事的风雨沧桑,草木的万千变化,都被收纳进他的生命里,变成他的血肉细胞。假若年少时不曾出川,他今天或许稼穑为生,但那心境是不一样的。不经历那些痛苦与折磨,他不会如此主动地和大自然打成一片,更不会知道无须"摧眉折腰事权贵"竟是那样自由和快乐。

## 七

天高地远的黄州,使得在政治绞杀中疲于奔命的苏东坡有了一个喘息和自省的机会。正是在这里,苏东坡对自己从政的价值产生了深刻的怀疑。自幼饱读诗书,一心报效朝廷,充溢

---

1  唐圭璋:《词话丛编》,第 1842 页,北京:中华书局,1986 年版。

他胸襟的，是对功业的欲望和渴求，就是像诸葛亮那样，受任于败军之际，奉命于危难之间，去匡扶社稷，安定天下苍生，而那个被他报效的朝廷，却始终像一块质地均匀的石头，拒绝一切改变。到头来，改变的只有苏东坡自己，在小人堆里穿梭，在文字狱里出生入死，人到中年，就已经白发苍苍。

在黄州，他给李端叔写信。他说：

> 轼少年时，读书作文，专为应举而已。既及进士第，贪得不已，又举制策，其实何所有？而其科号为直言极谏，故每纷然诵说古今，考论是非，以应其名耳。人苦不自知，既以此得，因以为实能之，故诮诮至今，坐此得罪几死，所谓齐虏以口舌得官，真可笑也。[1]

那时的他不一定会意识到，自己虽与王安石政见相左，骨子里却是一路货色——他们都患上了"圣人病"，觉得自己就是那根可以撬动地球的杠杆，但他看到的，却是一根根的杠杆接连报废，包括他的恩师欧阳修，历经忧患之后，头发已经完全白了，终年牙痛，已经脱落了好几颗牙，眼睛也几近失明，自况"弱胫零丁，兀如槁木"，出知亳州、蔡州后，以体弱为由，不止一次地自请退休，从此不再在政坛上露面。而自己，自以为才大无边，最终却几乎连自己都保护不了。

---

1　［北宋］苏轼：《答李端叔书》，见《苏东坡全集校注》，第十六册，第5433页，石家庄：河北人民出版社，2010年版。

政治的荒谬，让那些在儒家经典的教诲下成长起来的书生陷入彻底的尴尬：他们想做天大的事，却连屁大的事也做不成。因此，在苏东坡看来，自己一根筋似的为皇帝写谏书，全是扯淡。他以为话多是一个优点，以为话多就可以改变世界，但他所有的词语，要么在人间蒸发了，要么变成利箭，反射到自己身上，让自己遍体鳞伤，体无完肤。

于是，黄州，这座山重水远的小城的意义竟发生了奇特的转变。对于苏东坡来说，它不再是一个困苦的流放之地，对黄州来说，苏东坡也不再只是一个无关紧要的天涯过客。他们相互接纳，彼此成全，成为对方历史和生命中不可缺少的一部分。当一个丰盈的生命与一片博大的土地相遇，必然会演绎出最完美的历史传奇。

八

在黄州，由奏折、策论、攻讦、辩解所编织成的语言密度，被大江大河所稀释。在去除语言之后，世界显得格外空旷和透明。留给苏东坡的语言，只有诗词尺牍。这段岁月，是苏东坡文学和艺术创作的黄金期。

词兴起于唐而盛于宋。唐朝的城市保留着古老的坊市制，也就是居民区与商业区用坊墙隔离，街道不准摆摊开店，要做生意，只能到东、西二市。到了宋朝，坊市制瓦解，居民区与商业区混为一体，到处都是繁华而杂乱的商业街，"夜市直至三更尽，才五更又复开张"。商业的繁荣，尤其是茶楼酒肆的兴旺，导致了添欢凑趣的词演唱成为日常行为，并进而升级为都市文娱生活的重要内容。

苏东坡当年初入汴京，就曾被京城坊间的轻吟浅唱所吸引，也多次在尺牍中表达过对柳永的倾慕，但他当时还无意于词的创作，所以，在苏东坡的早期作品中，似乎找不出作词的记录。他的志向，在于那些关乎国家治乱安危的宏文策论，似乎只有它们，才是文章的"正道"，而小词小令，都是文人们遣兴抒怀的游戏笔墨，是流行歌曲，他的《上皇帝书》和《再上皇帝书》，才称得上是他那一时期的得意之作。只不过得意之作给他带来的，只有无尽的失意。

当他被外放杭州，尤其是被贬黄州后，被压抑的自我才被唤醒，那份"超旷之襟怀"才得以激发，他这才发现那些游戏笔墨，才更贴近人的生命欲求。他不像主持庆历新政失败的范仲淹那样，处江湖之远还不忘其君，他认为那也是一种谄媚。他不想做理想的人质，把自己逼得无路可走，而是用一个更大的世界来包容自己，那个世界里，有清风明月，有白芷秋兰。叶嘉莹先生说，苏东坡在杭州和密州尝试写词，这种"诗化的词遂进入了一种更纯熟的境界，而终于在他贬官黄州之后，达到了他自己之词作的质量的高峰"[1]。

有一次，苏东坡问一名客人："我的词作比柳永如何？"那位客人回答说："这哪里能够相比？"苏东坡吃惊地问："这

---

1　叶嘉莹：《唐宋词名家论稿》，第119—120页，石家庄：河北教育出版社，2001年版。

怎么说？"那客人不慌不忙地说："您的词作，必须让关西大汉怀抱铜琵琶，手握大铁板，高唱'大江东去'。柳永的词作却需要一个二八年华的小女子拈着红牙拍板，细细地唱'杨柳岸、晓风残月'。"苏东坡听后，不禁抚掌大笑。

在黄州的清风竹林间，苏东坡骤然梦醒。

那是一种前所未有的辽阔。

## 九

宋代，在理学诞生的前夜，中国已经出现了文化重心与政治重心分离的现象。于是，在北宋出现了一种对称的情况：一方面，是皇帝不断收紧他的政治权力，强化汴京作为政治中心的意义；另一方面，一批以道德理想相标榜的士大夫却相聚在洛阳，在那里设坛讲学，著书立说、交游饮酒、高谈阔论。

李清照的父亲李格非写了一部《洛阳名园记》，记录了洛阳当时的十七座名园，其中最有名的，就是司马光的独乐园。从朝廷急流勇退的司马光，就在这里编写他的千古名作《资治通鉴》，只不过这部书那时的名字，还叫"通志"，后来宋英宗把它改成了"资治通鉴"。那是一部浩繁的著作，困乏时，司马光有时一个人，有时也唤来三五友人，在园林里游赏消遣。

在今天的中国国家图书馆，依然可以搜寻出司马光撰写《资治通鉴》的一纸草稿，后人把它精心裱成手卷，给它起名"通鉴稿"（图 2.8）。故宫博物院书画鉴定大师徐邦达先生推断，这页手稿，应作于熙宁八年（公元 1075 年）之后[1]，那正是司马光与王安石闹别扭，隐居洛阳的那段时光。不要说在今天，即使在乾隆的时代，这页纸也被奉为稀世珍宝，被乾隆皇帝庄重地编入了皇家的书画收藏名录——《石渠宝笈初编》。司马光亲笔书写的墨稿，虽只有一页，却足以抵御时代变换给记忆造成的残缺，让我们重温那个年代的血脉精髓和声音色彩。

于是，11 世纪的洛阳，这座牡丹之城，大腕云集，书册琳琅，琴音袅袅，白衣飘飘，实为一座风雅之城，俨然帝国文化上的首都。

知识分子一心要做"帝师"，让文化的力量影响政治操作，甚至上升为国家伦理，而皇帝则一心要化"师"为"吏"，把知识分子训练成听命于己的技术官僚。这样的暗中角力，余波却传递不到山高水远的黄州。

此时的苏东坡，内心一片澄碧。他意识到，在那些虚无高蹈的文章策论之外，这世界上还绝然存在着另外一种文字，它不是为朝廷，为帝王写的，而是为心，为一个人最真实的存在而写的。这是一种拒绝了格式化、远离了宫殿的装饰效果，因而更朴素、更诚实，也更干净的文字，它也因这份透明，而不为时空所阻，在千人万人的心头回旋。

一个人只有敢于面对自己，才能真正面对众人。苏东坡在孤独中与世界对话，他的思念与感伤，他的快乐与凄凉，他生

---

1　参见徐邦达：《古书画过眼要录》，见《徐邦达集》，第二卷，第 265 页，北京：紫禁城出版社，2005 年版。

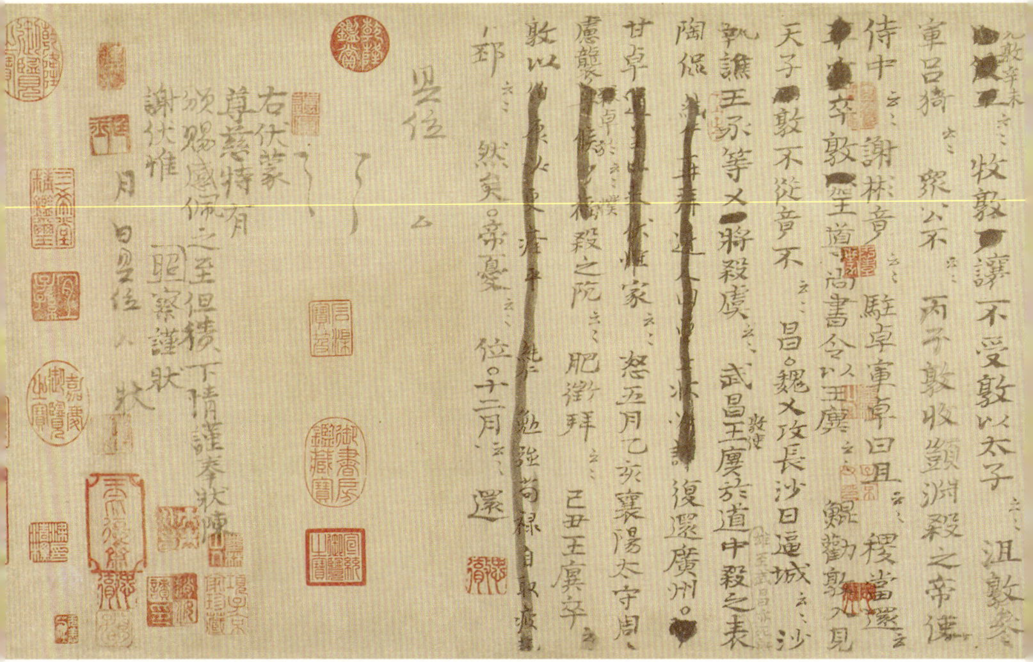

图2.8 ［北宋］司马光《通鉴稿》
中国国家图书馆 藏

永昌元年春正月乙卯改元。王敦已據武昌作亂謂

長史謝鯤曜戊辰　阮稱曰軱　退沈充

乙亥詔親帥六軍以誅大逆敦兄　敦遣使告諭

侯正當　討之卓不從使人　死矣然得　史問討

小人曰郡　奉兵討敦於是　說甘卓共討敦叅

軍李梁說卓曰昔　福將軍但　代之蹇謂梁曰嘗

離於天下未有之騎故得以文服天子非今比也使大

將李且　逆說卓曰王氏　乃露　討廣州

刺史陶　延嬰城固守甘卓遺亦書許以兵出　萬圍徐龕

八書曰吾至　從二月徙趙王勒立　疾難救請樀

趙王曜自將擊楊難敵　破之進　疾難敵請禖

藩曜引兵還曜以難敵上大　亥求見不得安怒

獲之竟欲用之又以寔長史曹憑為叅軍二人不從安

曰穀之曜間　為也。帝徵　帥諸宗　軍以周

射帝遣王廙　頭以甘　至攻石頭周札

開門納之帝命　顗等三道出　紹間之

命中所有能够承受和不能承受的轻和重，都化成一池萍碎、二分尘土，雨睛云梦、月明风袅，留在他的词与字里，远隔千载，依旧脉络清晰。

苏东坡所写的每一个字，都与文化权力无关。他是一位纯然的歌者，一位"起舞弄清影"的舞者，一招一式都听从内心的意志。

而宋词，尽管早已由流行乐坛转入高尚文人之手，在苏东坡之前，已有欧阳修、柳永、晏几道这些名家垫底，但从《花间集》至柳永，始终不脱"词为艳科"的范围，被视为"小道""小技"，与诗文相比，低人一等。王安石做参知政事时，也对词持以鄙薄态度。柳永也以词而落第。到了苏东坡手里，词才真正冲破了"艳科"的藩篱，与诗一样，成为言志与载道的文学形式。北宋胡寅《酒边词序》说他"一洗绮罗香泽之态，摆脱绸缪宛转之度，使人登高望远，举首高歌，而逸怀浩气，超乎尘垢之外。"[1] 元好问《新轩乐府引》云："自东坡一出，情性之外，不知有文字，真有'一洗万古凡马空'气象。"叶嘉莹先生说："一直到了苏氏的出现，才开始用这种合乐而歌的词的形式，来正式抒写自己的怀抱志意，使词之诗化达到了一种高峰的成就。"[2]

---

1 ［北宋］胡寅：《酒边词序》，转引自叶嘉莹：《唐宋词名家论稿》，第129页，石家庄：河北教育出版社，1997年版。
2 叶嘉莹：《唐宋词名家论稿》，第119—120页，石家庄：河北教育出版社，1997年版。

苏东坡文学世界里的那些摒弃了华词丽句，而看上去质朴平静，内部却蕴含着强烈的生命力度的文字，让我想起俄罗斯土地上的托尔斯泰。作家格非这样形容托尔斯泰："杰作犹如大动物，它们通常都有平静的外貌。这个说法用于列夫·托尔斯泰似乎是再恰当不过了。我感到托尔斯泰的作品仿佛一头大象，显得安静而笨拙，沉稳而有力。托尔斯泰从不屑于玩弄叙事上的小花招，也不热衷所谓的'形式感'，更不会去追求什么别出心裁的叙述风格。他的形式自然而优美，叙事雍容大度，气派不凡，即便他很少人为地设置什么叙事圈套、情节的悬念，但他的作品自始至终都充满了紧张感；他的语言不事雕琢，简洁、朴实但却优雅而不失分寸。所有上述这些特征，都是伟大才华的标志，说它是浑然天成，也不为过。"[1]

我们完全可以用相同的话来理解苏东坡。

真正提升了宋代精神的品质，带动了宋代艺术风气的，不是高堂华屋里的名人大腕儿，却是置身灯青孤馆、野店鸡号中的苏东坡。

他的诗词、散文、书法，皆可雄视千年，为宋朝代言。

这，或许是命运给他的一种别样的补偿。

不理解苏东坡，我们就无法真正地理解宋代。

苏东坡后来成了北宋文坛三大领袖之一。星光熠熠的北宋文坛，第一任领袖是苏惟演，第二任领袖是苏惟演的学生

---

1 格非：《列夫·托尔斯泰与〈安娜·卡列尼娜〉》，见《博尔赫斯的面孔》，第 162 页，南京：译林出版社，2014 年版。

欧阳修，第三任领袖就是欧阳修的学生苏东坡。但前两个文人集团同时也是政治集团，唯有苏东坡领导的团队是一个最具文艺范儿的团体，苏东坡也因此成为那个时代真正的文坛盟主。

不过，这些都是后话了。

但无论怎样，我们应当对那些陷害苏东坡的小人们心存感激，因为没有他们，苏东坡就会像他们一样，隐没在朝堂的阴影里，正因有了他们，文学史上的那个苏东坡才能被后人看见。

## 十

元丰五年（公元 1082 年），苏东坡已经习惯了自己的农民生活——鸡鸣即起，日落而息。每一天的日子，几乎都在复制着前一天。他臣服于大自然的钟表，而不必再遵从朝廷的作息。但那只是表面现象，在他的心里，很多微妙的变化在时间中发生着，就像酒，在时间中一点点地发酵、演变。他白天在田间劳作，身边总带着一只酒壶，累了，就咂上一口，困了，就歪倒在地上，晕晕乎乎地进入梦乡。日暮时分，他收拾好农具，穿过田野，走回城里的住处临皋亭，过城门时，守城士卒都知道这位满面尘土的老农是一个大诗人、大学问家，只是对他为何沦落至此心存不解，有时还会拿他开几句玩笑，苏东坡也不解释，只是跟着他们开玩笑。后来，他写下一首《日日出东门》。这诗，后来收进了他的诗集，守城士卒们想必未曾读过：

悬知百岁后，

父老说故侯。

古来贤达人，

此路谁不由。[1]


意思是说，他走的这条路，古来圣贤都走过。

没有人可以抄近道。

那时的他，已经从忧怨与激愤中走出来，走进一个更加宽广、温暖、亲切、平坦的人生境界里。一个人的高贵，不是体现为惊世骇俗，而是体现为宠辱不惊、安然自立。他热爱生命，不是爱它的绚丽、耀眼，而是爱它的平静、微渺、坦荡、绵长。

苏东坡诗词里的那份幽默、超拔、豪迈，别人是学不来的。谁想学，得先去御史台坐牢，再去黄州种地。

十个世纪以后，一位名叫顾城的诗人写了一句诗，可以被看作是对这种文化人格的回应。他说：


人可生如蚁而美如神。


但种地这事，也不太靠谱，因为城外那片东坡，虽然一直无人耕种，但毕竟是官地，不知什么时候，官府就要收回。为了一家人的温饱，苏东坡决定购买一块属于自己的土地。三月里，

---

1　［北宋］苏轼：《日日出东门》，见《苏东坡全集校注》，第四册，第2431页，石家庄：河北人民出版社，2010年版。

苏东坡在友人们的陪伴下，脚穿草鞋，手持竹杖，前往黄州东南三十里外的沙湖看田——据说在那里，有着大片的肥田沃土。

那一天，行至半途，突然下起了雨，人们惊呼着躲避，只有苏东坡定在原处，丝毫没有闪躲。在他看来，这荒郊野外，根本没有躲雨的地方，倒不如干脆让大雨浇个痛快。在这镇定与沉默中，那些四散奔跑的人显得那么滑稽可笑。没过多久，雨停了，阳光把那些湿透的枝叶照亮，在上面镀上一层桐油似的光，也一点点地晒干他身上的袍子，让他浑身痒痒的。就在这急剧变化的阴晴里，刚刚被浇成落汤鸡的苏东坡，口中幽幽地吟出一阕《定风波》：

> 莫听穿林打叶声，
> 何妨吟啸且徐行。
> 竹杖芒鞋轻胜马，
> 谁怕？
> 一蓑烟雨任平生。
>
> 料峭春风吹酒醒，
> 微冷，
> 山头斜照却相迎。
> 回首向来萧瑟处，
> 归去，
> 也无风雨也无晴。[1]

---

1　[北宋]苏轼：《定风波》，见《苏轼全集校注》，第九册，第351页，石家庄：河北人民出版社，2010年版。

第 三 章

# 行书第三

真正伟大的艺术家，都是制订规则的人，不是遵从规则的人。

## 一

公元 1082 年四月初四，黄州的那场雨，是一场进入书法史的雨。

诗人对雨往往格外敏感，这不仅因为雨本身就有奇幻性和音乐性，还因为雨把许多原本在一起的事物分开了，让人与人、人与事物拉开了距离。所以，当一个诗人面对烟雨迷茫，他一方面会惊叹于世界的宽大背景，另一方面又会感到脆弱和孤独。我的朋友张锐锋说："雨使人观察事物有了一个伤心的捷径。"[1] 一个真正的诗人，绝不会对雨无动于衷。多年前我翻开诗人聂鲁达的回忆录，看到的一场南美洲的豪雨，自合恩角到边疆的天空，像是从南极泼洒下来的瀑布。聂鲁达说："我就在这样的边疆——我的祖国蛮荒的西部——降生到世上，开始面对大地，面对诗歌和雨水。"[2]

四月初四这天是寒食节，在唐宋，一年的节气中，人们最重视寒食与重阳，不像我们今天，重视端阳与中秋。像许多传统节日一样，寒食节也是一个与历史相联的日子，这个日子，会让许多文人士子萌生思古之幽情。更何况，公元 1082 年的寒食节，有雨。

在唐代，颜真卿曾写下一纸《寒食帖》：

> 天气殊未佳，
>
> 汝定成行否？
>
> 寒食只数日间，
>
> 得且住，为佳耳。

这碑帖，苏东坡想必是见过的，颜字的肆意挥洒，也一定让苏东坡心怀感动。不知道苏东坡的《寒食帖》，与记忆中那幅古老的《寒食帖》是否有关系。

---

1　张锐锋：《被炉火照彻》，第 132 页，上海：上海文艺出版社，2001 年版。

2　［智利］聂鲁达：《我坦言我曾历尽沧桑》，第 6 页，海口：南海出版公司，2015 年版。

## 二

宋神宗元丰年间，一场机构改革浪潮正在大宋王朝如火如荼地展开。朝廷试图以此扭转政府部门机构重叠、职责不明、人浮于事的现象。至元丰五年，大宋朝廷已经仿照唐六典所载官制，颁三省、枢密院、六曹条制，任命了尚书、中书、门下三省长官，实行了新官制，史称"元丰改制"。

借着朝廷改革的东风，蔡确被宋神宗任命为尚书右仆射兼中书侍郎，相当于右丞相，也就是次相，王珪任尚书左仆射兼门下侍郎，相当于左丞相，也就是首相。

朝廷的新班子虽已尘埃落定，但宋神宗似乎并不满意，他毫不掩饰自己对政治事务的热衷，迫不及待地走到了大宋政治前台，事无巨细，都由他亲自拍板。他以"手诏"的形式凸显自己的存在感，以帝王的强势政治回应文官们的制衡。而王珪和蔡确两位宰相，主要工作只是传达和贯彻皇帝的指示精神。王珪戏称自己为"三旨宰相"，意思是上殿"取圣旨"，皇帝下指示之后"领圣旨"，退朝后对禀事者说"已得圣旨"。宋神宗从不把这两位宰相放在眼里，认为他们只要做到平庸就足够了，有没有才能无所谓，因为自信他自己是帝国最卓越的领导人。他不止一次地因为一些鸡毛蒜皮的小事处罚他们，每次受罚都要求他们到宫门谢罪，以此来羞辱他们。在中国古代王朝政治中，这样的先例，还不曾见过。

这一连串眼花缭乱的变化，都与苏东坡无关。那时的他，没有文件可看，没有奏折可写，也不用去受皇帝的窝囊气，他的眼里，只有寒来暑往、秋收冬藏。他的每一个日子都是具体的、细微的。公元 1082 年，宋神宗元丰五年，苏东坡来到黄州的第三个寒食节，一场雨下了很久。西风一枕，梦里衾寒，苏东坡在宿醉中醒来，凝望着窗外颤抖的雨丝，突然间有了写字的冲动，拿起笔，伏在案头，写下了今天我们最熟悉的行书——《寒食帖》（图 3.1）。

九个多世纪过去了，在台北故宫，我们读出他的字迹：

自我来黄州，

已过三寒食。

年年欲惜春，

春去不容惜。

今年又苦雨，

两月秋萧瑟。

卧闻海棠花，

泥污燕支雪。

暗中偷负去，

夜半真有力。

何殊病少年，

病起头已白。

春江欲入户，

雨势来不已。

小屋如渔舟，

濛濛水云里。

空庖煮寒菜，

破灶烧湿苇。

那知是寒食，

但见乌衔纸。

君门深九重，

坟墓在万里。

也拟哭途穷，

死灰吹不起。[1]


　　每年都惋惜着春天残落，却无奈春光离去，并不需要人的悼惜。今年的春雨绵绵不绝，接连两个月如同秋天萧瑟的春寒，令人心生郁闷。在愁卧中听说海棠花谢了，雨后凋落的花瓣落在污泥上，显得残红狼藉。美丽的花在雨中凋谢，就像是被有力者在半夜背负而去，叫人无计可施。这和患病的少年，病后起来头发已经衰白，又有什么区别呢？

　　春天江水高涨，就要浸入门内，雨势没有停止的迹象，小屋子像一叶渔舟，漂流在苍茫烟水中。厨房里空荡荡的，只好煮些蔬菜，在破灶里用湿芦苇烧着。山中无日月，时间早就被遗忘了，对于寒食节的到来，更恍然无知，直看到乌鸦衔着坟间烧剩的纸灰，悄然飞过，才想到今天是寒食节。想回去报效朝廷，无奈朝廷门深九重，可望而不可即；想回故乡，祖坟却

<hr />

1　［北宋］苏轼：《寒食雨二首》其二，见《苏轼全集校注》，第四册，第2343页，石家庄：河北人民出版社，2010年版。

远隔万里；或者，像阮籍那样，作途穷之哭，但却心如死灰，不能复燃。

人间一世，如花开一季。春去春回花开花落的记忆，季季相类，宛如老树年轮，于无知觉处静静叠加。唯在某一动念间，那些似曾相识的亘古哀愁，借由特别场景或辞章，暗夜潮水般奔波袭来，猝不及防。灵犀触动时，心，遂痛到不能自已。[1]

看海棠花凋谢，坠落泥污之中，苏东坡把一个流放诗人的沮丧与憔悴写到了极致。

三

这纸《寒食帖》，诗意苦涩，虽也苍劲沉郁、幽咽回旋，但放在苏东坡三千多首诗词中，算不上是杰作。然而作为书法作品，那淋漓多姿、意蕴丰厚的书法意象，却力透纸背，使它成为千古名作。

这张帖，乍看上去，字型并不漂亮，很随意，但随意，正是苏东坡书法的特点。

通篇看去，《寒食帖》起伏跌宕，错落多姿，一气呵成，迅疾而稳健。苏东坡将诗句中心境情感的变化，寓于点画线条的变化中，或正锋，或侧锋，转换多变，顺手断连，浑然天成。其结字亦奇，或大或小，或疏或密，有轻有重，有宽有窄，参

---

1　参见袁江蕾：《忆昔花间相见时》，第59页，天津：天津教育出版社，2009年版。

差错落，恣肆奇崛，变化万千。[1]

我们细看，"卧闻海棠花，泥污燕支雪"两句中的"花"与"泥"两字，是彼此牵动，一气呵成的。而由美艳的"花"转入泥土，正映照着苏东坡由高贵转入卑微的生命历程。眼前的海棠花，红如胭脂，白如雪，让苏东坡想起自己青年时代的春风得意，但转眼之间，风雨忽至，把鲜花打入泥土。而在此时的苏东坡看来，那泥土也不再肮脏和卑微，落红不是无情物，化作春泥更护花。花变成泥土，再变成养分，去滋养花的生命，从这个意义上说，貌似朴素的泥土，也是不凡的。从这两句里，可以看出苏东坡的内心已经从痛苦的挣扎中解脱出来，走向宽阔与平静。

饱经忧患的苏东坡，在 46 岁上忽然了悟——艺术之美的极境，竟是纷华剥蚀净尽以后，那毫无伪饰的一个赤裸裸的自己。艺术之难，不是难在技巧，而是难在不粉饰，不卖弄，难在能够自由而准确地表达一个人的内心处境。在苏东坡这里，中国书法与强调法度的唐代书法绝然两途。

"唐人尚法，宋人尚意"，是后人对唐宋书法风格的总结。蒋勋先生在《汉字书法之美》中说："'楷书'的'楷'，本来就有'楷模''典范'的意思，欧阳询的《九成宫》[2]更是'楷模'中的'楷模'。家家户户，所有幼儿习字，大多都从《九

---

1 参见《黄州寒食诗帖》，原载书法空间网，2013 年 10 月 18 日。
2 指《九成宫醴泉铭》，魏征撰文，欧阳询正书，记述唐太宗在九成宫避暑时发现醴泉之事。笔法刚劲婉润，兼有隶意，是欧阳询晚年经意之作，历来为学书者推崇。

成宫》开始入手，学习结构的规矩，学习横平竖直的谨严。"[1]

然而需要指明的是，唐代以前使用"楷书"一词，并不是指今天我们所说的楷书一体，而是指所有写得规矩、整齐的字。比如汉隶规矩方正，也被称作"楷书"，也可以成为"楷模"，只是后来为了避免混淆，把汉隶称为"古隶"，把今天所说的"楷书"称为"今隶"而已。六朝至唐，又把"古隶"（今天所说的"隶书"）和"今隶"（今天所说的"楷书"）分别称作"真书"和"正书"。到了苏东坡的时代，人们更多地使用"正书"一词，而很少说"楷书"。宋徽宗编《宣和书谱》，仍然使用"正书"一词。

但不论怎样，唐代强调法度是不错的。"楷"是一个形容词，指的就是法度、典范、约束。唐代张怀瓘《书断》中说："楷者，法也，式也，模也……"[2]蒋勋先生把初唐的欧阳询当作这种法度的代表，也是不错的，只不过欧阳询的《九成宫醴泉铭》，正书中兼有隶书的笔意。碑文用笔方整，字画匀称，中宫收缩，外展透迤，高华浑朴，法度森严，一点一划都成为后世模范。蒋勋说："欧阳询书法森严法度中的规矩，建立在一丝不苟的理性中。严格的中轴线，严格的起笔与收笔，严格的横平与竖直。"[3]这很像唐诗中对格律与平仄的追求，规则清晰而严格，纪律性十足。

1 蒋勋：《汉字书法之美》，第108页，桂林：广西师范大学出版社，2009年版。
2 参见［唐］张怀瓘：《书断》，杭州：浙江人民美术出版社，2012年版。
3 蒋勋：《汉字书法之美》，第110页，桂林：广西师范大学出版社，2009年版。

所以，"欧阳询的墨迹本特别看得出笔势夹紧的张力，而他每一笔到结尾，笔锋都没有丝毫随意，不向外放，却常向内收。看来潇洒的字形，细看时却笔笔都是控制中的线条，没有王羲之的自在随兴、云淡风轻"[1]。

这样拘谨的理性，在张旭的狂草中固然得到了释放，但它的叛逆色彩强烈，反而显得夸张。不过张旭、颜真卿草书的飞转流动，虚实变幻，依旧是一种大美，与大唐王朝的汪洋恣肆相匹配。

唐代的这份执守与叛逆，在宋代都化解了。艺术由唐入宋，迎来了一场突变。在绘画上，浓得化不开的色彩，被山水清音稀释，变得恬淡平远；文学上，节奏错落的词取代了规整严格的诗，让文学有了更强的音乐性；书法上，平淡随意、素净空灵的手札书简，取代了楷书纪念碑般的端正庄严。

端详《寒食帖》，我发现它并不像唐代书法，无论楷书草书，都有一种先声夺人的力量，它却有些近乎平淡，但它经得起反复看。《寒食帖》里，苏东坡的个性，挥洒得那么酣畅淋漓，无拘无束。

苏东坡说："吾书虽不甚佳，然自出新意，不践古人，是快也。"

即使写错字，他也并不在意。"何殊病少年，病起头已白。"这里他写错了一个字，就点上四点，告诉大家，写错字了。

---

1　蒋勋：《汉字书法之美》，第110页，桂林：广西师范大学出版社，2009年版。

他既随性，又严正，有人来求字，他常一字不赐，后来在元祐年间返京，在礼部任职，兴之所至，见到案上有纸，不论精粗，随手成书。还说他好酒，又酒力不逮，常常几觚之后，就已烂醉，不与人打个招呼，就酣然入睡，鼻鼾如雷。没过多久，他会醒来，落笔如风雨，皆有意味，真神仙中人。

面对世人的讥讽，黄庭坚曾为他打抱不平：

> 今俗子喜讥评东坡，彼盖用翰林侍书之绳墨尺度，是岂知法之意哉！余谓东坡书学问文章之气郁郁芊芊发于笔墨之间，此所以他人终莫能及尔。[1]

意思是说，当今那些凡夫俗子们讥讽苏东坡的字，用书写官方文件的所谓规范来要求他，他们只知道笔墨有法，却哪里知道法由人立，有法而无法，方是大智慧之所在。所谓"翰林侍书之绳墨尺度"，不过文章之一法而已，岂能束缚像苏东坡这样伟大的艺术家。他们以此来责备苏东坡的书法，不是苏东坡的耻辱，而是他们的无知。

真正伟大的艺术家，都是制订规则的人，不是遵从规则的人。

当然这规则，不是凭空产生，而是有着深刻的精神根基。

在《寒食帖》里，苏东坡宣示着自己的规则。比如"但见乌衔纸"的那个"纸"字，"氏"下的"巾"字，竖笔拉得很长，

---

1 ［北宋］黄庭坚：《跋东坡字后》，见《黄庭坚集》，第311页，南京：凤凰出版社，2014年版。

仿佛音乐中突然拉长的音符，或者一声幽长的叹息，这显然受到颜体字横轻竖重的影响，但苏东坡表现得那么随性夸张，毫无顾忌。

但在那叹息背后，我们看到的却是风雨里的平静面孔。

这样的困厄中的平静，曾让日本汉学家吉川幸次郎深感惊愕。他在《宋诗概论》里说，正是以苏东坡为代表的宋代艺术家，改变了唐诗中的悲观色彩，创造出淡泊自然的宋诗风格。

这字，不是为纪念碑而写的，不见伟大的野心，却正因这份兴之所至、文心剔透而伟大。

在苏东坡看来，自己只是个普通人，一个平凡无奇的小人物，在季节的无常里，体验着命运的无常。

只有参透这份无常，生命才能更持久、更坚韧。


四


北宋中叶，雕版印刷已经相当发达。那个曾经告发苏东坡的沈括，在他的一部名叫《梦溪笔谈》的科学著作中，记录了毕昇发明的活字印刷术。这是中国印刷术发展中的一个根本性的改革，被列为中国古代四大发明之一，从13世纪到19世纪，毕昇发明的活字印刷术传遍全世界，也成为2008年北京奥运会开幕式的重要视觉元素。

在纸张发明后相当长的时间内，书籍都以"卷"为单位，假如内容繁多，阅读就十分不便，必须把"卷书"（也叫"卷子本"）全部打开才能进行。假如将多本"卷书"相互参照，

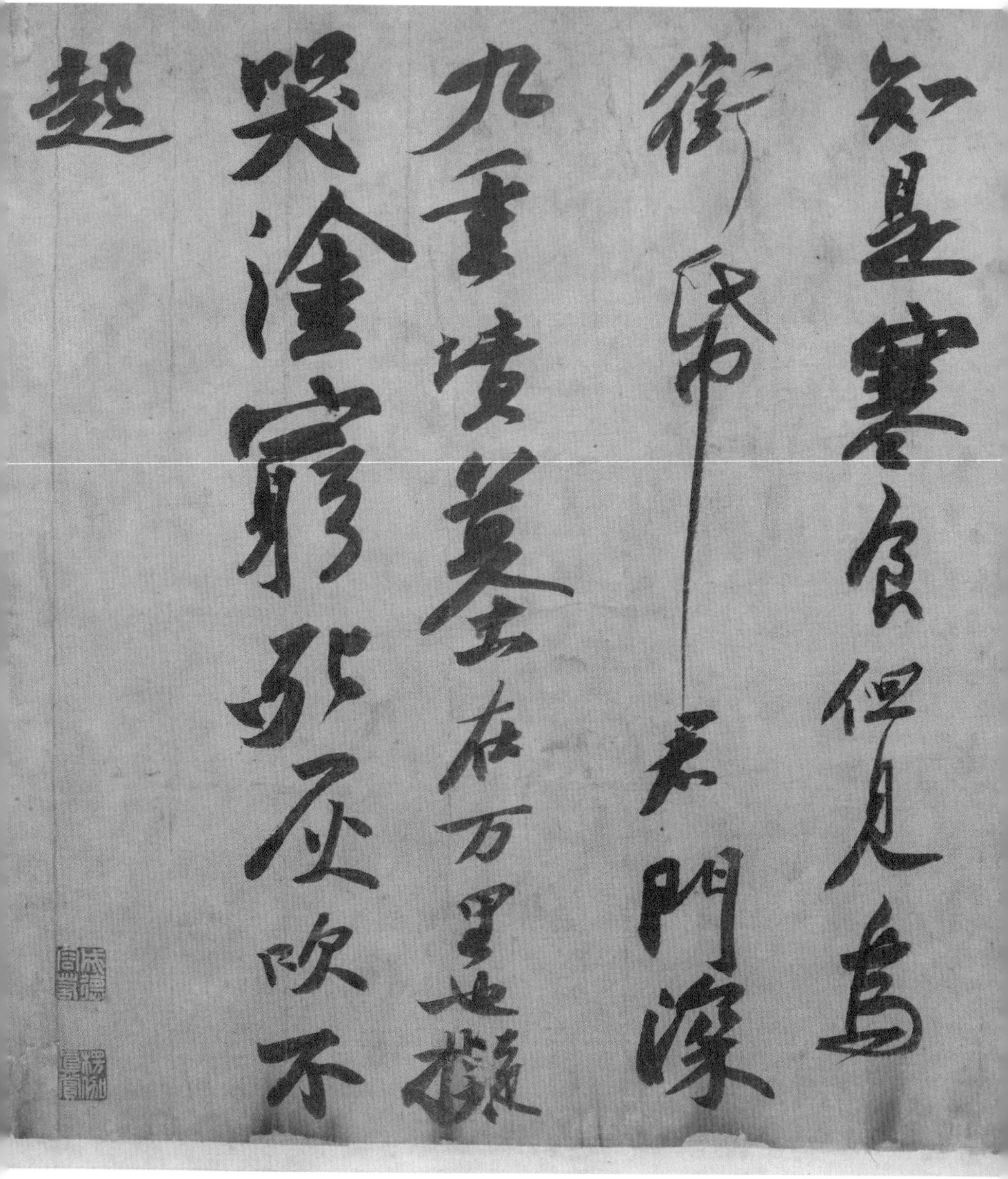

知是寒食但見烏銜紙君門深九重墳墓在万里也擬哭塗窮死灰吹不起

图3.1　［北宋］苏轼《寒食帖》
台北故宫博物院 藏

不已雨小屋如漁

水雲裏空庖黄

破竈燒濕葦

夜半真有力何殊少

年子病起須已白

春江欲入戸雨勢來

不已兩小屋如漁舟濛

水雲裏空庖煮寒菜

破竈燒濕葦

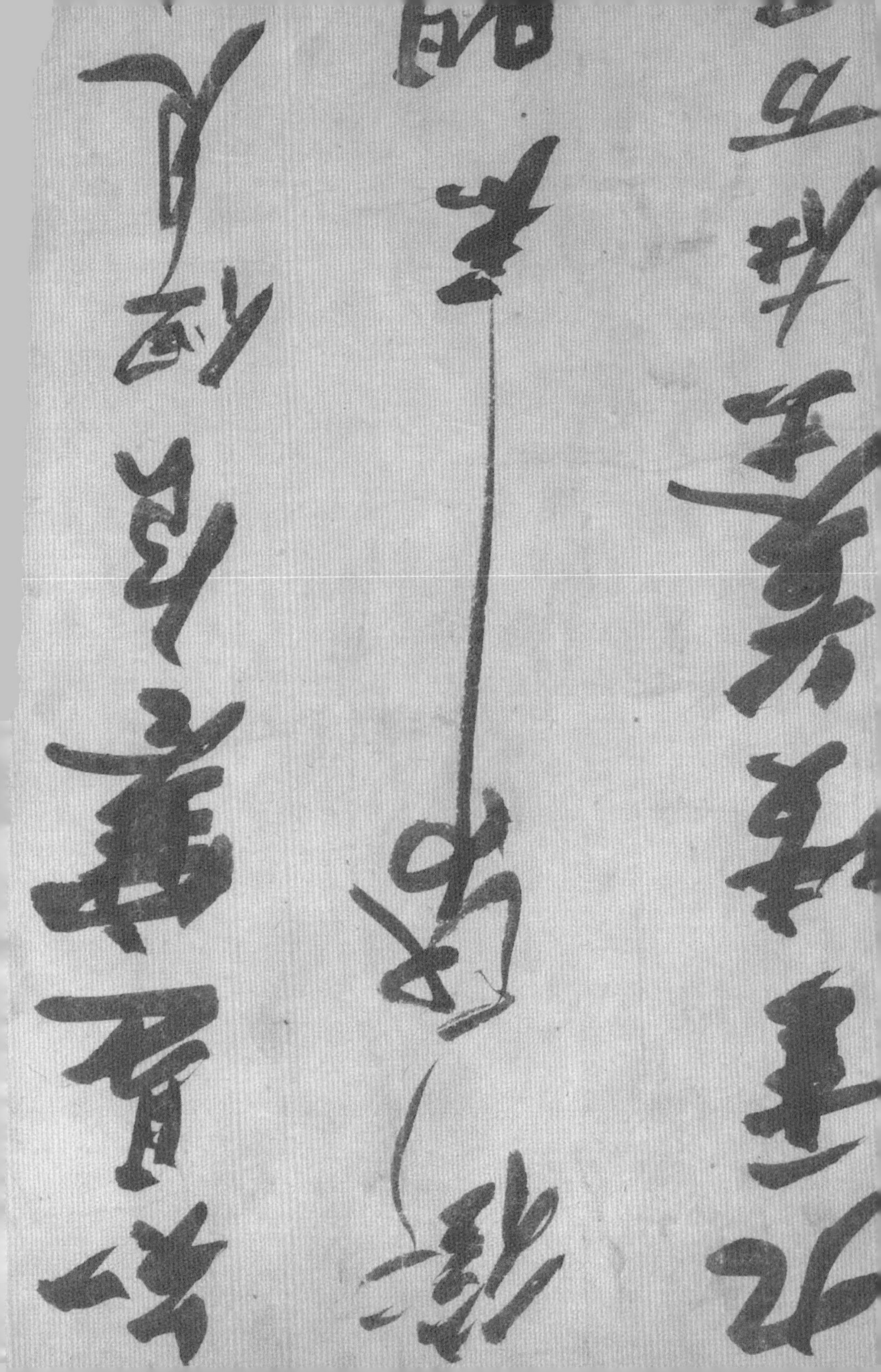

其欲謝無由耳

勿勿不具，王羲之頓首

嫂故不差，面腫

劇憂之，力不一一

就需要把几种"卷书"同时打开，这就需要一个较大的空间，有学者说："这样说还不如说这种研究方法本身可能就不会存在。"[1]

随着木板印刷的推广，出现了"页"的概念，后来又发明了按"页"折叠的方法，这样制作出来的书籍，也叫"折本"。宋代的《大藏经》就是这样的"折本"。后来，"蝴蝶装"又取代了"折本"，它是把页的中心用线装订，页面好似蝴蝶的形状。这为阅读带来了革命性的变化，使知识普及的速度与覆盖率都大为提升，使得对知识的占有不再只是皇家与士人的特权。日本汉学家小岛毅说："原来只有宫廷图书馆是知识的宝库，只有进出其间的御用学者才有可能独占和利用。后来一段时间佛教寺院也发挥了一定的作用。但是，印刷物的普及，把人类自古以来的智慧播及街头巷尾。不仅新发现、新发明，包括唐宋变革本身，也与文化的普及密不可分。"[2]

同时，印刷的字体在宋代也发生了变化，以一种线条清瘦、平稳方正的字体取代了粗壮的颜式字体，这种新体，就是"宋体字"。这个以宋代名字命名的字体，在今天仍是我们最广泛使用的字体。

然而，即使在雕版印刷已经发达的时代，在黄州也很难见到一本像样的书，可见黄州的荒僻偏远。苏东坡说：

---

1 ［日］小岛毅：《中国思想与宗教的奔流：宋代》，第 223 页，桂林：广西师范大学出版社，2014 年版。
2 ［日］小岛毅：《中国思想与宗教的奔流：宋代》，第 229 页，桂林：广西师范大学出版社，2014 年版。

余犹及见老儒先生，自言其少时，欲求《史记》《汉书》，而不可得，幸而得之，皆手自书，日夜诵读，惟恐不及。近岁市人转相摹刻，诸子百家之书，日传万纸。学者之于书，多且易致如此……[1]

　　他搜书不得，得到后又亲笔抄录的那份急迫，凡是经历过"文革"书荒的人，定会莞尔一笑。

　　亲笔抄书，实际上是苏东坡少时就有的习惯，这不仅使他熟悉经史，而且成为他的书法训练课。据"苏门四学士"之一的晁补之说："苏公少时，手抄经史皆一通。每一书成，辄变一体，卒之学成而已。乃知笔下变化，皆自端楷中来尔。"

　　因此，尽管苏东坡强调书法的个体性与创造性，号称"自出新意，不践古人，是一快也"，但他的创造与挥洒，皆是在参透古人的前提下。苏东坡自己也说："真（楷）生行，行生草；真如立，行如行，草如走，未有未能行立而能走者也。"书法有法，否则就成了胡涂乱抹。

## 五

　　十八年后，这件《寒食帖》，辗转到黄庭坚的手上时，苏

---

1　［北宋］苏轼：《李氏山房藏书记》，见《苏轼全集校注》，第十一册，第1132页，石家庄：河北人民出版社，2010年版。

东坡已经远谪海南，黄庭坚也身处南方的贬谪之地，见到老师《寒食帖》那一刻，他激动之情不能自已，于是欣然命笔，在诗稿后面写下这样的题跋：

> 东坡此诗似李太白，犹恐太白有未到处。此书兼颜鲁公、杨少师、李西台笔意。试使东坡复为之，未必及此。它日东坡或见此书，应笑我于无佛处称尊也。

意思是说，苏东坡的《寒食帖》写得像李白，甚至有李白达不到的地方。它还同时兼有了唐代颜真卿、五代杨凝式、北宋李建中的笔意。假如苏东坡重新来写，也未必能写得这么好了。

黄庭坚热爱苏东坡的书法，但二人书道，各有千秋。苏东坡研究专家李一冰先生说："苏宗晋唐，黄追汉魏；苏才浩瀚，黄思邃密；苏书势横，黄书势纵。"因为苏东坡字形偏横，黄庭坚字形偏纵，所以二人曾互相讥讽对方的书法，苏东坡说黄庭坚字像树梢挂蛇，黄庭坚说苏东坡的字像石压蛤蟆，说完二人哈哈大笑，因为他们都抓到了对方的特点，形容得惟妙惟肖。

回望中国书法史，苏东坡是一个重要的界碑。因为苏东坡的书法，在宋代具有开拓性的意义。如学者所说："从宋朝开始，苏东坡首先最完美地将书法提升到了书写生命情绪和人生理念的层次，使书法不仅在实用和欣赏中具有悦目的价值，而且具有了与人生感悟同弦共振的意义，使书法本身在文字内容之外，不仅可以怡悦性情，而且成为了生命和思想外化之迹，实现了书法功能的又一次超越。这种超越，虽有书法规则确立的基础，但绝不是简单的变革。它需要时代的酝酿，也需要个性、禀赋、学力的滋养，更需要苏东坡其人品性的依托和开发。"[1]

从故宫博物院所存的苏东坡书法手迹中，可以清晰地看到他酝酿、演进的轨迹。现存苏东坡最早的行草书手迹是《宝月帖》，写下它时，苏东坡正值仕途的上升期，他的字迹中，透露出他政治上的豪情与潇洒。另有《治平帖》（图 3.2）、《临政精敏帖》，这些墨迹笔法精微，字体萧散，透着淡淡的超然意味，那时，正是他与王安石的新法主张相冲突的时候。

## 六

在黄州，苏东坡迎来了命运的低潮期。正是这个低潮，让他在艺术上峰回路转，使他的艺术在经历了生命的曲折与困苦之后，逐渐走向成熟。这让我想起陀斯妥耶夫斯基说过的一段话："我一直在考虑一件事情，那就是，我是否对得起我所经历过的那些苦难，苦难是什么，苦难应该是土壤，只要你愿意把你内心所有的感受隐忍在这个土壤里面，很有可能会开出你想象不到、灿烂的花朵。"

代表苏东坡一生书法艺术最高成就的作品，基本上都是在黄州完成的。《新岁展庆帖》（图 3.3）《人来得书帖》（图 3.4）

1　赵权利：《苏轼》，第 55 页，石家庄：河北教育出版社，2004 年版。

《职事帖》《一夜帖》《梅花诗帖》《京酒帖》《啜茶帖》《前赤壁赋卷》等。其中，《寒食帖》，是他书风突变的顶点。

苏东坡的《前赤壁赋》（图3.5）写于《寒食帖》之后，也不像《寒食帖》那样激情悠扬。那时，苏东坡的内心，愈发平实、旷达。苏东坡当年追慕的魏晋名士那种清逸品格，与他的精神已经不太吻合。他既不做理想的人质，把自己逼得无路可走，也不像世上不得志的文人那样看破红尘，以世外桃源来安慰自己。他爱儒，爱道，也爱佛。最终，他把它们融汇成一种全新的人生观——既不远离红尘，也不拼命往官场里钻。他是以出世的精神入世，温情地注视着人世间，把自视甚高的理想主义，置换为温暖的人间情怀。

此时我们再看《后赤壁赋》，会发现他的字已经变得庄重平实，字形也由稍长变得稍扁。他的性格，他书法中常常为后人诟病的"偃笔"，此时也已经出现。苏东坡和他的字，都已经脱胎换骨了。

## 七

苏东坡与黄州的朋友们在深夜里畅饮，酒醒复醉，归来时已是三更。他站在门外，听见家童深睡，鼻息声沉闷而富有弹性，对敲门声毫无反应。苏东坡只好蜷身，坐在门前，拄着手杖，静静地听着黑夜中传来的江涛的声响，在心底酝酿出一首词：

夜饮东坡醒复醉，

照管程六小心否惟頻與提舉星要

似欠來蜀中一郡歸吉相見未間惟

保愛～不宣　軾　再啟上

治平史院主徐大師二大士　侍者

八月十八日

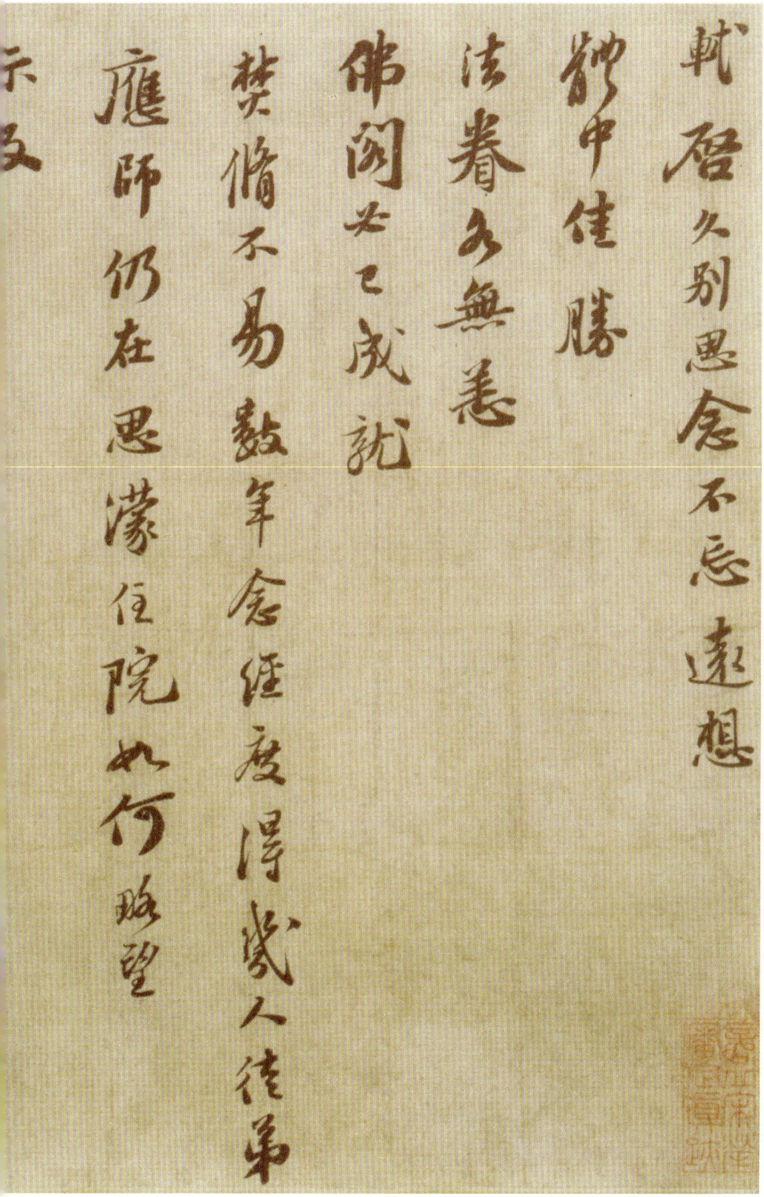

图3.2 [北宋] 苏轼《治平帖》
北京故宫博物院藏

轼启久别思念不忘远想

酌中佳胜

法眷久无恙

佛阁必已成就

焚修不易数军念经度得几人佳弟

应师仍在思濛住院如何趄望

不及

道源有闽中人便，故令者过因往彼买一副也，乞辄付去人专爱护便纳上，供借责也。偶蒙见中也不谨，轼再拜。

季常先生文阁下　　正月二日

子由而曾言方子明者，他处不甚怪也，内柳中舍已到家矣，书末及上慰疏且告，伸意。柳文耶旧书人还，必且须次，知屋画已坏了不须怅恨，但须著数闲笔，为屋下不俗尔如画也。

图3.3
[北宋]苏轼《新岁展庆帖》
北京故宫博物院藏

轼启 新岁未获

展庆祝颂无穷 稍晴

起居何如 数 起造必有涯 何日果可

入城 昨 日 得 以 择 书 过上元 乃 行 计

月末间到此

公亦以此时来 奇 窃计上元起造尚未

毕 工 切 幸 示 及 无 缘 奉 陪 夜 游 也 沙 枋

画 一 轴 早 夕 附 陈 隆 舟 次 今 先 附 去 为

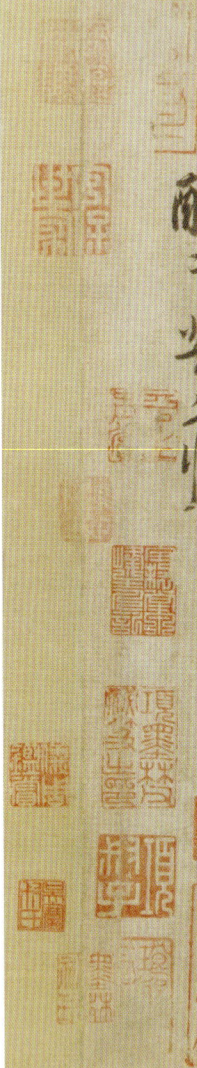

亡無益釋然自勉以就

遠業軾蒙

交照之厚故吐不諱之言必深察之本欲

便從而廢又恐懇衷中反更撓亂進退

不皇惟萬萬

寶懷毋忽都言也不下　軾再拜

知芄日舉挂不能一哭甚

靈悅賞千万之酒一擡告之一

酹之苾元有之

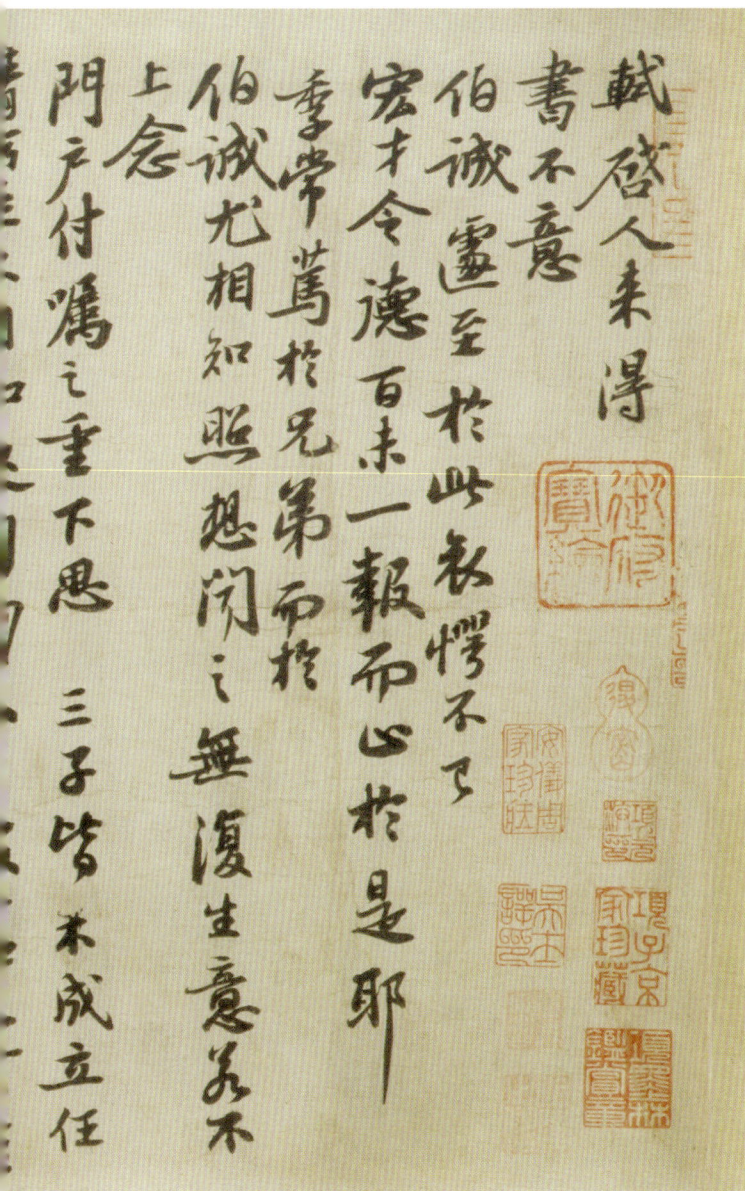

图3.4
[北宋] 苏轼《人来得书帖》
北京故宫博物院 藏

轼启人来得

书不意

伯诚灵至扵此哀愕不已

宏才令德百未一报而止扵是耶

季常笃扵兄弟而扵

伯诚尤相知照恤之无復生意苦不

上念

门户付嘱之重下思 三子皆未成立任

情所至不自知返則明友
伏惟深照死生榮散之
之無益釋然自勉以就
遠業𢦏蒙
受照之厚故吐不諱之言
便往而慰又恐悲哀中

伯誠靈至於此欷愕不

宏才令德百未一報而

季常萬於兄弟而於

伯誠尤相知照想閒之

上念

門

归来仿佛三更。

家童鼻息已雷鸣。

敲门都不应，

倚杖听江声。


长恨此身非我有，

何时忘却营营。

夜阑风静觳纹平。

小舟从此逝，

江海寄余生。[1]


　　我听见诗人在黑暗中发笑了。那时的他，一定觉得人世间
所有的经营与算计都是那么地滑稽与虚无，很多年里，他竟然
把它当作真实的人生。只有此刻，他与从前生活隔离，他开始
审视自己的过去，才意识到那种生活的荒诞。而不久之前，他
因仕途的中断而深陷痛苦，他未曾想到，那痛苦的尽头，竟是
前所未有的快乐。他的心从来没有像此刻这样轻松过。他知道，
所谓的彼岸，在这世间永不存在，那么，驾一叶扁舟，在江海
间了却此生，岂不更加洒脱和干净？三百多年前，诗仙李白不
是也表达过同样的心愿吗？他说："人生在世不称意，明朝散
发弄扁舟。"

---

1　［北宋］苏轼：《临江仙》，见《苏轼全集校注》，第九册，第 409 页，石家庄：河北人民出版社，
2010 年版。

这首《临江仙》，在小城里悄然传开。有人说，苏东坡昨夜唱罢此歌后，把衣冠挂在江边，乘舟远走高飞了。知州徐君猷听到这个消息，大吃一惊。徐君猷是苏东坡的好朋友，对苏东坡这位贬官负有监管责任，一旦"州失罪人"，他要吃不了兜着走。

　　秋天的早晨霜寒露重，徐君猷从太守府一路跑到临皋亭的门口，气还没有喘匀，就听见苏东坡从卧室里传出的鼾声。他睡得那么香，把这世界上所有的焦虑与不安，都抛到了睡眠的外面。

檣埽頭南靈壇瑩

程六小心吾惟頻与提挈

蜀中一郡歸去相見未

不宣

軾至厚上

又無恙

安之成就

不易數年念經歷度得盛

仍在思濠住院如何聯望

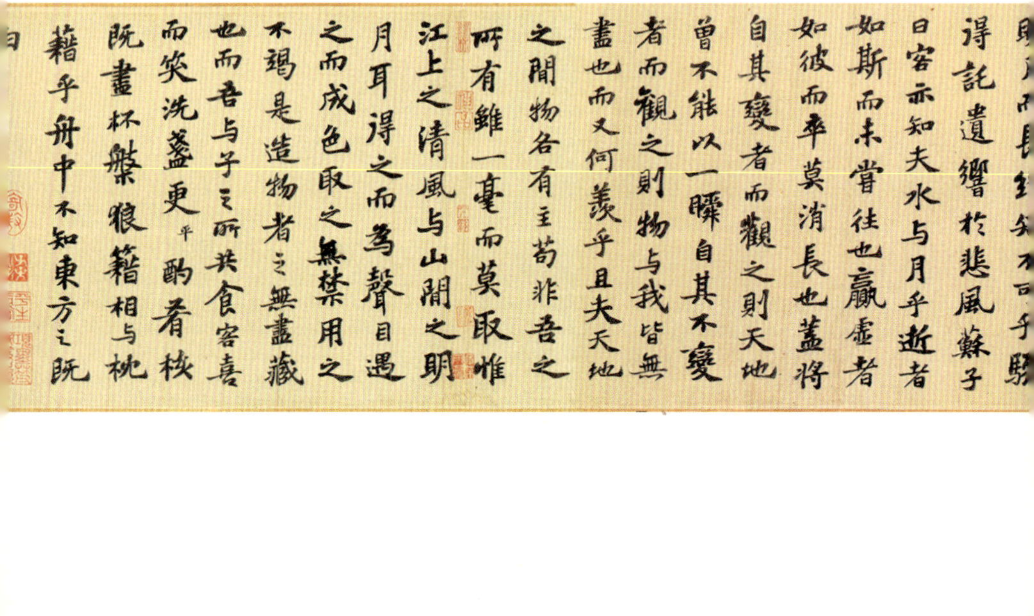

則月兩長生...

得託遺響於悲風蘇子
曰客亦知夫水與月乎逝者
如斯而未嘗往也盈虛者
如彼而卒莫消長也蓋將
自其變者而觀之則天地
曾不能以一瞬自其不變
者而觀之則物與我皆無
盡也而又何羨乎且夫天地
之間物各有主苟非吾之
所有雖一毫而莫取惟
江上之清風與山間之明
月耳得之而為聲目遇
之而成色取之無禁用之
不竭是造物者之無盡藏
也而吾與子之所共食客喜
而笑洗盞更酌肴核
既盡杯盤狼籍相與枕
藉乎舟中不知東方之既

图3.5　［北宋］苏轼《前赤壁赋》
　　　台北故宫博物院 藏

壬戌之秋七月既望蘇子与
客泛舟游于赤壁之下清風
徐来水波不興
誦明月之詩
歌窈窕之章
舉酒屬客

少焉月出於東山之上徘徊
於斗牛之間白露横江水
光接天縱一葦之所如凌
萬頃之茫然浩浩乎如憑虛
御風而不知其所止飄飄乎
如遺世獨立羽化而登仙
於是飲酒樂甚扣舷而
歌之歌曰桂棹兮蘭槳
擊空明兮泝流光渺渺兮
余懷望美人兮天一方客有

旱工封示白不出□僂女□

畫報且夕附陳隆約去□

廥去此中有一鑄銅正□

而收建州茶木□子并榷試念

適省閩中人便或令省過用

气輕已付去人專□其女更

洞簫者倚歌而和之其
聲嗚嗚然如怨如慕如
泣如訴餘音嫋嫋不絕如
縷舞幽壑之潛蛟泣孤
舟之嫠婦蘇子愀然正
襟危坐而問客曰何為其
然也客曰月明星稀烏鵲
南飛此非曹孟德之詩乎
西望夏口東望武昌山川
相繆鬱乎蒼蒼此非孟德
之困於周郎者乎方其破
荊州下江陵順流而東也
舳艫千里旌旗蔽空釃
酒臨江橫槊賦詩固一世
之雄也而今安在哉況吾與
子漁樵於江渚之上侶魚
蝦而友麋鹿駕一葉之扁
舟舉匏樽以相屬寄蜉
蝣於天地渺浮海之一粟

居慶祝頌無窮歲来稿情

起居何如起造必

入城肤得以擇書過

月末间列此

公亦此時来如若窃汁

# 枯木怪石

真正的绝色，是无色。

## 一

　　自从苏东坡到黄州，在那里自力更生，扎根边疆，广阔天
地炼红心，那座遥远而寂寥的江边小城，也一点点热闹、活络
起来。去看望苏东坡的，有弃官寻母的朱寿昌，有杭州的辩才
禅师、道潜和尚，还有眉山同乡陈季常——"河东狮吼"这四
个字，就是苏东坡送给陈季常老婆的。

　　于是，在隐秘的黄州，艺术史上的许多断点在这里衔接起
来，米芾后来专程到黄州探访苏东坡，也成为美术史上的重要
事件。林语堂说："他（苏东坡）和年轻艺术家米芾共同创造
了以后在中国最富有特性与代表风格的中国画……在宋朝，印

象派的文人画终于奠定了基础。"[1]

文人画，或曰士人画，泛指中国封建社会中文人、士大夫所作之画，是一个与画院的专业画家所作的"院体画"相对的概念。苏东坡看不起那些院体画家，认为他们少文采，没学问，因而只画形，而不画心；他更不希望绘画成为帝王意志的传声筒。在苏东坡看来，技法固然重要，但技法是为画家的独立精神服务的，只强调技法，只强调"形似"，再逼真的描绘，也只是画匠，而不是画家。艺术需要表达的，并不仅仅是物质的自然形态，而是人的内心世界，是艺术家的精神内涵。否则，所有的物都是死物，与人的情感没有关系。苏东坡非常强调创作者精神层次的重要性，在他看来，"君子可以寓意于物，而不可以留意于物"[2]，认为"言有尽而意无穷"才是艺术的至高境界。

文人画在两汉魏晋就开始起源——台北故宫博物院前院长石守谦先生认为，东晋顾恺之的《女史箴图》，几乎是文人画的最早实例，尽管那时还没有文人画的概念。[3] 在伦敦大英博物馆和北京故宫博物院，分别收藏着这幅画的唐代和宋代摹本——但有了唐代王维，文学的气息才真正融入到绘画中，纸上万物，才活起来，与画家心气相通。

---

1 林语堂：《苏东坡传》，第 243 页，长沙：湖南文艺出版社，2012 年版。
2 ［北宋］苏轼：《宝绘堂记》，见《苏轼全集校注》，第十一册，第 1122 页，石家庄：河北人民出版社，2010 年版。
3 石守谦：《从风格到画意——反思中国美术史》，第 54 页，北京：生活. 读书. 新知三联书店，2015 年版。

吴道子和王维的绘画世界，都把东方古典美学推向极致。在写《寒食帖》三年后，苏东坡为史全叔收藏的吴道子画作写下题跋，说："故诗至于杜子美，文至于韩退之，书至于颜鲁公，画至于吴道子，而古今之变，天下之能事毕矣。"[1]意思是，诗文书画这几门艺术，到杜甫、韩愈、颜真卿、吴道子那儿，就已经被终结了，其他人，就不要瞎折腾了。具体到吴道子，苏东坡说他"出新意于法度之中，寄妙理于豪放之外，所谓游刃余地，运斤成风，盖古今一人而已"[2]。

　　吴道子，是苏东坡至爱的画家，二十多年前，26岁的苏东坡在凤翔做签判，他就前往普门、开元两寺，残灯影下，仔细观看过王维和吴道子的道释人物壁画。面对两位大师涂绘过的墙壁，他面色肃然。黑黢黢的墙壁上沉寂已久的佛陀，在他持灯照亮的一小片面积里，突然间复活了从前的神采风流。他看到遥远的印度西北，一个名叫塞特马赫特的地方，佛陀释迦牟尼在这里面对鹤骨苍然的佛徒们，讲经说法；还有佛灭之前，在天竺国拘尸那城娑罗双树下说法的庄严景象。

　　然而，假如拿王维和吴道子比，吴道子就显得逊色了。在普门、开元两寺看画那一天，苏东坡写下一首七言古诗，名叫"王维吴道子画"。诗的最后说：

---

1　［北宋］苏轼：《书吴道子画后》，见《苏轼全集校注》，第十九册，第7908页，石家庄：河北人民出版社，2010年版。
2　［北宋］苏轼：《书吴道子画后》，见《苏轼全集校注》，第十九册，第7909页，石家庄：河北人民出版社，2010年版。

吴生虽妙绝，

犹以画工论。

摩诘得之以象外，

有如仙翮谢笼樊。

吾观二子皆神俊，

又于维也敛衽无间言。[1]

在他看来，吴道子的画无论多么绝妙，他也不过是画工而已；只有王维的画形神兼备，物与神游，于整齐中见出万千变化。

在唐代，画坛的最高位置属于吴道子，吴也因此被尊为"画圣"。但苏东坡心里的天平，却倒向了王维。这或许与吴道子是"专业画家"，而王维参禅信道、精通诗书画乐的综合身份有关。相比于吴道子墨线造型的流丽生动——如潘天寿所说"非唐人不能为"——苏东坡更喜欢王维绘画超越语言的深邃，喜欢他"得之于象外"的意境。所以苏东坡评价王维的画时说："味摩诘之诗，诗中有画。观摩诘之画，画中有诗。"[2]

吴道子的画，有《八十七神仙图》卷（现藏北京徐悲鸿纪念馆）等传到当下。可惜的是，王维的绘画原作，到宋徽宗编《宣和画谱》时已十分珍稀，"重可惜者，兵火之余，数百年间而流落无几"[3]，内府所藏一百二十六幅，大部分是赝品。

1　［北宋］苏轼：《王维吴道子画》，见《苏轼全集校注》，第一册，第317页，石家庄：河北人民出版社，2010年版。
2　［北宋］苏轼：《书摩诘蓝田烟雨图》，见《苏轼全集校注》，第十九册，第7904页，石家庄：河北人民出版社，2010年版。
3　《宣和画谱》，第102页，杭州：浙江人民美术出版社，2012年版。

到了明代，一幅传为王维原作的《江山雪霁图》在几经辗转之后，到了大文人钱谦益手上[1]，此后，又去向不明。连大书画家、收藏家和鉴赏家董其昌都没有见过一幅真迹，今天的人们，更是难于目睹了。[2]

欧阳修、王安石、苏东坡、米芾这一班宋代文人，将古文运动的成果直接带入绘画，使得妖娆绚丽的唐代艺术到了他们手上，立即褪去了华丽的光斑，变得素朴、简洁、典雅、庄重，就好像文章由骈俪变得质朴一样。

宋人画山水讲求"三远"：平远、高远、深远，这是宋初画家郭熙的总结。欧阳修走的是平远一路，苏洵走的是深远一路，而苏东坡则"三远"兼备，在平远中加入了深远与高远。

北宋郭熙，每画山水，都要等内心澄明如镜时，才肯落笔。有时第一笔落下，觉得内心还不够干净，就会焚香静思，可能等上五天，也可能是十天、二十天，将神与意集中到一个点上，才去接着画。所以他的画里，有一种适宜沉思的静，一种忧郁得近乎尊贵的气质。

逸者必简，宋代的文人画家，把世界的层次与秩序，都收容在这看似单一的墨色中，绘画由俗世的艳丽，遁入哲学式的深邃、空灵。

---

1  参见［英］柯律格：《长物——早期现代中国的物质文化与社会状况》，第 123 页，北京：生活·读书·新知三联书店，2015 年版。

2  日本大阪市立美术馆藏有一幅《伏生授经图》，传为王维真迹，原为宋内府秘物，南宋高宗题"王维写济南伏生"，钤"宣和中秘"印，日本国美术史家大村西崖认为此画"画法高雅，真令人仿佛有与辋川山水相接之感"。

在绘画艺术中，颜色是基本的材料，但唐宋之际的艺术变革，使水墨和水墨兼淡彩成为中国画的颜色主干，并不是放弃了色彩，而是超越了色彩。艺术家在五色之上，找到了更本源的颜色，那就是玄（墨色）。所谓墨生五彩，世界上的一切颜色，都收纳在玄色里，又将从玄色里得以释放，称为"墨彩"。

玄色，是使五色得以成立的"母色"。

真正的绝色，是无色。

## 二

艺术观念变革的背后，永远隐藏着物质技术的变革。书法与绘画的潮流，和文房四宝的嬗变，也从来都是彼此带动。以墨而言，古人制墨，原本是讲究的，到了宋代，制墨技术更发生了一次大变革。在宋之前，中国制墨都以松木烧出烟灰作原料，称松烟墨，曹植曾写"墨山青松烟"，就是描述松烟制墨的场面。这种制墨方法，要选择肥腻、粗壮的古松，其中黄山上的黄山松，是制墨的上好原料。它带来的后果，是使许多古松遭到砍伐，对自然资源造成极大破坏。宋代晁贯之在《墨经》中描述道："自昔东山之松，色泽肥腻，性质沉重，品惟上上，然今不复有，今其所有者，才十余岁之松。"沈括在《梦溪笔谈》中也写："今齐鲁间松林尽矣，渐至太行、京西、江南，松山大半皆童矣。"[1]

---

1　[北宋]沈括：《石油》，见《梦溪笔谈全译》杂志一，第224页，上海：上海古籍出版社，2013年版。

于是在宋代，出现了一项了不起的发明：以油烟制墨。油烟墨的创制被称为墨史上最杰出的成就。优质的松烟墨，还要加入麝香、梅片、冰片、金箔。苏东坡写过一首《欧阳季默以油烟墨二丸见饷各长寸许戏作小诗》，提到宋人扫灯烟制墨的方法。宋人赵彦卫在《云麓漫钞》里写过烧桐油制墨的方法。宋代的油烟墨，最有名的是胡景纯所制的"桐花烟"墨。

　　在宋代，制墨大师辈出，《墨史》中记载的宋墨名家，就有170人。其中潘谷，与苏东坡同时代，他制出了很多名墨，如"松丸""狻猊""枢庭东阁""九子墨"，皆为"墨中神品"。他制的墨，"香彻肌骨，磨研至尽而香不衰"，以至于苏东坡得到潘墨都舍不得用。苏东坡曾专门给他写了一首赞美诗：

> 潘郎晓踏河阳春，
> 明珠白璧惊市人。
> 那知望拜马蹄下，
> 胸中一斛泥与尘。
> 何似墨潘穿破褐，
> 琅琅翠饼敲玄笏。
> 布衫漆黑手如龟，
> 未害冰壶贮秋月。
> 世人重耳轻目前，
> 区区张、李争媭妍。
> 一朝入海寻李白，
> 空看人间画墨仙。[1]

---

1　［北宋］苏轼：《赠潘谷》，见《苏轼全集校注》，第四册，第2673页，石家庄：河北人民出版社，2010年版。

北宋沦亡之后，北宋遗民孟元老在《东京梦华录》里打捞他对汴京的记忆，"赵文秀笔""潘谷墨"这些精致的文房，依旧是他最不忍割舍的一部分。

如今，已经很少有人磨墨了，而是用墨汁代替。然而墨汁永远不可能画出宋代水墨的丰富，因为墨汁里边掺了太多的化学物质，所以它的黑色，是死掉的黑，可是在宋画里，我们看到的不是黑，而是透明。墨色的变化中，我们可以看到光的游动。


## 三


至宋代，欧阳修、王安石都确立了文人画论的主调，但在苏东坡手上，文人画的理论才臻于完善。徐复观说："以苏东坡在文人中的崇高地位，又兼能知画作画，他把王维推崇到吴道子的上面去，岂有不发生重大影响之理？"[1]

在艺术风格上，"萧散简远""简古淡泊"，被苏东坡视为一生追求的美学理想。

苏东坡最恨怀素、张旭，那么张牙舞爪、剑拔弩张，在诗里大骂他们："有如市娼抹青红，妖歌嫚舞眩儿童。"

他追求历经世事风雨之后的那份从容淡定，喜欢平淡之下的暗流涌动，喜欢收束于简约中的那种张力。他写："回首向

---

1 徐复观：《中国艺术精神》，第304页，桂林：广西师范大学出版社，2007年版。

来萧瑟处，归去，也无风雨也无晴。"他说："大凡为文当使气象峥嵘，五色绚烂，渐老渐熟，乃造平淡。"

假如用两个字形容苏东坡的美学理想，就是"怀素"。

换作今天的词，叫极简主义。

我们看故宫博物院收藏的宋代瓷器，无论是定窑的"白"（以故宫藏北宋白釉孩儿枕、白釉刻花梅瓶、白釉刻花渣斗为代表），还是汝窑的"雨过天青"（故宫藏汝窑天青釉弦纹樽是汝窑中的名品，全世界只有两件[1]），都以色彩、造型、质感的单纯，烘托出那个时代的素朴美学。

宋代的玉骨冰心，从唐代的大红大绿中脱颖而出。

这根基，是精神上的自信。

它不是退步，是进步。

是中国艺术的一次升级。

大道至简。

因为，越简单，越难。

千年之后，我们依然可以从古文运动的质朴深邃，宋代山水的宁静幽远，以及宋瓷的洁净高华中，体会那个朝代的丰瞻与光泽。

---

1　另一件现藏英国大维德基金会。

四

这是一场观念革命，影响了此后中国艺术一千年。

到了元代，有赵孟頫，也有黄王倪吴（即黄公望、王蒙、倪瓒、吴镇）；到了明代，有董其昌，也有沈唐文仇（沈周、唐寅、文征明、仇英）；到了清代，在石涛、八大手里，"文人画"的理想仍在山高水远中延展，17 世纪 70 年代的龚贤，从 60 年代"繁复皴擦、巨碑式的山水画风中走出，转为萧寂疏减，每一笔都起到书法性和叙事性的作用"[1]，从而将"大道至简"的风格推向了极致。龚贤认为绘画应当以少胜多，在《山水图》册中，他题道"唯恐有画，是谓能画"，而他的题字，也因多用枯笔而显得苍白涩淡。

直到 20 世纪，艺术领域再掀革命风暴，在徐悲鸿这些早期革命派那里，"文人画"被大加鞭挞，它被当作一种脱离现实、只知师法古人技法的绘画风格。这样的批判罔顾了两个基本事实：

其一，文人画并不脱离现实，只不过这个现实并不是机械地照搬所谓的"客观现实"，而是注重心灵的现实。

其二，文人画固然一脉相承，但在每一个世纪里都有不同的表现。在 11 至 12 世纪，李公麟以春蚕吐丝般的细线表达出古意；米芾以平淡含蓄的烟云世界与世俗对抗；米芾的公子米

---

1　［美］何慕文：《如何读中国画——大都会艺术博物馆藏中国书画精品导览》，第 163 页，北京：北京大学出版社，2015 年版。

友仁是一个可以画空气的画家，在他的笔下，空气有了密度和质感，与宋纸的纹路摩擦浸润，产生了一种迷幻的效果。而在之前若干个世纪的绘画中，空气是完全透明的，或者说是不存在的，画家的视线，更多地被事物本身的形状所控制。

比如米友仁《潇湘奇观图》（图 4.1），不见院体画的富艳细腻，只有烟雨空蒙，云卷云舒，在烟云稀薄的地方，露出峰峦和山树，仿佛又会随时被烟云吞没。空气和水分的存在，模糊了物体的"形"，让画家笔下的草木峰泉有了无穷的变化，让绘画摆脱了线的控制，同时，画家也通过云和山的绵延来体现存在的自由感，"将云气的'无形'演绎成个人不羁行为的一种模式"[1]，从而让纸页上的山水光影有了文学的诗意与哲学的深度。

在 13 世纪，赵孟頫以书法入画，在山水形象之外，赋予画作以笔墨本身独具的美感；15、16 世纪，到了沈唐文仇这些明代画家手上，他们的绘画活动虽然已被苏杭一带浓郁的商业气氛所包围，但他们仍然不会放弃一个文人的艺术取向，山水烟村中，依稀可见画家内心深处的潜流。

尽管"文人画"始终没有一个明确可行的定义，苏东坡的论述也是零散、随意的，但它作为一种观念，已经深深地沁入千年的画卷中，提醒画家不断追问艺术的最终本质。石守谦先

---

1 ［美］包弼德：《斯文：唐宋思想的转型》，转引自［美］包华石：《中国园林中的政治几何学》，见吴欣主编：《山水之境——中国文化中的风景园林》，第 127 页，北京：生活·读书·新知三联书店，2015 年版。

图4.1  [北宋]米友仁《潇湘奇观图》（局部）
北京故宫博物院 藏

生把它概括为"永远的前卫精神"，认为"这个前卫传统之存
在，无可怀疑的是中国绘画之历史发展中一个十分重要的动力
根源"[1]。

　　即使从苏东坡算起，这样的艺术观念，也比西方领先了八
个世纪。到了 19 世纪中后期，西方艺术才在塞尚、梵·高、
高更那里，开始脱离科学的视觉领域，转向内心的真实性。他
们不再对科学的透视法亦步亦趋，而是重视自己内心的感觉，
从而为西方开启了主观艺术的大门，印象派、野兽派、立体派、
未来派等艺术派别应运而生。"他们都与透视画法绝缘，致力
于个性表现。现代的画法再也不依据科学的透视图法作画了。
他们虽然有些还是画透视画，但不再像文艺复兴时期的画家那
样，使用透视图法的仪器，制图似的刻板描写，而是依据画家
个人的知觉来作画。"[2]

---

1　石守谦：《从风格到画意——反思中国美术史》，第64页，北京：生活·读书·新知三联书店，
2015年版。
2　袁金塔：《中西绘画构图之比较》，第111页，台北：艺风堂出版社，1989年版。

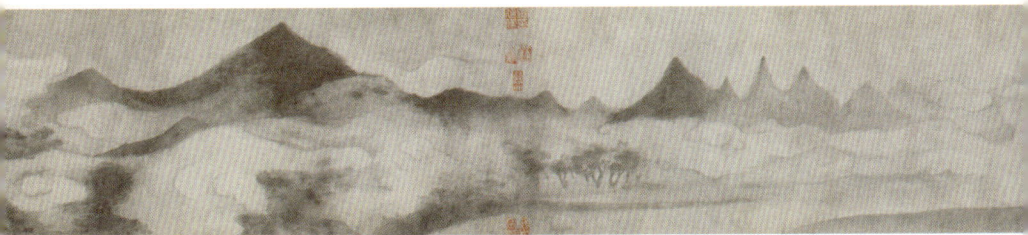

高居翰先生在《图说中国绘画史》里说："他们通常只用水墨，而且经常有意使用看起来很业余的技巧。他们把形式加以显著地变形……有时候又以瞬间的即兴来作画。"[1]米芾的画法，糅合了许多古风，比如唐代王默的"泼墨"画法，用随意泼洒墨水所造成的偶然性轮廓形成山水的主体。他的儿子米友仁的作品中，墨汁中也包含水分，不仅用湿笔来解溶事物的形体，让形体更加自由，而且山水之中有烟岚弥漫，仿佛有水分子在阳光下闪耀和晃动。

西方印象派画家在描绘自然时希望达到的那种水气氤氲的效果，与米氏父子的山水画不谋而合。比如塞尚，不用线来表现物体的形状和体积，他认为线是一种人为的区分和界限，在自然界中并不存在，他不用传统的光影表现质感的方法来描绘立体感，而是用色彩的冷暖对比来表现。后人把米氏父子的山水画称为"米氏云山"。

---

1　[美]高居翰：《图说中国绘画史》，第100页，北京：生活·读书·新知三联书店，2014年版。

五

可惜的是，苏东坡、米芾的绘画真迹，就像王维的画一样，我们几乎无缘见到了。它们大部分消隐在时光的黑暗里，"绝版"了。米芾没有一幅可靠的绘画作品留存下来，故宫博物院收藏的《珊瑚帖》（图4.2），上面草草地画着一副珊瑚笔架，几乎是米芾最接近绘画的遗物了。至于苏东坡的绘画作品，传到今天的，也只有两幅，其中一幅，叫《枯木怪石图》（图4.3）。

这幅《枯木怪石图》（又名《木石图》），在抗战时期流入日本，为私人收藏。故宫博物院书画鉴定大师徐邦达先生《古书画过眼要录》中，记有一幅苏东坡《怪木竹石图》，文字描述如下："坡上一大圆石偃卧。右方斜出枯木一株，上端向左扭转，枝作鹿角形。右边有小竹二丛，树下有衰草数十茎。无款印。"[1]并详细记录了鉴藏印记，很可能就是《枯木怪石图》，只是叫法不同而已。据说是苏东坡任徐州知州时画的，透过藏印和题跋，徐邦达先生梳理了这幅图卷的流传脉络——它最初是苏东坡赠给一位姓冯的道士的；这位姓冯的道士给刘良佐看过，而刘良佐的真实身份，同样也湮没在历史中，只有他在接纸上写下的那首诗，清晰地留到今天；再后来，米芾看到了这幅画，用尖笔在后面又写了一首诗，是米芾真迹无疑。在纸的

---

1　徐邦达：《古书画过眼要录》，见《徐邦达集》，第八卷，第93页，北京：故宫出版社，2014年版。

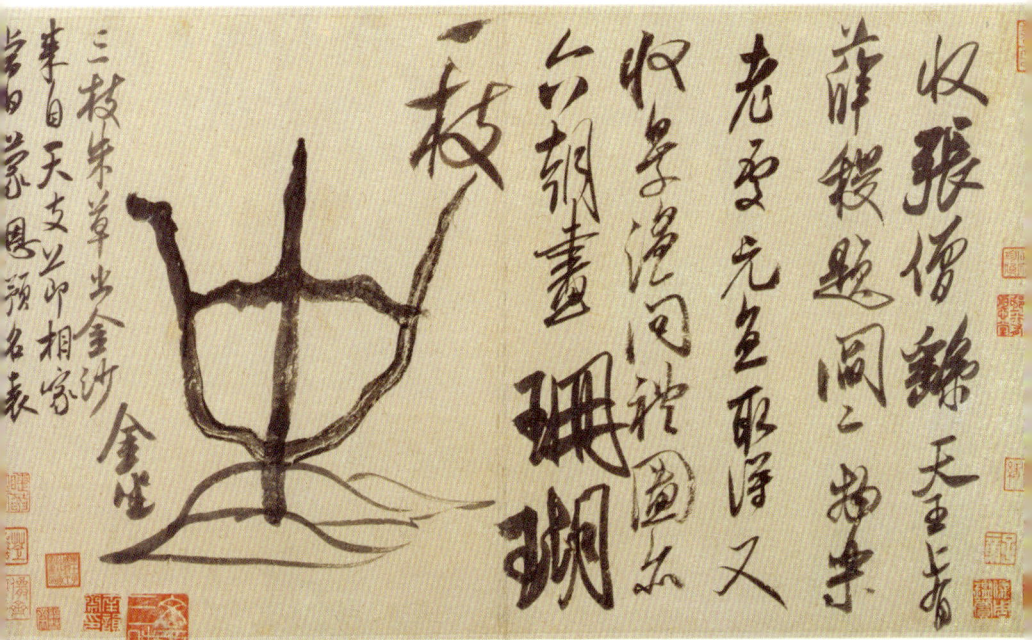

図4.2　［北宋］米芾《珊瑚帖》
北京故宫博物院 藏

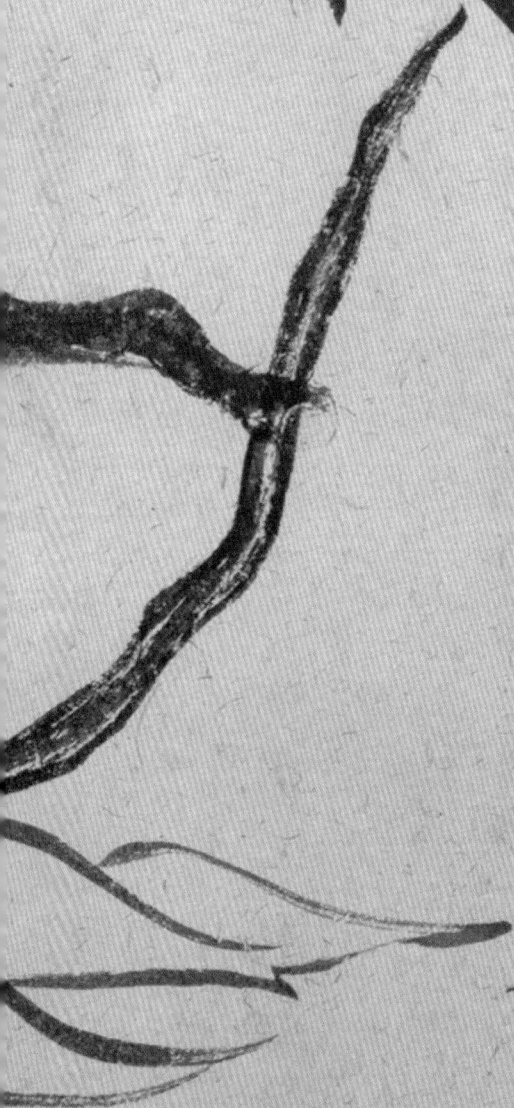

枝

公朝畫珊瑚

接缝处，还有南宋王厚之的印。它的流传史，线索分明。苏东坡的绘画原作，连徐邦达先生也只见过这一件。徐邦达先生还透露，这幅画现收藏于日本阿部房次郎爽籁馆。

从这幅画中，可以清晰看出苏东坡绘画的特点。徐邦达先生评价它："此图树石以枯笔为勾皴，不拘泥于形似。"[1]

苏东坡说，山石竹木，就像水波烟云一样，漫漶无形，但它们都有灵魂（"虽无常形，而有常理"[2]），画出它们的灵魂，比画出它们的外形更加重要。

绘画的最高境界，是得意，而忘形。

当然，忘形不是无形，而是不拘泥于表面之形，否则，就成了"形而上学"。

蒋勋说："宋人的绘画与视觉美术，便为了开拓更高的意境上的玄想，让色彩褪淡，让形式解散。绘画上，只剩下笔的虬结与墨的斑斓，只剩下墨的堆叠、游移、拖延，在空白的纸上牵连移动，仿佛洪荒中的生命，元四大家的'山水'便只是他们内心的风景。倪瓒的简单，是因为把风景回复到了初始，仿佛洪荒中的婴啼。只是一声，却有大悲怆与大喜悦。"[3]

———————————

1　徐邦达：《古书画过眼要录》，见《徐邦达集》，第八卷，第94页，北京：故宫出版社，2014年版。
2　［北宋］苏轼：《净因院画记》，见《苏轼全集校注》，第十一册，第1159页，石家庄：河北人民出版社，2010年版。
3　蒋勋：《美的沉思》，第200页，长沙：湖南美术出版社，2014年版。

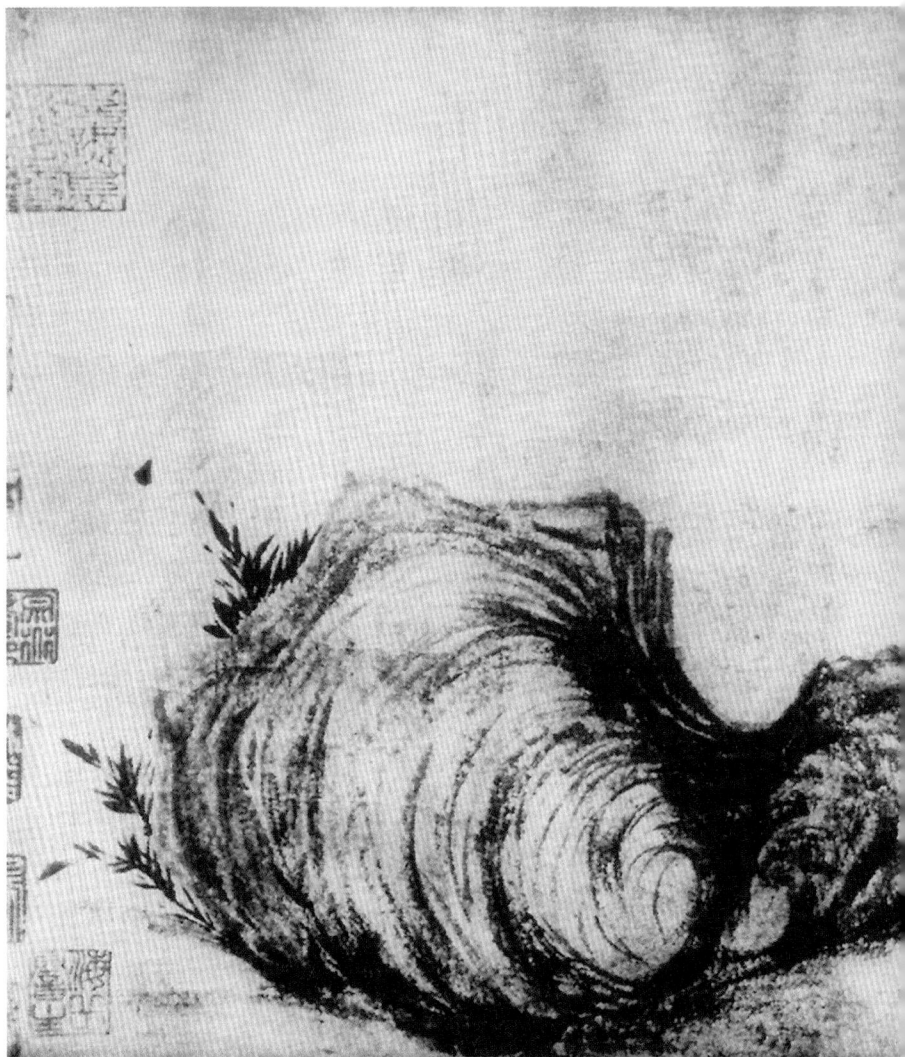

图4.3 ［北宋］苏轼（传）《枯木怪石图》
日本阿部房次郎爽籁馆 藏

六

苏东坡除了喜欢画石，也爱画竹。

苏东坡说："宁可食无肉，不可居无竹。"

在中国士大夫心里，竹有七德，曰正直，曰奋进，曰虚怀，曰质朴，曰卓尔，曰善群。中国古代的编年体史书，因为书写在竹简上，被称为"竹书纪年"；东晋那七位风流名士，被称作"竹林七贤"；唐代那六位酣歌纵酒、共隐于 徂徕山的隐士，被称为"竹溪六逸"；唐代教坊曲，叫"竹枝词"……

竹子为中国人的文化记忆增添了太多的光泽。

墨竹，是一种唐末五代就开始流行的画法，到北宋，与怪石一样，成为文人抒解被压抑的本性的最佳载体。同时，竹叶的画法，因与书法的笔法近似，因此在梅兰竹菊四君子中，也最容易被文人掌握。墨竹画，成为北宋文人画的一个重要分支。

苏东坡说："余亦善画古木丛竹"[1]，"竹寒而秀，木瘠而寿，石丑而文，是为三益之友"[2]。

苏东坡最喜欢的纸是澄心堂纸，最喜欢的笔是宣城的诸葛笔，最喜欢的墨是潘谷、李廷邦的墨，最喜欢画的植物是竹。这四样东西相遇，就成了据传今天世上留存的另外一幅苏东坡绘画真迹——《潇湘竹石图》（图4.4）。

---

1 ［北宋］苏轼：《石氏画苑记》，见《苏轼全集校注》，第十一册，第1152页，石家庄：河北人民出版社，2010年版。

2 ［北宋］苏轼：《文与可画赞》，见《苏轼全集校注》，第十三册，第2385页，石家庄：河北人民出版社，2010年版。

图4.4 ［北宋］苏轼（传）《潇湘竹石图》
中国美术馆 藏

　　当中国美术馆的工作人员在库房里轻轻展开《潇湘竹石图》
时，我几乎可以听见自己的心跳。因为它是国内仅存的一卷传
为苏东坡的绘画作品。很多年前，我曾拥有一件它的廉价印刷
品，但那劣质的印刷对绘画无疑是一种损害，让苏东坡的笔触
漫漶不清。它不是拉近，而是推远了我们与那个时代的距离。
此刻，我终于跨过了时间的屏障，站在了这幅画的面前，就像
站在真实的苏东坡面前，不再被时间和距离所阻歇，所以直到
今天，我仍然记得当时的激动。《潇湘竹石图》，尽管可能只
是一件后世摹本，仍让我相信苏东坡并没有走远，快一千年了，
他仍在可视的范围内。

　　《潇湘竹石图》，横 105.6 厘米，纵 28 厘米，绢本，以
长卷形式，描绘了潇江与湘江在湖南零陵的汇合处的苍茫景色。
近景中的巨石瘦竹，与远景中的水烟山影，形成丰富的层次，
让人在他营造的语境中，体会他内心的淡远与坚守。20 世纪

60 年代初，这幅画辗转到它最后一位私人藏家邓拓手上，邓拓在描述他面对画卷的感受时说："隽逸云气扑面而来，画面上一片土坡，两块怪石，几丛疏竹，左右烟云山水，涉无涯际，恰似湘江与潇水相合，遥接洞庭，景色苍茫，令人心旷神怡。徘徊凝视，不忍离去。"[1] 后来，邓拓将自己的感受写进了他的文章《苏东坡〈潇湘竹石图卷题跋〉》。

在这幅画的卷末，苏东坡亲笔写下了"轼为莘老作"五个字，由此可以推想，此画是苏东坡在黄州时画的，因为"莘老"是苏东坡的同年进士孙觉的字。很多年前，就是在孙觉的府上，苏东坡第一次见到黄庭坚的诗文，大惊，说："此人如精金美玉，不去接近别人，别人也会主动接近他，逃名而不可得，何须扬名？"后来，黄庭坚娶了孙觉的女儿。熙宁四年（公元 1071 年），苏东坡往杭州的那一年，孙觉遭迫害，自湖州移守吴兴[2]。这幅画，就是在那时赠他的，算是一种共勉吧。

仔细看时，我们会发现苏东坡笔下的竹叶，不是静止的，而是在风中轻微伸展和颤动。苏东坡对风是敏感的，他知道零雨冷雾、落叶飞花，一切都是风的呈现。他试图从风的压力中，寻找竹的活跃与妖娆。

---

1 邓拓：《苏东坡〈潇湘竹石图卷题跋〉》，转引自佳音：《苏东坡画作孤本〈潇湘竹石图〉的历史传奇》，原载《文史参考》（精华本），总第 25—48 期，第 120 页。
2 今浙江省湖州市吴兴区。

在湖州时，有一次苏东坡游山，路遇大雨，就去好友贾耘老在苕溪上筑起的澄晖亭避雨。簌簌的雨声中，他突然有了一种作画的冲动，赶紧叫随从执烛，他在幽暗的烛光中，在亭壁上画了一枝风雨竹。我们今天已经无缘见到那幅原作，却仍可从文集中读到他的题画诗：

> 更将掀舞势，
> 把烛画风筱。
> 美人为破颜，
> 正似腰支袅。[1]

　　他把在风雨中摇曳的竹枝，看作笑得弯腰的美人。风雨让她展现出一种无限之美，像丝绸般柔软地飘动，像生命一样永远地变幻不已。人在雨中是自卑的，像书写《寒食帖》时的苏东坡，会被某种强烈的悲痛溅起，但那些摇动的竹枝却让他看见了风雨的另一面，它细微又清晰，宏大又扎实，浩渺而复杂，简直妙不可言，像美人正在觉醒的胴体，又如无数的幽灵，在路上疾速地走来。

---

1　［北宋］苏轼：《与客游道场何山，得鸟字》，见《苏轼全集校注》，第三册，第 2022 页，石家庄：河北人民出版社，2010 年版。

# 七

　　苏东坡画墨竹，文同是他的老师。文同是苏东坡的表兄，字与可，曾任湖州知州，因此世称文湖州。文同是苏东坡的兄长，是老师，也是最好的朋友。李公麟《孝经图》卷上有一个场面，描绘两个文人在花园里相遇，彼此间行礼如仪，很符合苏东坡与文同彼此间的恭敬与揖让，尤其背景中的山石与竹子，更是对二人品格的暗喻。

　　文同开创了艺术上著名的"文湖州画派"，他画竹，以淡墨为叶背，以深墨为叶面，这一技法，不仅为苏东坡、米芾所延续，到了元明，依然为画家所遵奉。苏东坡说："吾为墨竹，尽得与可之法。"

　　近代画家黄宾虹在《古画微》一书中说：

　　　　自湖州画怪木疏篁，苏东坡写枯木竹石，胸次之高，
　　　　足以冠绝天下；翰墨之妙，足以追配古人。其画出于一时
　　　　滑稽谈笑之余，初不经意；而其傲风霆、阅古今之气，常
　　　　可以想见其人。[1]

　　文同有一种"病"，每逢心头不快，只要画上一幅墨竹，"病"就好了。有人想得到文同画的墨竹，就预先在能见到他

---

1　黄宾虹：《古画微》，第29页，杭州：浙江人民美术出版社，2013年版。

的地方摆上笔墨纸砚，等着文同来"治病"。但文同不会轻易上钩，有一人用这个别人传授的秘招等了一年，也没有等来文同的墨竹，文同说："我的病好了。"

这故事后来传到苏东坡耳中，他笑言："与可这病好不了，一定会时不时发作的。"

文同是元丰二年（公元 1079 年）在陈州病逝。那时，苏东坡刚好在湖州担任知州，也是"乌台诗案"之前的最后时光。听到噩耗，苏东坡三天三夜无法入眠，只能独自枯坐。后来坐得倦了，才昏昏睡去，醒来时，泪水已浸透了枕席。

那一年七月初七，天朗气清，是一个晒画的好日子。苏东坡把自己收藏的书画一一翻找出来，摆在透明的光线里。本来，苏东坡有着很好的心情，只因无意间，他看到文同送他的那幅《偃竹图》，心中突然怀念起这位亡友，他们一起作画、相互取笑的日子，永远也回不来了。想到此，苏东坡失声痛哭。

今天来看，文同的竹画，与苏东坡有所区别。一个最直观的区别，是文同的竹画中，一般没有石头。而石头，却始终是苏东坡最不舍的视觉符号。苏东坡绘画中的"木石前盟"（将石头与竹子相结合的图像构成），也在以后的时代里延续，成为中国绘画的经典格式之一，在后世绘画中被一次次重述。

这些绘画有：元李衎《四清图》卷、《竹石图》轴，元高克恭《墨竹坡石图》轴，元赵孟頫《古木竹石图》轴，元柯九思《清閟阁墨竹图》，元倪瓒《梧竹秀石图》轴，元顾安《风雨竹石图》卷、《幽篁秀石图》轴（图4.5）、《墨笔竹石图》轴，明夏昶《半窗春雨图》卷、《画竹图》卷、《潇湘春雨图》

图4.5

[元] 顾安《幽篁秀石图》

北京故宫博物院藏

卷、《淇园春雨图》轴（图 4.6）、《墨竹图》轴，明姚绶《竹石图》轴，明文征明《竹石图》扇页、《兰竹图》卷……

八

米芾 32 岁那年，干了一件胆子挺大的事：拜访当时两位文坛大佬。一位是曾经的帝国宰相、文化宗师王安石；另一位，虽被贬官，影响力却很大，他就是在黄州"劳动改造"的苏东坡。

那时的米芾，还不是那个写下《研山铭》的米芾；那时他只是一位小小的基层干部，但他有胆量孤身从他任职的长沙出发，去金陵拜见王安石，又去黄州造访灯青孤馆、野店鸡号中的苏东坡，艺术史里的那个米芾，已在不远处等他。

那时的王安石，已经从国家领导人岗位上退下来，没有警卫，没有任何排场，只在金陵城东与钟山的半途筑起几间瓦舍，起名半山园，连篱笆也没有。所以年轻狂妄的米芾比我们今天所有人都幸运。当他小心恭敬地打开那扇门，坐在面前的，是每日"细数落花因坐久"的王安石。

就像王安石建起半山园，那时，苏东坡已经拥有了一座"雪堂"，用来接待远道来访的客人。这座号称"雪堂"的建筑，在元丰五年（公元 1082 年）正月里的漫天大雪中建成，所以苏东坡给它起了这个名字。一如唐代王维建在长安城边的辋川别业，杜甫在成都郊区、锦江边上筑起的草堂，苏东坡的雪堂，不见锦绣华屋，只有五间普通的农舍，但里面有苏东坡亲笔画的壁画，倘放在今天，那是无与伦比的奢侈。画面上，雪大如

图4-6 [明]夏昶《淇园春雨图》
北京故宫博物院藏

席，在山间悠然飘落，让他置身黄州的夏日火炉，却能体验北方山野的荒寒冰凉。

苏东坡对此心满意足，在《江城子》里写：

雪堂西畔暗泉鸣，

北山倾，

小溪横。

南望亭丘，

孤秀耸曾城。

都是斜川当日境，

吾老矣，

寄余龄。[1]

只是，在今天的黄州，已不见当年的雪堂。

它不过是一场宋代的雪，早已融化在九百多年前的黄州郊外。

北京故宫博物院藏着南宋画家夏圭一幅《雪堂客话图》（图4.7），画的虽然不一定是苏东坡的雪堂，但从上面所画的江南雪景中，可以窥见苏东坡黄州雪堂的影子。画面上，有一水榭掩隐于杂树丛中，轩窗洞开，清气袭来。屋内两人正在对坐弈棋，虽只对其圈脸、勾衣，寥寥数笔，却将人物对弈时凝神

---

1　［北宋］苏轼：《江城子》，见《苏轼全集校注》，第九册，第344页，石家庄：河北人民出版社，2010年版。

图4.7 ［南宋］夏圭《雪堂客话图》 北京故宫博物院 藏

注目的神情表现出来。远处山顶与近处枝杈之上有未融化的积雪零星点缀。由于经过近九百年的氧化，绢已发黄、变暗，使得用蛤粉点染的白雪历久弥新、晶莹璀璨。画面右下角为细波荡漾的湖面一隅，一叶小舟漂于湖面之上。画面左上角留出的天空，杳渺无际，把观者引入深远渺茫、意蕴悠长的境界。

苏东坡就应该在这样的雪堂中，与访友弈棋、饮酒、观林、听风。

米芾一出现时，苏东坡就能从他身上感觉到他未来的气象。那是直觉，是一个艺术家对另一个艺术家的敏感。它来自谈吐，来自呼吸，甚至来自脉搏的跳动，但它并不虚渺，而是沉甸甸地落在苏东坡的心上。

才华横溢的米芾，眉目轩昂，气度英迈，浑身闪烁着桀骜的气质。他喜欢穿戴唐人冠服，引得众人围观，而且好洁成癖，从不与人同巾同器，《宋史》上说他"风神萧散，音吐清畅"[1]，即使面对他无限崇拜无限敬仰的苏东坡，也"不执弟子礼，特敬前辈而已"，这事见宋代笔记《独醒杂志》。或许，正因米芾没有执弟子礼，所以后世也没有把他列入苏门学士（"苏门四学士"为黄庭坚、秦观、张耒、晁补之）。但苏东坡对此并不在意。他只在意米芾的才华，就像当年欧阳修对自己一样。

无须掩饰内心的喜悦，苏东坡拿出自己最心爱的收藏——吴道子画佛真迹请米芾欣赏。对访客来说，这无疑是一种特殊待遇，因为这幅吴道子真迹，苏东坡平日里是舍不得轻易示人的。

米芾当然知道这幅画的分量，所以虽只一面之缘，却终生不忘。晚年写《画史》时，依旧回味着苏东坡为他展卷时的销魂一刻：

> 苏东坡子瞻家收吴道子画佛及侍者志公十余但，破碎甚，而当面一手，精彩动人，点不加墨，口浅深晕成，故最如活。

后来，苏东坡把这幅他挚爱的画捐给了成都胜相院收藏。

那一次临别时，酒酣耳热之际，苏东坡捡出一张观音纸，叫米芾帖在墙上，自己面壁而立，悬肘画了一幅画。

---

1　[元]脱脱等撰：《宋史》，第 10212 页，北京：中华书局，2000 年版。

# 九

近一千年后，当我坐在自己的房间里，在歌手王菲"明月几时有"的轻吟浅唱中想念苏东坡，最想见的，不是号称"天下第三行书"的《寒食帖》，不是故宫博物院藏的《春中帖》，不是苏东坡的任何一件书法作品，而是那张在东坡雪堂的墙上出现又消失的画。

在米芾后来的回忆里，苏东坡笔下的草石树木，无不朴拙卑微，平淡无奇。

既不像隋唐绘画那样绚烂恣肆，也没有"米氏云山"的玄幻迷离、缠绵浩大。

但那自然界的石头上旋转扭曲的笔触，却象征着士人天性里的自然放纵、狂野不羁。

连对苏东坡不大待见的朱熹，在友人张以道收藏的苏东坡《枯木怪石图》上写下题跋时，也承认"苏公此纸，出于一时滑稽诙笑之余，初不经意，而其傲风霜、阅古今之气，犹足以想见其人也"[1]。

米芾表情庄重，把那幅画小心翼翼地卷起来，带走。

他没想到，一个名叫王诜的人出现了，截断了它的去路。

王诜，字晋卿，是宋朝开国功臣王全斌之后，娶了宋英宗的女儿贤惠公主，成了驸马，却对书画情有独钟，是苏东坡的

---

1　[南宋]朱熹：《跋张以道家藏东坡枯木怪石》，见《朱文公文集》，卷八十四。

"铁粉"、大收藏家，也是大画家。今天的故宫博物院，收藏着苏东坡为王诜写的《跋王诜诗词帖》册页（图 4.8），也收藏着王诜的《行草自书诗卷》（图 4.9）。他的《渔村小雪图》（图 4.10），是美术史上的名作。这幅画卷，以白粉为雪，

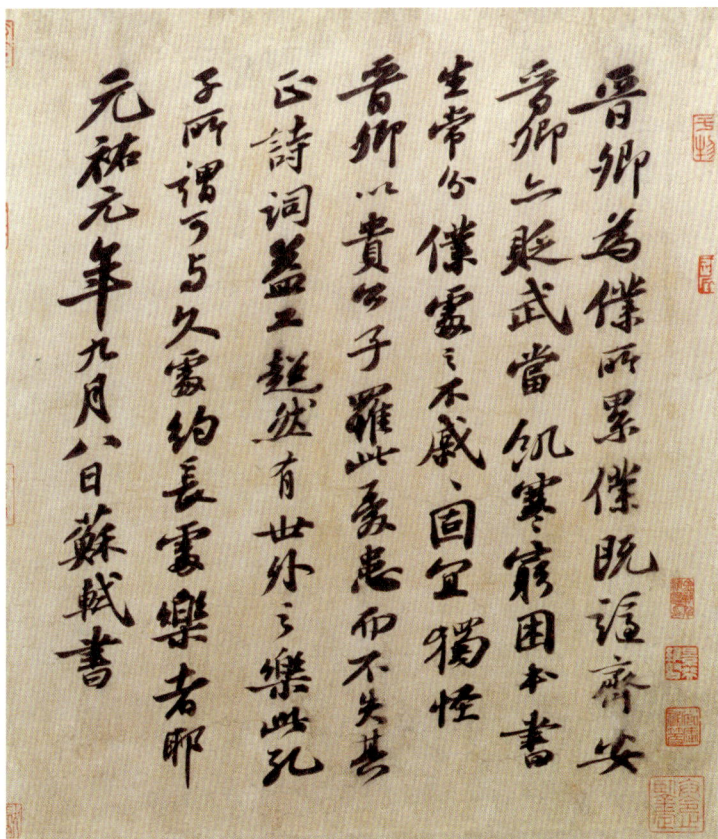

图4.8 ［北宋］苏轼《跋王诜诗词帖》
　　　北京故宫博物院 藏

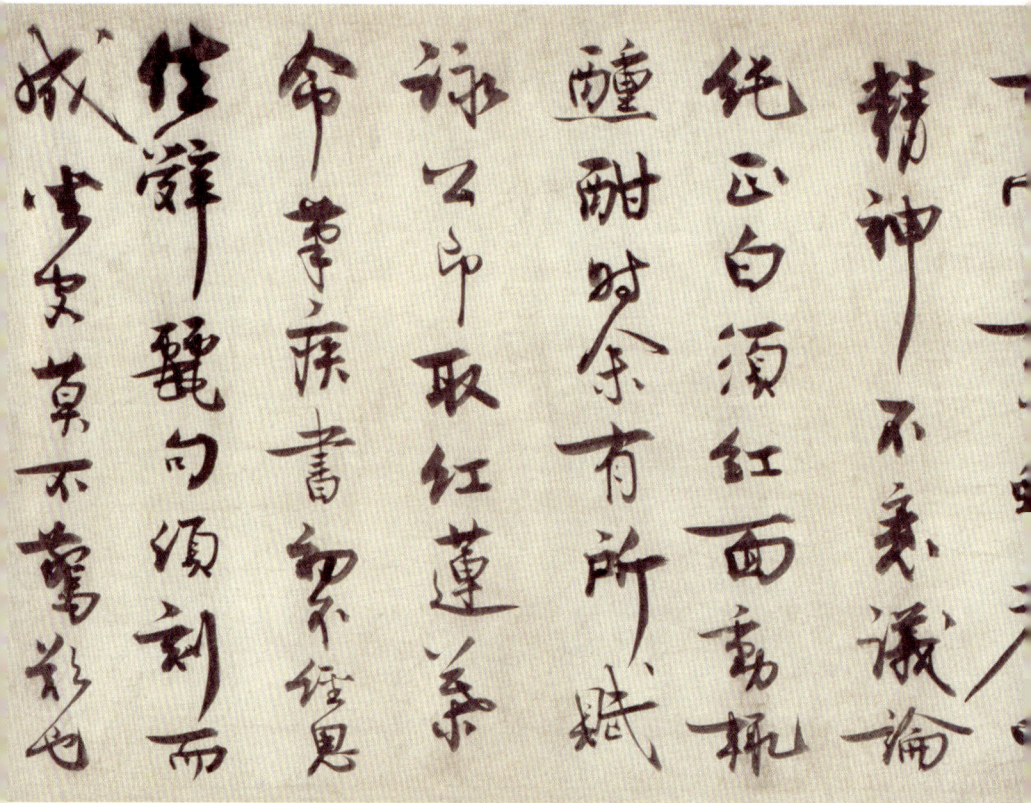

图4.9 ［北宋］王诜《行草自书诗卷》（局部）
北京故宫博物院 藏

余前年恩移清颍
遂至许昌前途小阻
留西湖之别馆者浃
一月常与 彝 荊国
范景仁泛舟书纪使人
顿忘去国流离之
恨也韩公凄怆漫
浮风变高雅图已

图4.10 ［北宋］王诜《渔村小雪图》（局部）
北京故宫博物院 藏

树头和芦苇及山顶、山脚微染金粉，又以破墨晕染，表现雪后初晴的轻丽阳光，这是他独创之法。2015年故宫博物院举办"皇家秘藏·铭心绝品——《石渠宝笈》故宫博物院九十周年特展"，把这幅画展了出来，可见王诜的重要。至于他后来因受苏东坡"乌台诗案"连累被贬，贤惠公主积郁成疾，终于撒手人寰，都是后话了。

那时王诜听到苏东坡给米芾画画的消息，自然浑身颤抖，把持不住，跑到米芾那里，死皮赖脸借走了这幅画，从此再也没有还给米芾。

对此，米芾一直耿耿于怀，在《画史》中特别加了一笔："后晋卿（王诜）借去不还"，算是泄了私愤。

再往后，我就查询不到它的下落了。

我只知道，那时，是苏东坡前往沙湖看田归来后不久，也是苏东坡谪居黄州的第三年。

# 大江东去

对苏东坡来说，赤壁，就是一块
放大的怪石。

## 一

日本汉学家小岛毅在谈到宋代艺术时说："去中国旅行的
人肯定都看到过，美景胜地的岩石上肯定刻有古代文人墨客的
题字。为了能看清楚，还特意用红油漆描画……这与已经西化
了的近代人保护自然景观的感觉完全相异。"[1]

石头是一个物象，一个无生命的自然物，但在中国人的

---

1 ［日］小岛毅：《中国思想与宗教的奔流：宋朝》，第 267 页，桂林：广西师范大学出版社，
2014 年版。

文化观念里，许多无生命的物，都与生命、岁月、情感有着神秘的联系，比如风花雪月、梅兰竹菊。而在这所有的物中，石头是一种极为特殊的物——一种时间的贮存器，"是瞬息万变的时间之物中较为恒定的标识物"，"不仅可以瞬时复活全部的历史记忆，而且可以穿越未来之境，擦去时间全部的线性痕迹"[1]。与此同时，石头还具有某种神奇的叙述功能。无论开创夏朝的大禹，还是横扫六合、一统江山的秦始皇，都要把自己的丰功伟绩以镌刻的方式贯注到石头里，那些古老的石刻，才成为中国艺术的源头之一。

在中国人眼里，往事并不如烟，它可以凝聚，可以固化，而石头，就是记录历史与往事的最佳载体。他们的事业再硬，也硬不过石头，因为哪怕千秋功业，也会在时间中融化，而石头不能。王朝最怕时间，而石头则通过时间，建立起自己的权威。它不只是纯自然的物质，而是一个精神综合体，是历史，是哲学，也是法度。

但天下的石头，没有人可以独占。作为一种唾手可得的天然物质，石头更容易被普通人所利用。假如我们能为石头划分阶级成分，那它必定是庶民的，是无产阶级的。我们今天能够看到的汉代墓志，还有名山巨石上的文人铭刻，就像个人化的录音笔，把个人的内心独白锁进石头。曹雪芹《红楼梦》又名"石头记"，缘起于青埂峰下的一块石头上，刻写着因无材补

---

1 格非：《物象中的时间》，见《博尔赫斯的面孔》，第 98 页，南京：译林出版社，2014 年版。

天，幻形入世，被带入红尘，亲自经历的一段陈迹故事。今天有些素质不佳的游客喜欢在古迹上刻字，写上"某某某到此一游"，这样的荒唐行为自当谴责，但它背后的动机，却是将个人生命与永恒相连的隐秘冲动。

《苏轼全集校注》中有一首《咏怪石》，讲述他年轻时，疏竹轩前有一方怪石，不仅形状怪异，而且无比灵异。有一次，它来到苏东坡的梦中。开始的时候，苏东坡还以为那是一个厉鬼，感到无比恐怖，后来才从它砼隆的声音中，分辨出它的词语。这首长诗，绝大部分内容都是由石头来讲述的。

有学者把旷野上的石头解释为一种与几何型的政治空间相对立的存在——它自然、自由，而且自主，以近乎顽固的意志，对抗着来自外部的渗透和同化。在西方，"近代欧洲的贵族则利用简单的几何关系所拥有的固定性来构建他们的'存在链式'"[1]，因此，他们的观感也更为强烈。美国密歇根大学艺术史教授包华石就说："在中国，这一自然的视像传统是从与贵族化的矫饰的对立中生长出来的。中国知识分子利用非几何形所蕴含的象征性来推动自己的社会理想。"[2]

1　[美]包华石：《中国园林中的政治几何学》，见吴欣主编：《山水之境——中国文化中的风景园林》，第129页，北京：生活·读书·新知三联书店，2015年版。
2　[美]包华石：《中国园林中的政治几何学》，见吴欣主编：《山水之境——中国文化中的风景园林》，第128—129页，北京：生活·读书·新知三联书店，2015年版。

图5.1 ［五代］李成《读碑窠石图》 日本大阪市里美术馆藏

## 二

在苏东坡画《枯木怪石图》之前，已有许多画家痴迷于对石头的表达。五代宋初的李成——一位带动了宋代绘画风气、被称作"古今第一"的伟大画家，就曾画过一幅《读碑窠石图》（图5.1），绢本，墨色，是一幅双拼绢绘制的大幅山水画轴。几株木叶尽脱的寒树，像一团弯弯曲曲的血管挣扎伸展。透过树枝的缝隙，可以看见一座石碑，静静地伫立在荒寒的原野上，那才是这幅画真正的视觉中心。

石碑就是石头，而且是有文化的石头。

石碑前，有一人戴笠骑驴，静默地注视着荒野上的巨碑，在他身边，有一位侍童，正持缰而立。

此后许多年，人们一直想猜那骑驴者的名姓。有人指认，那是曹操，他视野中的古碑也是真实的，那是他与杨修在南行途中见到的"曹娥碑"。[1] 而另一位美术史家石慢（Peter Sturman）则认为，骑驴者其实是孟浩然，那块古碑，是另一位唐代诗人陈子昂诗中提到过的"堕泪碣"，是为纪念西晋开国元勋、著名战略家、政治家和文学家羊祜而修建的碑，也是中国古代最有名的纪念碑之一。

相比之下，苏东坡画上的石头，不像《读碑窠石图》中的石碑那样有显赫的身世，它只是荒野上一块普普通通的石头。然而，据米芾的回忆，苏东坡画上的怪石、枯树，都是他从未见过的——怪石上画满圆形弧线，仿佛在快速旋转，赋予画面一种极强的运动感。怪石右侧穿出的那一株枯树，虬曲之树身，到上方竟然转了一个圆圈，再伸向天空。这样的枯树造型，在中国画中很少见到。

他用质朴无华、沉默无语的石头，表达他生命的自在与充盈，用枯树的死亡来表现生机。这是宋画的一种独特的表达方

---

1 日本学者铃木敬持这种看法，参见［美］巫鸿：《时空中的美术——巫鸿中国美术史文编二集》，第46页，北京：生活·读书·新知三联书店，2009年版。

式，一种反向的、辩证的表达方式。就像他从"墨"中看到了
"色"，从"无"中发现了"有"。

枯树与怪石的组合，据说就是在黄州形成的。它是对李成
《读碑窠石图》的精简和提炼。苏东坡研究专家李一冰说："苏
东坡本是文同后一人的画竹名家，受了（李成的）《寒林图》
的影响，便加变化，用淡墨扫老木古桢，配以修竹奇石，形成
了古木竹石一派，苏东坡自负此一画格，是他的'创造'"。
还说："在苏之前，未有此体。"[1]

将近一千年后，我的目光绕过了苏东坡那么多的书法真迹，
直接落在那块坚硬的石头上，仿佛已经在虚空里，看见了米芾
曾经看见的那幅画。那是因为苏东坡笔下的"木石前盟"，不
仅寄寓了他个人的意志，也成了后世遵循的格式。在他身后，
一代代的画家，目光始终没有从荒野上离开过。仅在故宫博物
院，我们就可以找出无数张由石头与枯树组成的图像，宋元明
清，八个世纪里不曾断流，其中有：北宋郭熙《窠石平远图》
（图5.2）、王诜《渔村小雪图》（前文已提到）、佚名《岩
桧图》、元代赵孟頫《秀石疏林图》、李士行《枯木竹石图》
（图5.3）、明代项圣谟《大树风号图》……

---

1  李一冰：《苏东坡传》，下册，第43页，南京：江苏文艺出版社，2013年版。

图5.2 ［北宋］郭熙《窠石平远图》
北京故宫博物院 藏

图5.3　［元］李士行　《枯木竹石图》

北京故宫博物院 藏

三

对苏东坡来说，赤壁，就是一块放大的怪石，或者说，一座超级古碑。

对于赤壁，每一个读过中学的中国人都不会不知道，因为只要有中学，苏东坡的《念奴娇·赤壁怀古》或者前后《赤壁赋》就会是必修课，但除此之外，我们还可以通过绘画的视角来认识它。这或许为我们认识赤壁提供了一个新的维度。苏东坡对赤壁的青睐，与他对于石头的偏爱是一脉相承的，何况那根本就不是一块一般的石头，而是一块野性的、同时收集了浩大的历史讯息的石头。我们无法确认，苏东坡除了文学作品，是否通过绘画的方式对赤壁做出过表达。无论他画过（可能没有流传到今天）或者没画过赤壁，他对石头这一视觉形象的敏感，使他的目光必然在赤壁上聚焦和定格。这样一块巨石，就放在眼皮底下，像苏东坡这样的石头爱好者，绝对不会轻易放过它。

世界上绝然存在着两个赤壁。一个被称为"武赤壁"，就是现在的湖北省赤壁市，那里是赤壁之战的真正战场。八百年前，也就是东汉建安十三年（公元208年）十月，孙刘联军在这里击败了大举南下的曹军，奠定了三国鼎立的局面。两百年前，一个名叫杜牧的唐代诗人从这里路过，留下绝句一首：

折戟沉沙铁未销，
自将磨洗认前朝。

东风不与周郎便，

铜雀春深锁二乔。[1]


但苏东坡抵达的，却是黄州赤壁，也叫"赤鼻矶"。根据沈复《浮生六记》的记述："黄州赤壁在府城汉川门外，屹立江滨，截然如壁。石皆绛色故名焉。《水经》谓之赤鼻山。东坡游此作二赋，指为吴魏交兵处，则非也。"[2] 所以后人称之"文赤壁"——一个注定将留在文字和后世影像里的赤壁。它的历史，并不是"雄姿英发，羽扇纶巾"的周瑜书写的，而是由苏东坡书写的。

《读碑窠石图》里那个看碑的过客，可以是曹操，可以是孟浩然，也可以是苏东坡。

他出川、进京、入狱、被贬，经历这所有的坎坷，好像就是为了来到赤壁，书写他的千古绝唱。没有赤壁，就没有我们今天熟悉的苏东坡；反过来，没有苏东坡，那赤壁，也永远只是一块冰冷的石头。

苏东坡的石头情结，后来演绎成宋徽宗对"花石纲"的变态迷恋，成为腐蚀大宋王朝的超级细菌，这一点，是谁都没有料到的。关于宋徽宗的故事，在以后的篇章里还会讲到。而作为这份迷恋的见证，宋徽宗亲笔绘制的《祥龙石图》（图5.4），至今保存在故宫博物院里。

---

1 ［唐］杜牧：《赤壁》，见《杜牧诗集》，第276页，上海：上海古籍出版社，2015年版。

2 ［清］沈复：《浪游记快》，见《浮生六记》卷四，第108页，上海：上海古籍出版社，2000年版。

祥龍石者立于環碧池之南芳
洲橋之西相對則勝瀛也其勢
騰湧若虬龍出為瑞應之狀其
容與能英能具絕妙而不凡於此
悶親繪繢素卿以四韻紀之
彼美蜿蜒若虬龍挺然為瑞獨稱雄
雲凝好色來相借水潤清輝更不同
常帶暝煙疑振鬣每乘宵雾恐凌空
故憑彩筆親摸寫結綵敷妍色未同

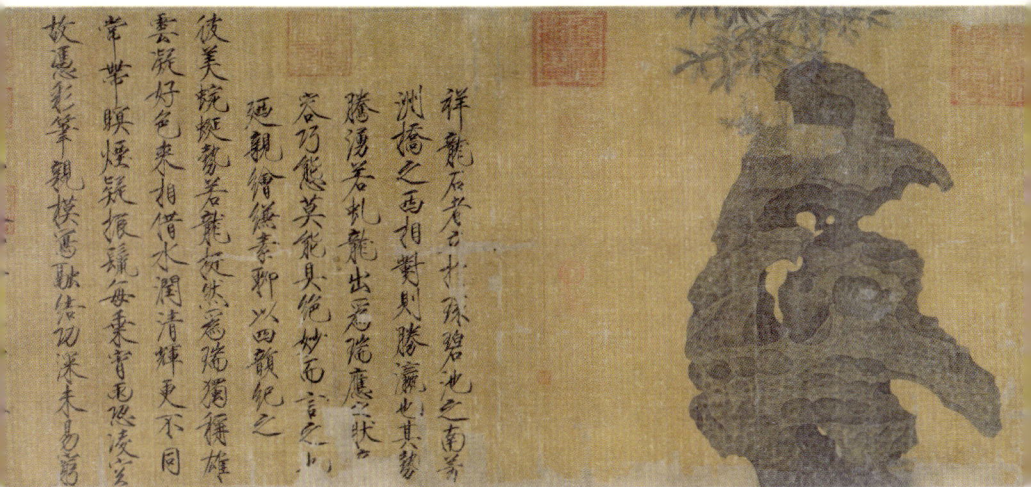

图5.4　[北宋]赵佶《祥龙石图》
北京故宫博物院 藏

四

苏东坡与赤壁的因缘是这样的：

元丰三年（公元 1080 年），初到黄州的苏东坡，在儿子苏迈的陪伴下第一次奔向赤壁。对于此行在文学史乃至艺术史上的意义，或许连他自己也未必了然。那时，他只将此行当作一次普通的造访，他后来在给辩才和尚的信中写道："所居去江无十步，独与儿子迈棹小舟至赤壁，西望武昌山谷，乔木苍然，云涛际天。"[1]

尽管此后，苏东坡常常来此，然而，直到元丰五年（公元 1082 年），苏东坡写下流传千古的《念奴娇·赤壁怀古》和"前后赤壁赋"，那块石头才真正与人的血肉筋脉相连。

公元 1082 年，"七月既望"，苏东坡不知第几次前去朝拜赤壁。那一晚，这位名义上的黄州团练副使，实际上的职业农民，邀约了几位友人，乘月泛舟，前往赤壁。那一次的同游者，有一位是四川绵竹武都山的道士，名叫杨世昌，他云游庐山，又专程转道黄州看望苏东坡。他善吹洞箫，《前赤壁赋》说：

> 于是饮酒乐甚，扣舷而歌之……客有吹洞箫者，倚歌而和之。其声呜呜然，如怨如慕，如泣如诉。余音袅袅，不绝如缕。[2]

---

1　［北宋］苏轼：《秦太虚提名记》，见《苏轼全集校注》，第十一册，第 1261 页，石家庄：河北人民出版社，2010 年版。
2　［北宋］苏轼：《赤壁赋》，见《苏轼全集校注》，第十册，第 27 页，石家庄：河北人民出版社，2010 年版。

这吹洞箫者，指的就是杨世昌。

那一晚，人世间的所有嚣嚷都退场了，他们的视野里，只剩下了月色水光，还有临江独立的赤壁。此时，在江风的呼吸里，在明月的注视下，对人世的所有愁怨，不仅多余，更煞风景。当年的战阵森严，马嘶弓鸣，都早已被这无尽的江水稀释了，化为一片虚无，连横槊赋诗的曹操、羽扇纶巾的孔明、雄姿英发的周瑜，都连一粒渣也不剩了。

不久前，他在这里写下著名的《念奴娇》。这词，在中国几乎人人会背：

> 大江东去，
> 浪淘尽，
> 千古风流人物。
> 故垒西边，
> 人道是，
> 三国周郎赤壁。
> 乱石崩云，
> 惊涛裂岸，
> 卷起千堆雪。
> 江山如画，
> 一时多少豪杰。
>
> 遥想公瑾当年，
> 小乔初嫁了，

雄姿英发。

羽扇纶巾，

谈笑间，

樯橹灰飞烟灭。

故国神游，

多情应笑我，

早生华发。

人间如梦，

一樽还酹江月。[1]


　　长风的呼吸中，他第一次松弛下来。面对赤壁，面对那些转眼成空的所谓基业，苏东坡又一次对自己从政的价值产生了深刻的怀疑。

　　我想起周扬先生在"文革"之后开过的一句玩笑："你不断地去干预政治，那么政治也就要干预你，你干预他他可以不理，他干预你一下你就会受不了。"[2]

　　在赤壁，由奏折、策论、攻讦、辩解所编织成的语言密度，被空旷的江风所稀释。在这样的时间纵深里，那些困扰他的现实问题，都显得无关紧要了。

　　在去除语言之后，世界显得格外空旷和透明。

　　时间带走了很多事物，谁也阻拦不住。

---

1　［北宋］苏轼：《念奴娇》，见《苏轼全集校注》，第九册，第 391 页，石家庄：河北人民出版社，2010 年版。

2　转引自韩晓东：《王蒙：政治、文学、生活、人生》，原载《中华读书报》，2015 年 9 月 23 日。

# 五

他明白了，比铭刻的文字更沉着，也更有力量的，是石头自身。

它不需要镌刻，不需要政治权威的界定，因为那石头，本身就是超越了文字的纪念碑。

就像他《咏怪石》诗里曾经描述过的当年疏竹轩前的那方怪石，丑得无法雕刻，百无一用，没想到那石头不服，来到苏东坡梦中，阐明自己的价值："或在骊山拒强秦，万牛汗喘力莫牵。或从扬州感庐老，代我问答多雄篇。"[1] 庐老，是指唐代诗人庐仝，他写过许多关于石的诗，像《客赠石》《石让竹》《石答竹》《石请客》等，因此才被那方怪石引为"知己"。

它告诉苏东坡："雕不加文磨不莹，子盍节概如我坚。以是赠子岂不伟，何必责我区区焉。"[2] 意思是，它完全可以作为气节与人格的象征，又何必以区区琐细之事相责呢？

这让我想起贾平凹散文里的那方"丑石"："它不是一般的顽石，当然不能去做墙，做台阶，不能去雕刻，捶布。它不是做这些玩意儿的，所以常常就遭到一般世俗的讥讽。"这让贾平凹从丑中看到了美，"那种不屈于误解、寂寞的生存的伟大"。[3]

---

1　［北宋］苏轼：《咏怪石》，见《苏轼全集校注》，第八册，第5494页，石家庄：河北人民出版社，2010年版。

2　［北宋］苏轼：《咏怪石》，见《苏轼全集校注》，第八册，第5494页，石家庄：河北人民出版社，2010年版。

3　贾平凹：《丑石》，原载《人民日报》，1981年2月20日。

透过赤壁，他看到的不只是历史，更是天高地广，是有限中的无限。

《赤壁赋》里，苏东坡慨然写道：

> 天地之间，物各有主，苟非吾之所有，虽一毫而莫取。惟江上之清风，与山间之明月，耳得之而为声，目遇之而成色，取之无禁，用之不竭……[1]

苏东坡将此称为"无尽藏"。他想要什么，都可以随时来取。比朝廷给予他的多得多。

终于，他学会了区分生命的有意义和无意义。这个世界，没有完美无缺的彼岸，只有良莠交织的现实。他知道自己人微言轻，但他无论当多么小的官，他都不会丧失内心的温暖。他灭蝗，抗洪，修苏堤，救孤儿，权力所及的事，他从不错过，他甚至写了《猪肉颂》，为不知猪肉可食的黄州人发明了一道美食，使他的城郭人民，不再"只见过猪跑，没吃过猪肉"。那道美食，就是今天仍令人口水横流的东坡肉。它的烹食要领是：五花肉的肉质瘦而不柴、肥而不腻，以肉层不脱落的部位为佳；用酒代替水烧肉，不但去除腥味，而且能使肉质酥软无比……

他不再像范仲淹那样先忧后乐，而是忧中有乐，且忧且乐，忧乐并举，乐以忘忧。

---

1 ［北宋］苏轼：《赤壁赋》，见《苏轼全集校注》，第十册，第28页，石家庄：河北人民出版社，2010年版。

他已无须笑傲江湖，因为他已笑傲时间，笑傲历史。

像李敬泽笔下的张良，在那个夜晚，他"痛彻地感受着历史的宏伟壮阔和生命的微渺脆弱，那时他可能真的情愿物化黄石，超然于时间之外，看云起日落"[1]。

当年赤壁大战的三个主角，在历史中各得其所——周公瑾爱情事业双丰收，曹孟德（后代）得了天下，诸葛亮则全了人格。

所以，相比之下，他更爱诸葛亮。

此时的苏东坡，早已"尘满面，鬓如霜"。每当日暮时分，他从东坡的农田荷锄回家，过城门时，守城士卒都知道这位满面尘土的老农是一个大诗人、大学问家，只是对他为何沦落至此心存不解，有时还会拿他开几句玩笑，苏东坡都泰然自处，有时还跟着他们开玩笑。

还有一次，他跑到夜店里喝酒，被一个流氓一样的人撞倒在地，他气得想骂那人，但爬起来后，他竟然笑了。后来他在给友人马梦得的信里讲了这件事，说"自喜渐不为人识"，就是说没有人知道他的身份，这并不令他感到沮丧，而是令他感到高兴。

"自喜渐不为人识"的卑微感，是与"天下谁人不识君"的狂傲截然相反的心理状态，也是一种更强大的自信。艺术史家蒋勋曾把这句话写下来，贴在墙上。他认为"自喜渐不为人识"是一种非常重要的心态，"不是别人不认识你，而是你自

---

1　李敬泽：《小春秋》，第116页，北京：新星出版社，2010年版。

己相信你其实不需要被别人认识"[1]。

他貌似草芥，却不是草芥，而是一块冥顽不化的石头，被遗弃在荒野上，听蝉噪蛙鸣、风声鸟声，看日月流转、人事纷纷。

历史如江河，汇流在赤壁前。他感到一种前所未有的畅快与辽阔。


六


无论苏东坡是否画过赤壁，赤壁这块非同寻常的石头，被苏东坡"开光"以后，竟然成为后代书法家和画家反复表达的经典形象。

在今天的故宫博物院，我们仍然可以目睹这样一些著名的书法：南宋赵构草书《后赤壁赋》（图5.5），元代赵孟頫的行书长卷《前后赤壁赋》，文徵明61岁书《前赤壁赋卷》、78岁书《前赤壁赋卷》、89岁书《前后赤壁赋》[2]，明代祝允明草书《前后赤壁赋》……

绘画方面，至少从南宋马和之开始，画家们就开始痴迷于这一题材的绘画创作。用巫鸿先生的话说，"苏东坡的《前赤壁赋》和《后赤壁赋》激发了视觉艺术表现中的'赤壁图'传

---

1 蒋勋：《蒋勋说宋词》，第128页，北京：中信出版社，2014年版。
2 文徵明一生多次书写《前后赤壁赋》，据戴立强《明文徵明行书前赤壁赋册记》中统计，仅传世之作就有十六件，另据周道振振先生《文徵明年谱》记载，更不止此数。除此，文徵明还多次为祝允明、仇英等书写的《赤壁赋》或《赤壁图》题跋。

统"[1]。所谓"赤壁图",一般包括两类构图:其中一类是多联的卷轴画,像故宫博物院收藏的《女使箴图》《洛神赋图》那样,把苏东坡的文本转译成一个连续的叙事;另一种是单幅绘画,聚集于苏东坡泛舟赤壁下的时刻。

好玩的是,苏东坡看不上眼的院体画家,也就是宫廷专业画家也来凑热闹,加入这场宏大的视觉叙事中,例如马和之(图5.6),就是南宋宫廷画院中官品最高的画师。院体画非但没有走向没落,相反受到刺激而益发蓬勃。新的精神渗入到院体画中,像日光刺透寒林,让它变得强韧和尖锐。那新的精神,就是挣扎与反抗,用徐复观先生的话说,就是"在顺应画院的传统中,更含有强烈的反画院的精神"。在歌功颂德的背后,"他们在大小环境的压迫感中,有他们在人格上的挣扎,有他们在精神自由解放中所建立的另一形式"[2],有缤纷华丽背后的浩大苍凉。

苏东坡是看碑者,是解读赤壁的那个人,有朝一日,他自己也成了古碑,成了赤壁,被后人追怀和讲述。马和之之后,南宋李嵩、乔仲常,金代武元直,明代仇英等,都画过"赤壁图"。其中仇英,至少有两幅《赤壁图》存世,一藏辽宁省博物馆,一藏上海博物馆,一律绢本短卷,画面上断岸千尺,白露横江,东坡与客泛舟中流,还有一卷是纸本,略长于前两卷,增加了苇汀浅屿、石桥曲涧、秋林霜浓、云房窅深的夜间景色,

1 [美]巫鸿:《时空中的美术——巫鸿中国美术史文编二集》,第74页,北京:生活·读书·新知三联书店,2009年版。
2 徐复观:《中国艺术精神》,第342页,桂林:广西师范大学出版社,2007年版。

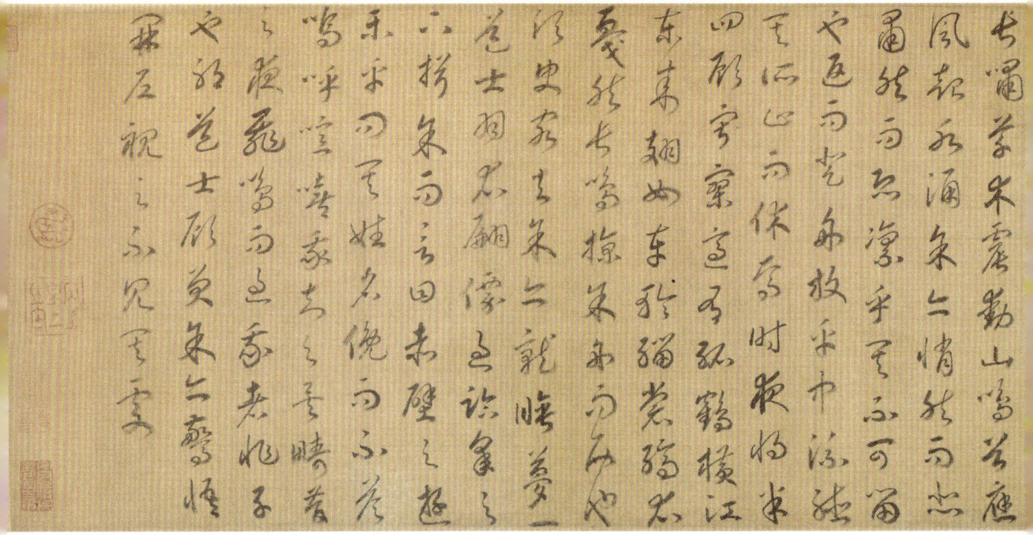

图5.5 ［南宋］赵构《后赤壁赋》
北京故宫博物院 藏

是岁十月之望，步自雪堂，
将归于临皋。二客从予过
黄泥之坂。霜露既降，木叶
尽脱，人影在地，仰见明月，
顾而乐之，行歌相答。已而
叹曰：「有客无酒，有酒无肴，
月白风清，如此良夜何！」客
曰：「今者薄暮，举网得鱼，巨
口细鳞，状如松江之鲈。顾
安所得酒乎？」归而谋诸妇。
妇曰：「我有斗酒，藏之久矣，
以待子不时之须。」于是
携酒与鱼，复游于赤壁之
下。江流有声，断岸千尺，山
高月小，水落石出。曾日月
之几何，而江山不可复识
矣。予乃摄衣而上，履巉岩，
披蒙茸，踞虎豹，登虬龙，攀

图5.6 ［南宋］马和之《后赤壁赋图》（局部）
北京故宫博物院 藏

2007 年在嘉德公司秋拍会上创造了当时中国绘画拍卖成交价的世界纪录，以 7952 万元人民币成交，也使中国绘画作品的拍卖成交价首次超过 1000 万美元级别。

"赤壁图"的传统，一直渗透到 20 世纪。1941 年，张大千初到敦煌，就画了《前赤壁赋》和《后赤壁赋》两件画轴。74 年后（2015 年），亦成为嘉德的拍品。《前赤壁赋》轴采用倪瓒的一江两岸式构图，但视角却是从赤壁俯瞰的，这个视角，在以往的赤壁赋图中极为少见（一般以赤壁为背景），赤壁之下，江天幽远，一叶扁舟在水面上漂浮，苏东坡与两位友人，安闲地坐在舟中，饮酒欢叙，陶醉于清风明月、江天美景中。《后赤壁赋》轴构图更加奇特，赤壁从画轴的左侧突然穿入，呈头重脚轻的倒三角结构，危崖顶上还站着一个人，那人就是苏东坡。他居高临下，怅望远方，而舟中的伙伴，全都抬头仰望着他，似乎暗示着，他看风景的同时，他自己正成为别人眼中的风景。

于是，在赤壁原有的空间之外，画家们又开辟了一重重全新的空间。图像的空间，从此覆盖了物质化的空间。从后来的绘画史中，我们"目睹"的，既不是三国鏖兵的"武赤壁"，也不是苏东坡的"文赤壁"，而是画家们创造出来的"画赤壁"。由此，我们发现了记忆在这块顽石上的反复涂抹与叠加。赤壁于是成了一块容积无限的石头，一个真正意义上的"无尽藏"。为了表明这一点，画家们不约而同地夸大了赤壁的体积，它挺拔、高峻、陡峭。在无限的江水和时间中，苏东坡的身影，还有那一叶扁舟，都显得那么微小，像他笔下的"千古风流人物"一样，渐行渐远。

# 四海兄弟

他们在文化上的抱负，让所有的宫
廷与争斗都成了陪衬。

## 一

在美国堪萨斯城纳尔逊－阿特金斯艺术博物馆里，收藏着
那幅传为北宋画家乔仲常所绘的《后赤壁赋》手卷。在这件手
卷中，我们看到的苏东坡，是一副温婉可爱的世俗形象，与我
们印象中玉树临风的儒者形象截然不同。画面上的人物，面庞
饱满，目光柔和，透过宽松的衣袍，还可看见他微微隆起的肚
腩。他挽着袖口，一手提着一壶酒，另一手拎着一条鱼，站在
一个庭院里，那庭院是用藤条围起来的，朴实无华，唯有庭院
另一端的一丛竹子，暗示着它与主人公精神世界的某种联系。

在黄州，就在这样一个普通的院子里，站立着那个时代最伟大的文人和政治家。

一位在历经荣华和苦难之后，在死亡的边缘获得重生的艺术家。

所谓重生，就是一个人从父母那里获得生命之后，自己要再给自己一个新的生命。

对苏东坡来说，这个新的生命，是黄州赋予他的。

那时的他，已不再像年轻时那样心高气傲，把自己当作救世主。他开始懂得苦难，能够与苦难和平共处，甚至，能够从这种共处中，重新塑造自我。

只是，在疼痛和彷徨的处境里，他从来没有放弃他的生命理想，在最暗郁的历史底层，像等待一轮明月，仰望着那永恒不息的美的光芒。

那是如大自然一般纯洁和质朴的光芒。那个叫苏东坡的男子，在旷野里栉风沐雨，生命早已摒弃了那些华而不实的绚烂，而归入了平淡。他已"忍不得一点艳俗一点平庸一点谎言一点逢迎"，他在"排挤贬谪流放中黯然想象着那些梦幻的理想和衣裳"。[1]

整个宋代艺术都跟他一起，摒弃了华丽，走向了质朴。就像画卷上，他所身处的那个花园，"玲珑剔透的形式被视为过于华丽或逢迎而被抛弃，相反，淡雅的甚至是不精细的却被视

---

1　马小淘：《衣说》，原载《人民文学》，2008 年第 2 期。

为更加真诚和自然"[1]。

元丰六年（公元 1083 年），苏东坡见到了自南国北归的
好友王巩和随他远行的歌伎柔奴。当年王巩是因为受"乌台诗
案"牵连被贬谪到地处岭南荒僻之地的宾州的，他的歌伎柔奴
毅然随他远行，一路颠簸，前往岭南。那貌似柔弱的女子，饱
经磨难之后，"万里归来年愈少，笑时犹带岭梅香"，令苏东
坡大感惊异。对于那荒僻遥远的流放之地，柔奴说"此心安处，
便是吾乡"，让苏东坡更受震动。此后的岁月里，苏东坡无论
身处怎样的绝境，内心都会从容不迫，不知道在多大程度上是
受到柔奴这小女子的影响。

苏东坡《定风波》是这样写的：

　　　　常美人间琢玉郎，
　　　　天教分付点酥娘。
　　　　自作清歌传皓齿，
　　　　风起，
　　　　雪飞炎海变清凉。

　　　　万里归来年愈少，
　　　　微笑，

---

1　［美］包弼德：《斯文：唐宋思想的转型》，转引自［美］包华石：《中国园林的政治几何学》，
见吴欣主编《山水之境——中国文化中的风景园林》，第 119 页，北京：生活·读书·新知三联书店，
2015 年版。

笑时犹带岭梅香。

试问岭南应不好？

却道，

此心安处是吾乡。[1]


就在苏东坡把黄州当作自己的故乡，决心做个安然的农夫时，他的命运，再一次发生转折。

林语堂说："也许是命运对人的嘲弄吧，苏东坡刚刚安定下来，过个随从如意的隐居式的快乐生活，他又被冲击得要离开他安居之地，再度卷入政治的漩涡。蚂蚁爬上了一个磨盘，以为这块巨大的石头是稳如泰山的，哪知道又开始转动了。"[2]

苏东坡在元丰七年（公元 1084 年）的春天里得到朝廷的调令，到离汴京不远的汝州[3]，任汝州团练副使、检校尚书水部员外郎。应当说，即将离开黄州，苏东坡的心情格外复杂。因为这天高地远的黄州，将他生命中的悲苦、艰辛、安慰与幸福都推到了极致。他一生中最重要的创作，诸如我们熟悉的《念奴娇·赤壁怀古》和"前后赤壁赋"，还有号称"天下行书第三"的《寒食帖》，都是在黄州完成的。这黄州，已成了他生命的一部分，他想带走，却无法带走。

1  ［北宋］苏轼：《定风波》，见《苏轼全集校注》，第九册，第526页，石家庄：河北人民出版社，2010年版。
2  林语堂：《苏东坡传》，第219页，长沙：湖南文艺出版社，2012年版。
3  今河南省临汝。

# 二

苏东坡是在元丰三年(公元 1080 年)二月初一抵达黄州的,
当时身边陪伴他的,只有"乌台诗案"之后一路随行的儿子苏
迈。那时的苏东坡,不是衣锦还乡,是流落他乡。他最怕的不
是生活的艰难,而是内心的孤独,"黄州岂云远,但恐朋友缺",
小城隔断了一切熟悉的事物,让他感到无限的空洞和孤立无依。

但苏东坡的生命里从来不缺朋友。马梦得,与苏东坡生于
同年同月,也是他一生中最忠实的伙伴。二十多年前,他们在
汴京相识,那时马梦得在太学做官。有一次,苏东坡前去探访,
苦等不来,百无聊赖之际,在墙壁上信手写下杜甫《秋雨叹》,
然后掷笔而去。他无论如何不会想到,马梦得归来,看到这首
诗,被"堂上书生空白头,临风三嗅馨香泣"两句触动,竟然
愤而辞官,自此终生不仕。

苏东坡后来写道:"马梦得与仆同岁月生,少仆八日。是
岁生者,无富贵人,而仆与梦得为穷之冠者。即吾二人而观之,
当推梦得为首。"意思是说,这一年出生的人,没有富贵之人,
若论穷,他苏东坡和马梦得定会拔得头筹,假如他们这两个穷
鬼再 PK 一下,则是马梦得更胜一筹,苏东坡甘败下风。

在宋代,星命术已十分发达,人们已经普遍使用十二星座
来推算人的命格与运程,只不过那时候不叫十二星座,而叫
"十二星宫"。刊刻于北宋景德二年(公元 1005 年)的《大
隋求陀罗尼经咒》,上面绘有一幅环状的十二星宫图,跟我们
今天看到的十二星座图案几乎没有区别。北宋傅肱写了一本《蟹

谱》，收集了许多跟螃蟹有关的典故，其中说道，"十二星宫有巨蟹焉"。南宋陈元靓写了一部家居日用百科全书《事林广记》，在天文类中提到一张《十二宫分野所属图》，将十二星宫与中国十二州相对应：宝瓶配青州，摩羯配扬州，射手配幽州，天蝎配豫州，天秤配兖州，处女配荆州，狮子配洛州，巨蟹配雍州，双子配益州，金牛配冀州，白羊配徐州，双鱼配并州。

不懂星宫，这些宋代典籍，就变成了迷宫。

苏东坡显然是懂星宫的。他曾说过："退之（即韩愈）诗云'我生之辰，月宿直斗'，乃知退之摩羯为身宫，而仆乃以摩羯为命，平生多得谤誉，殆是同病也！"[1] 翻译过来，就是：我与韩愈都是摩羯座[2]，同病相怜，命格不好，注定一生多谤誉。

无独有偶，苏东坡身边最好的朋友马梦得也是摩羯座。或许正因如此，他们只能惺惺相惜，因为他们谁都不能嫌弃谁。对马梦得的境遇，苏东坡觉得自己是负有责任的，所以他希望自己将来会有钱，这样就可以让马梦得脱贫致富，买山终老。没想到自己非但没有飞黄腾达，反而以戴罪之身被贬黄州。更没想到的是，他刚到黄州，马梦得就像跟屁虫一样尾随而至，陪他到黄州受苦。

两个倒霉蛋从此抱团取暖，在黄州开始了躬耕生活。

那段日子，他们仿佛在渡着一条命运的黑河。

---

1　[北宋] 苏轼：《东坡志林》，第一卷，第 15 页，见《丛书集成简编》，台北：商务印书馆，1965 年版。

2　苏东坡出生于北宋景祐三年十二月十九日，用万年历回溯，可知他的阳历生日为 1037 年 1 月 8 日，属摩羯座。

他们的身体可以受苦役，精神可以被屈辱，但是，那藏在内里的对生命真挚的爱，仍使脸上有了笑容。[1]

为了纪念那段时光，苏东坡写下《东坡八首》，诗中这样描述自己的这位朋友：

> 马生本穷士，
> 从我二十年。
> 日夜望我贵，
> 求分买山钱。
> 我今反累生，
> 借耕辍兹田。
> 刮毛龟背上，
> 何时得成毡？
> 可怜马生痴，
> 至今夸我贤。
> 众笑终不悔，
> 施一当获千。[2]

---

1 蒋勋：《美的沉思》，第128页，长沙：湖南美术出版社，2014年版。
2 ［北宋］苏轼：《东坡八首》其八，见《苏轼全集校注》，第四册，第2256页，石家庄：河北人民出版社，2010年版。

三

　　与黄州隔江而望的樊口，有一个酒坊主，名字叫潘丙。他本是考不上进士的举人，但已绝意功名，卖酒为业，于是与嗜酒的苏东坡有了交集，也成了苏东坡在黄州结识的第一位市井朋友。

　　经潘丙介绍，苏东坡又结识的另外两个朋友，一个叫古耕道，一个叫郭兴宗。前者真诚淳朴，热心地方公益事业，人头也熟；后者自称是唐朝名将郭子仪的后代，在西市卖药。苏东坡没读过鲁迅《魏晋风度及文章与药及酒之关系》，但有药有酒，苏东坡的生活就有了声色，有了魏晋一般的风雅。在苏东坡眼中，他们虽说是市井中人，但是身上闪烁着质朴与本分，比一般士大夫更讲义气，苏东坡黄州五年，得他们的照顾不少，开垦东坡，他们也都出手相助。透过《东坡八首》，我们也能看见他们的影子：

　　　　潘子久不调，
　　　　沽酒江南村。
　　　　郭生本将种，
　　　　卖药西市垣。
　　　　古生亦好事，
　　　　恐是押牙孙。
　　　　家有一亩竹，
　　　　无时客叩门。

我穷交旧绝，

三子独见存。

从我于东坡，

劳饷同一飧。

可怜杜拾遗，

事与朱阮论。

吾师卜子夏，

四海皆弟昆。[1]


　　苏东坡自称"上可以陪玉皇大帝，下可以陪卑田院乞儿"。这很像《论语》中子夏说过的一句话："四海皆弟昆。"春秋时代的一天，孔子的弟子司马牛见到了他的师兄子夏，愁容满面地说："人家都有兄弟，多快乐呀，唯独我没有。"子夏听言，安慰他说："有人曾说，'一个人死与生，要听从命运的安排，富贵则是由天来安排的'。君子认真地做事，不出差错；和人交往，态度恭谨而合乎礼节。那么普天之下，到处都是兄弟，又何必担忧没有兄弟呢？"

　　南朝萧统《文选》收有《苏武诗四首》（又名"苏武与李陵诗四首"），据说是苏武自匈奴返回大汉之际，李陵置酒为苏武送行，两位"异域之人"，一别长绝，于是互相唱和，完成这组诗。第一首开头四句便是：

1　［北宋］苏轼：《东坡八首》其七，见《苏轼全集校注》，第四册，第2254页，石家庄：河北人民出版社，2010年版。

骨肉缘枝叶，

结交亦相因。

四海皆兄弟，

谁为行路人。

　　苏东坡虽然怀疑这些诗都是后人的伪作，但诗中表达的那份四海兄弟的旷达之情，他还是认同的。在中国历史上，战乱流离、身世沉浮，往往把士大夫抛向底层，去体验命运的凶险与民生的艰辛，只是当这样的命运施加在苏东坡头上，带来的结果并不纯然是老庄的遗世独立、竹林七贤的装疯卖傻，更不是王羲之的宇宙玄思，而是对现实苍生更深切的爱。中国历代士大夫，很少有像苏东坡这样放下身段，真心跟贫下中农交朋友的。这使他的文学和艺术，比李白更"接地气"，又比杜甫更超拔，既有个人的风雅，也融汇了百姓的疼痛、无奈、悲怆与挣扎。

　　下面即将谈到的宋代文学与艺术的变化，一言以蔽之，就是在宋代，出现了真正意义上的"庶民的文学"与"庶民的艺术"。在此之前，无论王羲之，还是陶渊明，都试图以美，来化解现实与死亡对个人的压迫，但他们的思维，还是士大夫式的，终究是来自个体生命的微小抵抗，也透射出来自个体生命的纯美光芒，但终不像宋代，成为一种整体性的文化诉求。

　　中国历史走到宋代，经五代之变，门第意识已经几乎被扫荡无余，科举的普及、糊名制的使用，使得各级政府的决策者，基本上出于平民——对此苏东坡的体会最深，加之宋代商业的繁盛（张择端《清明上河图》有全景式的表达），个人流动性与自主性增加，使平民精神在文学与艺术的血液里流动，文化不再仅仅是自上而下的教化，也可以通过市场自下而上地进行重塑。文学里的古文运动，书法和绘画走向平实与深远，建筑、家具、戏曲、版画、小说也受到文人的全面推动而发生质变，与大众的生活需求更加契合，这样的变化，在中国的艺术史上，堪称"史无前例"。"唐宋变革"在文学与艺术领域的这一连串衍化，归根结底是"庶民的胜利"。

从这个意义上说，苏东坡不是山水间的隐居者，不是一个纯粹的打量者，更不是那个时代的叛逆者。他是山水间的一粒沙、寒林中的一块石。他有着一位艺术家高逸而虚静的心灵力量，使他不被吞没于污浊的现世，又用一个庶民的身体，收纳他作为文人的所有襟怀。


四


有一个晚上，苏东坡在家里寻找黄居寀所画的《龙》图，那是他从好友陈季常那里借来的，此时，却怎么也找不到了。他的眉毛蹙成一个疙瘩，恍然中，他想起半个月前曾将此图借给曹光州摹画，还要一两个月方能送回来，恐怕陈季常着急，误以为自己要"贪污"这张帖，于是急急地给这位好友写下一通书札：

一夜寻黄居寀龙，不获。方悟半月前是曹光州借去摹榻，更须一两月方取得，恐王君疑是翻悔，且告子细说与，才取得即纳去也。却寄团茶一饼与之，旌其好事也。轼白季常。廿三日。[1]

将近千年之后，我们在台北故宫博物院找到了这幅书札——《一夜帖》（图6.1），又名"季常帖"和"致季常尺牍"。苏东坡的字迹，质朴敦厚，用笔凝重，笔画丰腴多肉，且结字偏斜，前半段的情感平和，逐渐趋于起伏，所以全作字形大小、笔画粗细、字体型态等也随之改变，让人感觉到音乐般的节奏与韵律，尤其结尾处"季常"二字，大约一倍，更见风格。

《吴氏书画记》中对这通书札有这样的描述："纸墨如新，书法流洒，神采动人，但此帧临橅最多，惟此肥不露肉，人莫能及。"[2]

《一夜帖》的收件者陈慥陈季常，是苏东坡在岐亭邂逅的四川眉山同乡，也是他在黄州临皋亭暂时落脚后心里最想见的朋友。当年26岁的苏东坡任凤翔府签判，初仕凤翔，他的顶头上司，就是陈季常的父亲陈希亮。

苏陈两家，不仅是眉山同乡，而且是几代人的交情。对于担任凤翔知州的陈希亮，李一冰《苏东坡传》这样形容："陈

1　［北宋］苏轼：《与陈季常四首》其一，见《苏轼全集校注》，第二十册，第8564页，石家庄：河北人民出版社，2010年版。
2　《式古堂书画汇考》，书考卷一〇，转引自《徐邦达集》，第二卷，第331页，北京：故宫出版社，2005年版。

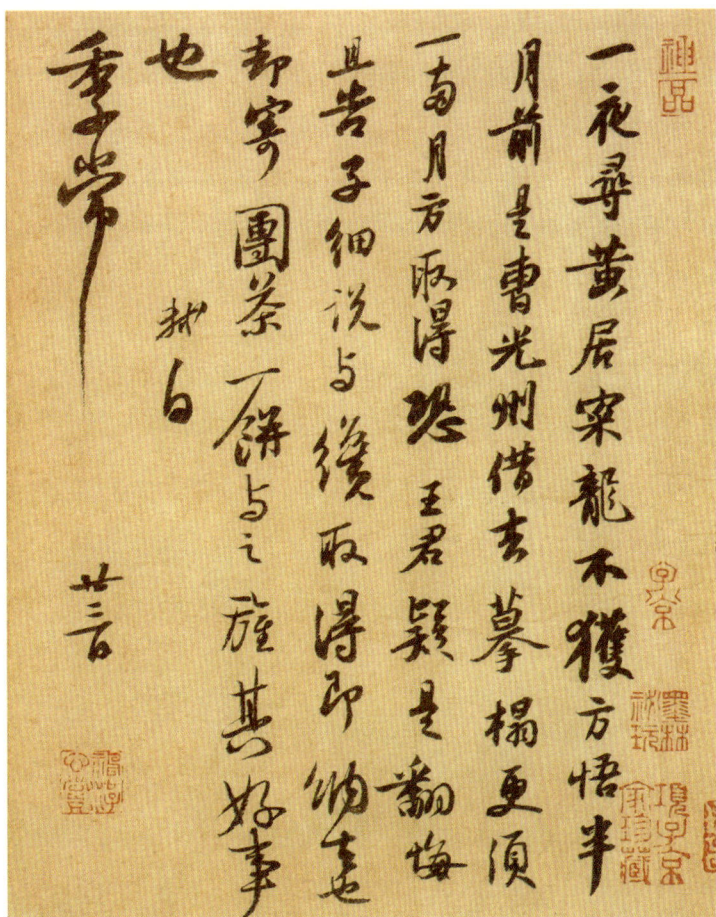

图6.1　［北宋］苏轼《一夜帖》
台北故宫博物院 藏

希亮身材矮小、清瘦，而为人刚劲，面目严冷，两眼澄澈如水，说话斩钉截铁，常常当面指责别人的过错，不留情面。士大夫宴游间，但闻陈希亮到来，立刻阖座肃然，语笑寡味，饮酒不乐起来……"还说"希亮官僚架子很大，同僚晋见，任在客座中等候，久久都不出来接见"[1]，甚至有人在枯坐中打起瞌睡，苏东坡于是写了一首《客位假寐》，讽刺他：

> 谒入不得去，
> 兀坐如枯株。
> 岂惟主忘客，
> 今我亦忘吾。
> 同僚不解事，
> 愠色见髯须。
> 虽无性命忧，
> 且复忍须臾。[2]

苏东坡自由任性，与这样的官员自然对不上脾气。刚好陈希亮在官衙后面建起一座凌虚台，站在台上，终南山近在眼前。陈希亮知道苏东坡文笔出众，请他撰写一篇《凌虚台记》，于是，苏东坡写下了这样的文字：

---

1 李一冰：《苏东坡传》，上册，第60-61页，南京：江苏文艺出版社，2013年版。
2 ［北宋］苏轼：《客位假寐》，见《苏轼全集校注》，第一册，第342页，石家庄：河北人民出版社，2010年版。

物之废兴成毁，不可得而知也。昔者荒草野田，霜露之所蒙翳，狐虺之所窜伏。方是时，岂知有凌虚台耶？废兴成毁，相寻于无穷，则台之复为荒草野田，皆不可知也。尝试与公登台而望，其东则秦穆之祈年、橐泉也，其南则汉武之长杨、五柞，而其北则隋之仁寿、唐之九成也。计其一时之盛，宏杰诡丽，坚固而不可动者，岂特百倍于台而已哉！然而，数世之后，欲求其仿佛，而破瓦颓垣无复存者，既已化为禾黍荆棘丘墟陇亩矣，而况于此台欤！夫台犹不足恃以长久，而况于人事之得丧忽往而忽来者欤？而或者欲以夸世而自足，则过矣。盖世有足恃者，而不在乎台之存亡也。[1]

大意是：兴盛和衰败交替无穷无尽，那么高台（会不会）又变成长满荒草的野地，都是不能预料的。我曾和陈公一起登台而望，（看到）其东面就是当年秦穆公的祈年、橐泉两座宫殿（遗址），其南面就是汉武帝的长杨、五柞两座宫殿（遗址），其北面就是隋朝的仁寿宫也就是唐朝的九成宫（遗址）。回想它们一时的兴盛，宏伟奇丽，坚固而不可动摇，何止百倍于区区一座高台而已呢？然而几百年之后，想要寻找它们的样子，却连破瓦断墙都不复存在，已经变成了种庄稼的田亩和长满荆棘的废墟了。相比之下这座高台又怎样呢？一座高台尚且不足

---

1　［北宋］苏轼：《凌虚台记》，见《苏轼全集校注》，第十一册，第1100页，石家庄：河北人民出版社，2010年版。

以长久依靠，相比于人之间的得失，来去匆匆又如何呢？或者想要以（高台）夸耀于世而自我满足，那就错了。因为要是世上真有足以（你）依仗的东西，就不在乎台子的存亡了。

在别人大喜的日子谈岁月无常，苏东坡显然不是来添彩的，而是来添堵的。

没想到陈希亮一个字没改，直接刻写到石上，并且慨然道：

> 吾视苏明允，犹子也；某（指苏轼），犹孙子也。平日故不以辞色假之者，以其年少暴得大名，惧夫满而不胜也，乃不吾乐耶！

陈希亮说苏东坡这孙子少年成名，他平日里对他不太待见，是怕他骄傲自满，将来会吃亏。他称苏东坡为孙子，并不是骂人，而是他的确辈分高。苏明允就是苏东坡的老爸苏洵，在陈希亮眼里，就像他的儿子一样。

这话让苏东坡无地自容，那时他才知道，自己的长官对自己态度严厉，竟是有意为之，为的是挫一挫他的锐气，让他不要太志得意满。苏东坡一生都记得这位前辈的大恩。

陈希亮死后，苏东坡在《陈公弼传》里写道："方是时年少气盛，愚不更事，屡与公争议，至形于言色，已而悔之。"[1]

按照陈希亮的说法，他的儿子陈慥要比苏东坡高出一辈，

---

1  ［北宋］苏轼：《凌虚台记》，见《苏轼全集校注》，第十一册，第 1325 页，石家庄：河北人民出版社，2010 年版。

但苏东坡与陈慥，却成了最要好的朋友。陈慥，字季常，是陈希亮的长子，但视功名如粪土，嗜酒好剑，自诩"一世豪士"。苏东坡在岐山碰到他时，他正和两个朋友一起骑着快马，在长林丰草间疾驰而过，出行射猎。苏东坡看见了他的侧影，听到他的袍子在风中发出旗帜般的哗啦声响，立刻被他的一身侠气所吸引，和他成了莫逆之交。苏东坡五年黄州时期，隐居麻城岐亭的好友陈慥七次来黄州看望苏东坡。

五

元丰七年（1084年）三月三日，苏东坡与朋友们结伴寻春，走到定惠院东边那株海棠花前。来黄州五年，苏东坡每年都要与朋友到这株海棠树下置酒赏花。那天下午，花园里的光线一点点地变化着，花与人的影子在变换着位置。他们游赏了两个竹园，极有兴致地吃了刘家的"为甚酥"饼。那时的苏东坡并不知道，这将是他在黄州的最后一次海棠花会了。

那一天，茶酒过后，苏东坡沿着小溪，进入何氏花园，看见花园里的橘树，就向主人要了几棵，准备带回雪堂，种在雪堂的西侧。

两天之后，他就收到了调离黄州的那一纸诏令，由黄州改任汝州。五年前加给他的罪名并未撤销，头衔仍然是州团练副使，"不得签书公事"。

四月初一，山中杂花生树，空气中游荡着一种温厚和辽远的芬芳。苏东坡对这样的气味已经熟悉，它们早已渗进了他的

身体发肤。在这里，他变苦为乐，寒食开海棠之宴，秋江泛赤
壁之舟，在流放之地寻到了无穷的乐趣。一旦言别，必是牵心
挂肠于此地的山水草木和男女老幼。黄州的乡亲好友同样不舍，
纷纷携酒相送。苏东坡与他们最后一次把盏言欢。酒尽时，他
挥笔，写下一首《满庭芳》：

> 归去来兮，
> 吾归何处，
> 万里家在岷峨。
> 百年强半，
> 来日苦无多。
> 坐见黄州再闰，
> 儿童尽，
> 楚语吴歌。
> 山中友，
> 鸡豚社酒，
> 相劝老东坡。
>
> 云何？
> 当此去，
> 人生底事，
> 来往如梭。
> 待闲看秋风，
> 洛水清波。

好在堂前细柳，

应念我，

莫剪柔柯。

仍传语，

江南父老，

时与晒渔蓑。[1]


　　这是一首散文式的词，贯彻了苏东坡美学的一贯风格——看上去简白朴素，都是大白话，深处却暗流涌动，包含着许多复杂的元素，与他的字、他的画别无二致。这里面有对故乡的思恋和不能归乡的怅恨（首句巧用了陶渊明的名赋《归去来兮辞》的第一句）；有对时光流逝、年岁已高的感慨（"百年强半，来日苦无多"）；有与父老百姓之间的真挚情谊（"山中友，鸡豚社酒"等句）；有在红尘中飘荡的无依感（"人生底事，来往如梭"）……各种深浓的情感在字词间掺杂、翻搅，在全词的结尾处，却化作对邻里一声叮咛——请他们在他走后，不要折雪堂前的细柳，在有阳光的日子里，别忘了替他晾晒渔蓑。这仿佛是一种许诺——有朝一日，他终会回来，重温过去的岁月。

　　词中没有一字直言他对黄州的感情，却字字惊心。

---

1　［北宋］苏轼：《满庭芳》，见《苏轼全集校注》，第九册，第 459 页，石家庄：河北人民出版社，2010 年版。

晚清词人郑文焯读到这首词，用秀丽清隽的小楷，在《手批东坡乐府》里轻轻写下四个字：抱负不凡。

苏东坡离开黄州，已是四月中旬，陈季常、王齐愈、王齐万这些朋友都来了，陪伴苏东坡一道渡过长江。过武昌，夜行吴王岘时，江上突然传来黄州鼓角的声音，在苏东坡的心底掀起无限的惆怅。隔过近千年，我们依然可以从他的那首《过江夜行武昌山闻黄州鼓角》里，看到他那张老泪横流的脸。

苏东坡就这样离开了黄州，从此再也没有回来过。以后的日子里，每当他遭遇政敌迫害，痛苦无解时，他都会想起黄州，甚至打算逃回黄州去，在东坡上重新开始耕种生涯。他是一个重情意的人，元祐二年岁暮，他给潘丙写信，一一问询旧友的近况，嘱咐如有人修筑亭榭，需要他题名写牌的，一律不要客气。最后，他慨然说道："东坡不可荒废，终当作主，与诸君游，如昔日也。"

## 六

苏东坡辞别了黄州，逆着他的来路，顺江而下。过金陵时，他一定要去拜见一下已经辞官隐居八九年的王安石。

当年王安石变法，意欲富国强兵，使大宋王朝摆脱民穷财困的状况，认为"天下敝事甚多，不可不革"，当时初入政坛、人微言轻的苏东坡之所以敢与位高权重的王安石相顶撞，反对变法，不仅因为变法过于草率，新法在实施过程中暴露出许多缺点，更因为王安石固执己见，说一不二，不愿听反对的声音，甚至开始大刀阔斧地清除异己，致使朝廷清流纷纷挂印而去，留下一班小人围着他转，把朝廷闹得乌烟瘴气。

但是，无论苏东坡与王安石有着怎样的政争，有一点可以肯定的是，他们都是磊落之人，他们的所有政争，动机也都是为了天下百姓，在道德上找不出瑕疵。如今，他们都已退出庙堂，从前的政争，也都成了过眼云烟。这样的达观，苏东坡有，王安石亦有。

王安石虽曾官居参知政事，掌握相权，但在这翻云覆雨的朝廷上，他的命运也比苏东坡好不了多少。自宋神宗熙宁三年（公元 1070 年）到熙宁九年（公元 1076 年），王安石两次拜相，又两次被罢免。他经历了亲手提拔的亲信的背叛，也经历了失去长子王雱的悲痛。变法失败与丧子之痛，令一种前所未有的绝望与冰冷贯穿了王安石的身体。他经常反复写"福建子"这三个字，以表达他对泉州人吕惠卿的痛恨。那段时光里，时常有人看到，王安石骑着一匹瘦驴，在金陵的山水名胜前漫游，嘴里喃喃自语，没有人能听清，他到底在说些什么。

这副形象，又让我想起李成《读碑窠石图》中那位骑驴的过客。

闻听苏东坡过金陵，王安石没有像等待米芾那样等待苏东坡，而是等不到苏东坡前来晋谒，就已骑上小驴，去江边船上，主动去寻找苏东坡了。

苏东坡不及冠带，出船迎揖道："轼今日敢以野服见大丞相。"

王安石哂然一笑，说："礼为我辈设哉？！"[1]意思是说，这些俗礼哪里是为我们准备的呢？

一见王安石，苏东坡就感到这位曾经叱咤风云的老宰相身上的巨大变化。当年那个号称祖宗不足法、天命不足畏、人言不足恤的王安石早已不见了踪影，取而代之的是一个谨小慎微的微弱老人。

有一次，苏东坡与王安石谈论起朝政，苏东坡颇有怨气地对王安石说："汉唐亡于党祸与战事，我朝过去极力避免这样的危机出现。但是现在却在西北鏖战不止，很多书生也都被发配东南。这样的情况，你为什么不阻止？"

王安石伸出二指指向苏东坡，说："这两件事都是由吕惠卿发动的，如今我已告老还乡，无权干涉了。"

苏东坡说："不错，不在其位，不谋其政。不过皇上待你以非常之礼，你也应当以非常之礼事君才是。"

苏东坡没有想到，王安石竟然这样回答：今天的话，"出在安石口，入在子瞻耳"[2]。他意思是说，二人所言，到此为止，千万别传出去让吕惠卿知道，否则，会吃不了兜着走。

但那段时间里，二人饮酒话旧，让苏东坡对王安石当年的做法多了几分理解。以前，苏东坡觉得王安石对自己成见甚深，处处与自己过不去，处处为难自己，是个心胸狭隘、嫉贤妒能

---

1　［宋］朱弁：《曲洧旧闻》卷第五，见［宋］龚明之 朱弁 撰，孙菊园 王根林 校点：《中吴纪闻 曲洧旧闻》，第 127 页，上海：上海古籍出版社，2012 年版。
2　［元］脱脱等撰：《宋史》，第 8645 页，北京：中华书局，2000 年版。

的小人。现在想来，其实不然。

他为王安石写下一诗：

> 骑驴渺渺入荒陂，
> 想见先生未病时。
> 劝我试求三亩宅，
> 从公已觉十年迟。[1]

历经十年风雨，和先生一起归隐，已经觉得太晚了。

其实，作为一代文宗，王安石一直关注着远在黄州的苏东坡，因为苏东坡的诗词、散文、书法、绘画，同样让王安石深感着迷。

苏东坡、王安石之所以能在紫金山下相逢一笑，一个很重要的缘由，是二者的身份都发生了转变。此时的他们，早已远离朝阙，他们都是那个时代最伟大的文人和艺术家。他们在文化上的抱负，让所有的宫廷与争斗都成了陪衬。

苏东坡在黄州时，王安石就对他的艺术创造十分关注。每逢遇到从黄州来的人，王安石都忍不住要问："子瞻近日有何妙语？"

有一次，有人告诉他："子瞻宿于临皋亭，夜半梦醒而起，

---

1　［北宋］苏轼：《次荆公韵四绝》，见《苏轼全集校注》，第四册，第2613页，石家庄：河北人民出版社，2010年版。

作《胜相院经藏记》一篇，得千余字，一气呵成。现有抄本在船上。”

王安石按捺不住，命人即刻取来，不等进屋，就站在廊檐下，趁着月光，一字一句地细读。那时，月出东南，林影在地，一丝喜悦，正掠过王安石的眉梢。

读罢，王安石说：“子瞻，人中龙也。不过这篇文章，却有一字未稳。”

有人问：“哪个字？”

王安石说：“文中‘如人善博，日胜日负’那一句，不如说‘如人善博，日胜日贫’更好。”

后来苏东坡知道了这件事，不禁拊掌大笑，认为王安石的确是自己的一字之师，遂欣然提笔，把“负”字改为“贫”字。[1]

王安石也很谦虚，苏东坡与王安石同游钟山，写下一句“峰多巧障目，江远欲浮天”，王安石笑称：“我一生写诗，写不出这样好的两句。”

但他写过“春风又绿江南岸，明月何时照我还”，千古传唱。

那段日子里，二人经常彼此唱和，吟咏风歌，与千年之前苏武与李陵置酒相别时的场景如出一辙。

那是苏东坡在羁旅困顿中最痛快酣畅的一段时光。

艺术在不知不觉中，弥合着横亘在两人之间的鸿沟。

那一次，金陵相别时，王安石曾慨然发出这样的长叹：

---

1　［宋］惠洪：《冷斋夜话》卷五，见［宋］惠洪 费衮 撰，李保民 金圆 校点：《冷斋夜话 梁溪漫志》，第31页，上海：上海古籍出版社，2012年版。

"不知更几百年，方有如此人物！"[1]

王安石评说正确。

近千年过去了，苏东坡这样的人物，早已随大江东去，成了绝版。

---

1　［宋］蔡绦：《蔡绦诗话》，转引自《宋诗话全编》，第三册，第2490页，南京：江苏古籍出版社，1998年版。

第
七
章

# 西园雅集

艺术家，其实就是最好的生活家。

## 一

苏东坡离开黄州以后，朝廷的政治形势又发生了重大变化。元丰八年（公元 1085 年），一直牵挂着苏东坡的宋神宗赵顼驾崩，年仅 10 岁的太子赵煦即位，宋神宗的生母宣仁太后此时以太皇太后的名义垂帘听政。有史学家说，历史上母后当政时代，常见朝纲不振、大权旁落的现象，或则奢逸享乐，有政失修明之弊，唯有宋朝摄政的三位母后，却都知人善任，精勤政事，以厚德宽仁享誉后世，这是宋史上的一大特色。[1]

---

1　李一冰：《苏东坡传》，上册，第 318 页，南京：江苏文艺出版社，2013 年版。

宣仁太后，是宋英宗的皇后、宋神宗的生母，虽一介女流，却具有非凡的政治眼光和稳健的政治手段，有人称她为"女中尧舜"。在这危难之际，她的目标，就是重塑大宋帝国的和平与繁荣。她追念儿子神宗的遗意，复官苏东坡为朝奉郎，很快又任命他为登州知州。与此同时，她又把目光投向正在洛阳独乐园里潜心修撰《资治通鉴》的司马光。其实宋神宗驾崩，司马光专程入京吊唁皇帝，只是身份敏感，没敢逗留，像一股迅疾的风，来去无踪，等宣仁太皇太后想到召见他时，他已在返回洛阳的官道上。太皇太后派人去追，终于追到了司马光。他们问道："目前为政，应先做什么？"司马光说了三个字："开言路。"[1]

　　元祐元年（公元 1086 年），大宋王朝掀起了"不满现实，人心求变"的舆论浪潮，有数千件上诉状聚集在皇帝和宣仁太皇太后面前，内容几乎都是指责前朝新法脱离实际，致使民生维艰，民不聊生。

　　六月里，吕公著应召至京，任尚书左丞。他上任后办的第一件事，就是举荐人才，他向朝廷提供的人才名单里，苏东坡赫然在列。有意思的是，他给苏东坡这位饱受御史台折磨的正直官员安排的职位，正是言事御史。旋即，一匹快马驰出汴京，飞奔洛阳，将一封密札送到司马光手中。这正是太皇太后密送司马光的人事名单。司马光见札，写了一纸复奏，特别保荐者

---

1　［元］脱脱等撰：《宋史》，第 8614 页，北京：中华书局，2000 年版。

六人，与吕公著所荐一模一样，而推荐的其他人选中，苏轼、苏辙兄弟均在其列。

这些人中，"大多数都有极好的家世背景，而个人立身处世，品德谨严，学问渊博，都是以尊重传统为重要立场，视疏减民生疾苦为自己本分的君子，所以历史学家笼统地称誉他们为'元祐贤者'，称元祐为'贤人政治'"[1]。

不久，司马光受命知陈州，前往汴京入见皇帝和太皇太后，当即被太皇太后留下，任命为侍郎。

此时的司马光，已经在洛阳的繁花清阁中闲居了十五年，天下人依旧把他当作真正的宰相，称他为"司马相公"。皇城里的卫士们见到司马光，都把手放在额前，悄悄地说："此司马相公也。"[2]

司马光此次入京，引起了极大的轰动效应，可见人心早已思变。他走到哪里，老百姓就跟到哪里，集体围观，以至于汴京的街道出现了严重的交通拥堵，马不能行。有人喊道："相公不要再回洛阳，在天子前做宰相，百姓才有活路。"[3]当司马光谒见宰相时，百姓们居然抢占了宰相官邸对面的屋顶，骑在屋脊上，也有的爬到树上，等候司马光的出现。

对于京城的这些变化，已被调任登州的苏东坡有所耳闻，但直到十月里自登州还京，被事先得到消息的百姓拦阻于途，

---

1 李一冰：《苏东坡传》，上册，第320页，南京：江苏文艺出版社，2013年版。

2 ［元］脱脱等撰：《宋史》，第8613页，北京：中华书局，2000年版。

3 ［元］脱脱等撰：《宋史》，第8614页，北京：中华书局，2000年版。

让苏东坡为他们讲话，"请您转告司马相公，不要离开朝廷，好自珍重，才可以活我百姓"，苏东坡才意识到，原来那些传说，都是真的。

正如吕公著、司马光所希望的，无数曾受到王安石打击的旧臣，纷纷返回朝阙。十月二十日，朝廷任命苏东坡为礼部郎中，此时，距离苏东坡到任登州，只有短短五天。

此后，苏东坡又一路升迁，先后被任命为翰林学士、中书舍人。

而朝廷上那批小人，则纷纷被惩处。其中，吕惠卿被一贬再贬，降为建宁军节度副使，李定被谪放滁州。

对于这些重掌权力的儒家知识分子来说，这不是公报私仇，是维护正义。

二

当时帝国中央的官员们，为了上朝方便，府第都靠近皇城。孟元老那部奇书《东京梦华录》，让我们的目光掠过时间，掠过汴京远近深浅的飞檐，看到了蜷缩在黄河怀抱里的那座城——那座包含了无限的灯光、巢穴、美食和历史的浩瀚之城：皇城的城门，朱漆金钉，辉煌耀眼，城壁砖石间，甃嵌着龙凤飞云的图案，雕梁画栋，峻桷层榱，城楼上覆盖着琉璃瓦，在阳光下，光影迷离。[1]宫墙边，挺立着许多高槐古柳，柳枝拂动，

---

1　参见［南宋］孟元老撰、邓之诚注：《东京梦华录注》，第30页，北京：中华书局，1982年版。

使这座威严的皇城有了自然和宁静的气息。

循着皇城外迷宫式的街道，我们或许能够找到苏东坡的家。时任秘书省校书郎的黄庭坚写了一首诗，叫"雨过至城西苏家"，描述他视野里的城市景象：

> 飘然一雨洒青春，
> 九陌净无车马尘。
> 渐散紫烟笼帝阙，
> 稍回晴日丽天津。
> 花飞衣袖红香湿，
> 柳拂鞍鞯绿色匀。
> 管领风光唯痛饮，
> 都城谁是得闲人。

那时的苏轼苏辙兄弟，终于又同在京城为官，自从他们二十多岁出仕，在朝廷党争中挣扎沉浮，他们很少有机会能同住在一地，所以在汴京，他们虽然不住在一起，却几乎日日相见，此时，苏东坡已是五十多岁的老人了。

二十多年前的嘉祐六年（公元 1061 年），苏氏兄弟在欧阳修等人的荐举下，参加了天子特诏考试——制科特考。为了准备这次考试，他们特地从汴京西冈搬到了僻静的汴河南岸怀远驿。那时，虽然生活清苦，却是苏氏兄弟一生中难得的共处时光。他们每日三餐，桌上只有白饭、白萝卜和白盐，苏东坡给朋友刘攽写信，说他们每天都吃"皛饭"。"皛饭"，就是

"三白饭"。不久之后，刘攽折柬邀苏，请他吃"皛饭"。苏东坡整日苦读，早已忘记什么是"皛饭"，还以为是大餐，欣然前往，看见桌上只有白饭、白萝卜和白盐，了然大笑。

他们的居所也是简陋的，时入秋季，风雨时常夹带着落叶，穿窗入室，苏辙有肺病，身体单薄，在风雨的寒夜，苏东坡总是要为弟弟添加些衣服。有一天，苏东坡读韦应物诗，读到"那知风雨夜，复此对床眠"，突然想到假若他们兄弟此次通过制科特考，就要各自踏上仕途，不能再同吃同睡，不禁悲从中来，对弟弟说，将来为官，要早早退出仕途，一起回到家乡眉山，再对床同卧，共度风雨寒夜。这就是他们"风雨对床"的约定。此后四十余年，他们兄弟都同守着这份约定，只是官身不由己，这年轻时的约定，却越来越难以实现。

那一次制科特考，苏氏兄弟都成绩不俗，苏东坡被任命为凤翔府签判，苏辙为秘书省校书郎。宋仁宗喜形于色，对皇后说："吾今日又为子孙得太平宰相两人。"他所说的两位太平宰相，就是指苏轼、苏辙。旦夕之间，三苏父子，已名动京城。

苏东坡一生，在宦海沉浮，兄弟间的那份情谊，给他带来许多温暖。他与弟弟苏辙离多聚少，更加重了他对弟弟的牵挂与思念。苏东坡一生，不知有多少诗词是写给弟弟的。林语堂先生曾说："往往为了子由，苏东坡会写出最好的诗来。"

苏东坡第一次为官，到凤翔赴签判任时，苏辙把他一路送到郑州，才一步一回头地返往汴京。临别前，兄弟二人相互以诗为赠。苏辙诵道："相携话别郑原上，共道长途怕雪泥。"

"雪泥"一词引发了苏东坡的灵感，一首诗自心头涌起：

人生到处知何似？

应似飞鸿踏雪泥。

泥上偶然留指爪，

鸿飞那复计东西。

老僧已死成新塔，

坏壁无由见旧题。

往日崎岖还记否，

路长人困蹇驴嘶。[1]


　　离别之际写下的诗，表达出对人生无定的无限感慨。诗的后四句，写的都是他们兄弟共同经历的记忆，但它们转眼之间，就成了雪泥鸿爪、过眼云烟。后人用"雪泥鸿爪"一词，来形容生命的短暂与多变。

　　熙宁七年（公元 1074 年），苏东坡在杭州任满，因苏辙当时在济南为官，而兄弟两人自从颍州一别后已经三年没见，苏东坡思弟心切，于是上奏朝廷，希望调往山东，与弟弟苏辙离得近些。苏东坡就这样调任密州知州。时入严冬，到济南去的河道已经冰冻停航，苏东坡只得放弃了绕道济南的计划，没能与弟弟见面。熙宁九年（公元 1076 年）八月十五，苏东坡与僚友饮酒于超然台上，这是他到密州后最快乐的一次盛会，但是客逢佳节，又不免苦念苏辙，他大醉，作了这首最著名的《水

---

1　[北宋] 苏轼：《和子由渑池怀旧》，见《苏轼全集校注》，第一册，第 186 页，石家庄：河北人民出版社，2010 年版。

调歌头》：

明月几时有，

把酒问青天。

不知天上宫阙，

今昔是何年？

我欲乘风归去，

又恐琼楼玉宇，

高处不胜寒。

起舞弄清影，

何似在人间。


转朱阁，

低绮户，

照无眠。

不应有恨，

何事长向别时圆！

人有悲欢离合，

月有阴晴圆缺，

此事古难全。

但愿人长久，

千里共婵娟。[1]

---

1 ［北宋］苏轼：《水调歌头》，见《苏轼全集校注》，第九册，第161页，石家庄：河北人民出版社，2010年版。

许多人以为，这首词是写给佳人的，却很少有人知道，这佳人，原竟不是别人，而是他最亲爱的弟弟。这词的副题，便是"丙辰中秋，欢饮达旦，大醉。作此篇，兼怀子由"。

　　有学者评价："他写出了人生非常平凡，可是又非常动人的情感，每次到中秋节你都会想到这首词，觉得苏东坡他的文学伟大在于他写出人的心声最内在的一种感觉，我想我们常常说伟大的文学跟伟大的艺术，都是能够使人共鸣的，那共鸣是说我的感情跟你的感情跟他的感情是有共同性。"

　　元祐年间再度入京，兄弟俩终于同朝为官，对于他们，已是极大安慰。元祐三年（公元1088年），苏东坡写下一首《出局偶书》，表达他每日要见弟弟苏辙的急迫心情：

　　　　急景归来早，
　　　　穷阴晚不开。
　　　　倾杯不能饮，
　　　　留待卯君来。[1]

　　倾起杯子，却不能一饮而尽，只为等待一个人的归来。
　　那人就是卯君。
　　那是苏辙的乳名。

---

1　［北宋］苏轼：《出局偶书》，见《苏轼全集校注》，第八册，第5533页，石家庄：河北人民出版社，2010年版。

# 三

慢慢地，这些在动荡中离散的朋友们又重新聚集起来。曾来黄州的米芾、京师初交的李公麟等，都聚集在他的身边。元祐二年（公元1087年）五月，他们又在王诜的西园举行了一次雅集，参加者有：苏东坡、苏辙、黄庭坚、秦观、米芾、蔡肇、李之仪、郑靖老、张耒、王钦臣、刘泾、晁补之、王诜、李公麟，还有僧人圆通（日本渡宋僧大江定基）、道士陈碧虚，共十六人，加上侍姬、书童，共二十二人。松桧梧竹，小桥流水，极园林之胜。宾主风雅，或写诗，或作画，或题石，或拨阮，或看书，或说经，极宴游之乐。李公麟以他首创的白描手法，用写实的方式，描绘当时的情景，取名"西园雅集图"（图7.1）。

这样的雅集，在宋代十分常见。

宋代，是文人生活最为雅致的时代。不仅书法绘画、诗词曲赋，甚至连衣食住行，以及日常生活的方方面面，都成了艺术。扬之水说："两宋是培养'士'气的时代，前此形象与概念尚有些模糊的'文人''士大夫'，由此开始变得清晰起来。政治生活之外，属于士人的一个相对独立的生活空间也因此愈益变得丰富和具体。抚琴，调香，赏花，观画，弈棋，烹茶，听风，饮酒，观瀑，采菊，诗歌和绘画携手传播着宋人躬身实践和付诸想象的种种生活情趣。如果说先秦是用礼乐来维护'都人士'和'君子女'的生活秩序，那么两宋便可以说是以玄思

图7.1　［北宋］李公麟《西园雅集图》（局部）
私人收藏

和风雅的结合来营造士子文人的日常生活。而宋人设计的'行具'，其中所容，即是合唐人的风流遗韵与宋人创意为一而用来酝酿和铺张风雅的一个微缩世界。此后它更成为一种古典趣味，为追求古意的雅人所效法。"[1] 在宋代，士人们找到了比权力和财富更高的价值，他们发现并且积极地营造着属于个人的物质和精神空间。艺术家，其实就是最好的生活家。

我们今天的许多生活品位，都是奠基于宋代的。其中许多，比如花、香、茶、瓷，还有苏东坡参与调制的诸多美食，并不是宋人的首创，"但它却是由宋人赋予了雅的品质，换句话说，是宋人从这些本来属于日常生活的细节中提炼出高雅的情趣，并且因此为后世奠定了风雅的基调"[2]。所以，郑骞先生说，"唐宋两朝，是中国过去文化的中坚部分。中国文化自周朝以后，历经秦汉魏晋南北朝，逐步发展，到唐宋才算发展完成，告一段落。从南宋末年再往后，又都是从唐宋出来的。也就是说，上古以至中古，文化的各方面都到唐宋结束。就像一个大湖，上游的水都注入这个湖，下游的水也都是由这个湖流出去的。而到了宋朝，这个湖才完全汇聚成功，唐时还未完备"[3]。

或许这样就可以解释，为什么王国维在《文学小言》中总结三代以下的诗，收纳在屈原、陶渊明、杜甫、苏东坡四个人的身上，自苏东坡的时代往后，一片空白。诗的时代，到苏东

1　扬之水：《宋代花瓶》，第136页，北京：人民美术出版社，2014年版。
2　扬之水：《宋代花瓶》，第32页，北京：人民美术出版社，2014年版。
3　郑骞：《宋代在中国文化史上的地位》，转引自扬之水：《宋代花瓶》，第32页，北京：人民美术出版社，2014年版。

坡就结束了，其他书画文艺、器具物质，也大抵如此。

比如饮茶的习惯，虽然至少在孔子的时代就有，公元 3 世纪的张仪在著作中记录了四川和湖北的茶叶种植情况，汉墓中也有茶叶出土，六朝时代，宫廷不只饮酒，而且饮茶，在唐代，茶更成为平民百姓的日常饮品，成了国饮。但到了宋代，饮茶方法、器皿才更加精细，成为生活品位的标志，成为一种文化，甚至与士大夫的精神世界达成了一种无法忽略的默契。他们饮茶，为的是让生活的美学得到升华，在浮华与素朴之间，得到一种平衡的生活。

其实唐宋时期的饮茶方法也有不同，从南宋刘松年《卢仝烹茶图》（图 7.2），可以看出唐人喜欢煎茶，就是在风炉上的茶釜中煮水，"其水，用山水上，江水中，井水下"[1]，同时把茶饼碾成不太细的茶末，等水微沸，把茶末投进去，用竹筴搅动，待沫饽涨满釜面，便酌入茶碗中饮用。

对于投末时机的把握，陆羽《茶经》都有细微的提示。饮用时，需把茶汤中的浮沫均匀地酌进各个茶碗，这些浮沫是茶汤的精华，而且有着不同的名字——薄的叫沫，厚的叫饽，轻细的叫花。沫，就像漂浮在水面上的绿苔，又像撒落在樽俎中的菊花。饽，是茶渣煮沸时出现的一层层浮沫，宛如纯白的积雪。晋代《荈赋》是中国最早的茶诗赋作品，其中写："明亮如积雪，灿烂如春花"（"焕如积雪，晔若春敷"），煎茶时，

---

1　[唐]陆羽等著、宋一明译注：《茶经译注（外三种）》，第 34 页，上海：上海古籍出版社，2009 年版。

图7.2 ［南宋］刘松年《卢仝烹茶图》
北京故宫博物院 藏

才知其所言不虚。[1]

　　画上正在主持煎茶的卢仝是唐代诗人，也是对中国茶文化产生重大影响的人物。刘松年的《卢仝烹茶图》是《斗茶图》的姐妹篇。明代都穆在《刘松年卢仝烹茶图跋》中对此略记如下："玉川子嗜茶，见其所赋茶歌。松年图此，所谓破屋数间，一婢赤脚举扇向火，竹炉之汤未熟，而长须之奴复负大瓢出汲。玉川子方倚案而坐，侧耳松风，以俟七碗之入口。可谓善于画者矣。"新茶芬芳，卢仝乘兴，写下一首《走笔谢孟谏议寄新

1　原文见［唐］陆羽：《茶经》，见［唐］陆羽等著、宋一明译注：《茶经译注（外三种）》，第34页，上海：上海古籍出版社，2009年版。

图7.3　［南宋］佚名《会昌九老图》（局部）
　　　　北京故宫博物院 藏

茶》，后来被收入《全唐诗》。诗中讲述他从饮第一盏茶到第
七盏茶的过程中的细微体验。这首诗，也被称为"七碗茶诗"，
或"茶歌"。

晚唐时，又开始流行点茶，就是把茶末直接放到盏中，用
煮好的开水冲茶。但它对水流的直顺、水量的多少、落水点的
准确性都有要求，技术含量并没有降低。

到了宋代，点茶已成为一种普遍的习俗，宋人茶书，如蔡
襄《茶录》、宋徽宗《大观茶论》，所述均为点茶法。宋人在
宴会（包括家宴），以及文人雅集中，常用点茶法。不仅李公
麟《西园雅集图》，包括宋徽宗《文会图》、南宋佚名《春宴
图》《会昌九老图》（图7.3）所描绘的文人雅集场面，都暗
含着点茶的细节。

那时茶末越制越精细，有林逋起名的"瑟瑟尘"，苏东坡
起名的"飞雪轻"。蔡襄制成的"小龙团"，一斤值黄金二两，

时称"黄金可有，而茶不可得"。宋徽宗时代，郑可闻制成"龙团胜雪"，将拣出之茶只取当心一缕，以清泉渍之，光莹如银丝，每饼值四万钱。

煎茶的历史固然更久远，却余风犹在，并"以它所蕴涵的古意特为士人所重"。扬之水说："就物质层面来说，煎茶与点茶不过是烹茶方法的古今之别，但就精神层面而言，其中却暗寓雅俗之分。作为时尚的点茶，其高潮在于'点'，当然要诸美并具——茶品，水品，茶器，技巧，点的'结果'才可以有风气所推重的精好。士人之茶重在意境，煎茶则以它所包含的古意而更有蕴藉。宋人诗笔与绘笔，对点茶与煎茶之别每每刻画分明。"[1]

---

1 扬之水：《宋代花瓶》，第123页，北京：人民美术出版社，2014年版。

苏东坡曾在一首七言古诗《试院煎茶》中，对点茶与煎茶之别，记得真切：

蟹眼已过鱼眼生，
飕飕欲作松风鸣。
蒙茸出磨细珠落，
眩转绕瓯飞雪轻。
银瓶泻汤夸第二，
未识古人煎水意。
君不见，
昔时李生好客手自煎，
贵从活火发新泉。
又不见，
今时潞公煎茶学西蜀，
定州花瓷琢红玉。
我今贫病长苦饥，
分无玉碗捧蛾眉。
且学公家作茗饮，
砖炉石铫行相随。
不用撑肠挂腹文字五千卷，
但愿一瓯常及睡足日高时。[1]

1　［北宋］苏轼：《试院煎茶》，见《苏轼全集校注》，第二册，第734页，石家庄：河北人民出版社，2010年版。

苏东坡此诗是笑里藏刀，暗讽王安石不知古今之别的，这弦外之音，此不细说。

宋代的饮茶器具也更加讲究，火力的改良和工艺的进步，使得宋代瓷器成为中华文明的重要符号，出现了著名的"八大窑"，分别是北方的定州窑、磁州窑、钧州窑、耀州窑和南方的景德镇窑、越州窑、龙泉窑、建州窑。此外，汝州窑和吉州窑也十分有名。

宋代的白瓷、青瓷都是日用品。那个时代，美不是孤立的，而是渗透到生活的各个角落，它不仅仅是对生活的美化，而是维护了生命的尊严，因为人生在世，不仅有肉体的需求，更需要情感和灵魂的寄托。

宋瓷的光泽，其实就是生命的光泽。所以，即使作为鉴赏用的，也是以实用为前提，不是作为祭器，而是作为日用品烧制。以至于千年之后，日本学者仍在感叹："恐怕这才是能出口到不仅东亚，甚至全世界的最大理由吧。"[1]

刘松年的另一幅关于以茶为主题的绘画《斗茶图》（图7.4），则描绘了宋代文人斗茶的场面。画中共有四人，右面的两个人已经把茶捧在手心，左面一人在提壶倒茶，另一位好像茶童模样，正在扇炉烹茶。

斗茶，也叫茗战，是一种比较茶艺的习俗，始于宋初，宋徽宗时代最盛，南渡以后，从宫廷到民间，一时风行，但随即

---

1　［日］小岛毅：《中国思想与宗教的奔流——宋朝》，第261页，桂林：广西师范大学出版社，2014年版。

图7.4 ［南宋］刘松年《斗茶图》
台北故宫博物院 藏

衰歇。斗茶的主要方法，就是比赛点茶，根据"盏面浮花"的生成及持续时间等诸多细节决定胜负。苏东坡曾用"斗赢一水，功敌千钟"[1]来形容。《宣和宫词》唱道：

> 上春精择建溪芽，
> 携向芸窗力斗茶。
> 点处未容分品格，
> 捧瓯相近比琼花。

只是宋人一边在如此精微的世界里赢得风雅，另一边却在宋金交兵的战场上输得丢盔弃甲。时隔千年，历史与生活的巨变，早已让今天的观画者对那个时代的风雅趣味感到隔膜和茫然。

除此，宋人在衣饰、家具、房屋、庭园、金石收藏与研究等方面，也都达到极高的高度。那是中华文明中至为绚烂的一页。而汴京，业已成为帝国的文化中心，绘画、书法、音乐、百戏、文学，皆进入巅峰状态。明代学者郎瑛在《七修类稿》中发出这样的感慨："今读《梦华录》《梦粱录》《武林旧事》，则宋之富盛，过今远矣。"

北宋皇宫里收藏着无数的艺术珍品，宋太宗时期所刻的《淳化阁帖》，有历代内府和民间收藏的古代帝王名臣手迹，苏东

---

1 ［北宋］苏轼：《行香子》，见《苏轼全集校注》，第九册，第533页，石家庄：河北人民出版社，2010年版。

坡有幸一一浏览。那时的苏东坡，不仅成为名副其实的文坛领袖，庭前名士云集，冠盖相望，甚至连异邦辽国都可以在书市中购得苏东坡的诗集《大苏小集》。苏辙出使辽国时，辽人见之皆问："大苏学士安否？"

《西园雅集图》的场面，让我想起文艺复兴画家拉斐尔为教皇宫殿绘制的大型壁画《雅典学院》，一幅以古希腊哲学家柏拉图所建的雅典学院为主题的大型绘画，在这幅画上，汇集着哲学家柏拉图、亚里士多德、苏格拉底、数学家毕达哥拉斯、语法大师伊壁鸠鲁、几何学家欧几里德（一说是阿基米德）、犬儒学派哲学家第欧根尼、哲学家芝诺……画家试图用这样一场集会，把欧洲历史的黄金时代永久定格。

西园雅集，后来也如夜访赤壁一样，成为被历代画家不断回放的经典场景，北宋王诜、米芾，南宋马远（图 7.5）、刘松年（图 7.6），元代赵孟頫（传），明代仇英、唐寅、文征明、杜琼等，都曾做过这样的同主题创作。[1] 从《西园雅集图》

---

1  关于这些绘画所描绘的场景在历史中是否存在过，中国艺术界有不同的看法。美国学者梁庄爱伦曾经写过一篇《"西园雅集"考》，1991 年刊载在《朵云》杂志上，认为除了米芾的《西园雅集图记》，并没有其他北宋文献资料向后人提供关于"西园雅集"的进一步讯息，甚至米芾的文章，也是到明代才出现，而南宋以来，对于"西园雅集"举行的时间、地点和参与者，说法都不尽相同，颇令人怀疑"西园雅集"的真实性。这篇文章，把艺术界许多学者席卷进来，对"西园雅集"进行了探讨，但对"西园雅集"的真实性问题仍未达到共识。在这些众说纷纭之上，我更认同这样的看法：从"西园雅集"的产生、影响来看，或许可以说"西园雅集"作为中国传统文化的重要组成部分，其文雅风流之盛未必尽在一时，很可能是李公麟、米芾等人综合王诜庭园中的多次雅集进行创作，继而出现了《西园雅集图》与《西园雅集图记》，这也是中国传统文化的重要特征之一。因此，我们不妨将"西园雅集"这一绘画母题看成是一种艺术的综合，其中虽然可能存在着某种虚构成分，但它同时也寄托了后人对这一辉煌历史时期的向往与追思。参见张爽：《"西园雅集"之争与中国美术史方法论及研究》，http://cdmd.cnki.com.cn/Article/CDMD-10560-2010042560.htm。

图7.5 ［南宋］马远《西园雅集图》（局部）
美国纳尔逊－艾金斯艺术博物馆 藏

图7.6 ［南宋］刘松年《西园雅集图》（局部）
台北故宫博物院 藏

中，我们可以看到那个时代不同的文艺组合，比如"三苏"中
的两苏（苏轼、苏辙）、书法"宋四家"中的三家（苏轼、黄
庭坚、米芾）、"苏门四学士"（黄庭坚、秦观、张耒、晁补
之）……在中国的北宋，一个小小的私家花园，就成为融汇那
个时代辉煌艺术的空间载体。

当时"苏门四学士"都在汴京，因此，元祐年间成为"苏
门"的鼎盛时期。

那一份光荣，丝毫不逊于古希腊的雅典学院。

四

当西方文明的光泽隐遁在中世纪的幽暗里，中国则于唐宋
之际迎来了自己的文艺复兴。这文艺复兴不是我的夸大其辞，

法国汉学家谢和耐在《中国社会史》中早就把宋代称作中国的文艺复兴时代。他说："11～13世纪期间，在政治社会或生活诸领域中没有一处不表现出较先前时代的深刻变化。这里不单单是指一种社会现象的变化（人口的增长、生产的全面突飞猛进、内外交流的发展……），而更是指一种质的变化。政治风俗、社会、阶级关系、军队、城乡关系和经济形态均与唐朝这个仍是中世纪中期的帝国完全不同。一个新的社会诞生了，其基本特征可以说已是近代中国特征的端倪了。"[1]

日本学者内藤湖南曾提出"唐宋变革论"，在历史学界影响巨大。他认为唐代是中世纪的结束，而宋代则是近世的开始。

---

1　[法]谢和耐：《中国社会史》，第257页，南京：江苏人民出版社．1995年版。

钱穆先生也曾有过类似的论断，他说："论中国古今社会之变，最要在宋代。宋以前，大体可称为古代中国，宋以后，乃为后代中国。秦前，乃封建贵族社会。东汉以下，士族门第兴起。魏晋南北朝定于隋唐，皆属门第社会，可称为是古代变相的贵族社会。宋以下，始是纯粹的平民社会。除蒙古满州异族入主，为特权阶级外，其升入政治上层者，皆由白衣秀才平地拔起，更无古代封建贵族及门第传统的遗存。故就宋代而言之，政治经济、社会人生，较之前代莫不有变。"[1]

上述这些变化，自然使宋代的文化陡然一变。唐代文化以接受外来文化为主，其文化精神及动态是复杂而进取的。在唐代的大部分时间中，老庄思想、佛教和胡人习俗成为文化的主流，造成唐代文化的异彩特色。至于中国传统文化的儒学，从魏晋开始，即受这三种文化因素的压制，日渐衰微，在唐代的情形，仍是如此。直到唐代后期，儒学才开启复兴的机运。[2]

或许有了唐代饱吸世界文化的底蕴，到了宋代，中华文化的自主性突然爆发出来，书法绘画、音乐舞蹈皆向平民化发展，文学由注重形式的四六体演变为更加自由的散文体，诗词亦都从对格式的注重转向个性的发挥[3]，在这个时代里，个性和创造力得到充分的舒展，而所有艺术种类的变化，都在苏东

1　钱穆：《理学与艺术》，见《宋史研究集》，第七辑，第2页，台北：台湾书局，1974年版。
2　参见傅乐成：《唐型文化与宋型文化》，见中国通史教学研讨会编：《中国通史论文选》，第350页，台北：华世出版社，1979年版。
3　[日] 内藤湖南：《概括的唐宋时代观》，见《日本学者研究中国史论著选译》，第11-18页，北京：中华书局，1992年版。

坡的身上汇拢交织。在政治漩涡里挣扎沉浮的苏东坡，虽然在艺术上并无野心勃勃的构想，却在无意间争得了那个时代的文坛首席。

"美丰仪"，成为当下时兴的一个热词。但真正的美丰仪，不是《琅琊榜》里的梅长苏、萧景琰，而是真实历史中的苏轼、苏辙、秦观、米芾。他们不仅有肉身之美，更兼具人格之美，一种从红尘万丈中超拔出来的美。中国传统的审美记忆中找不见史泰隆式的肌肉男，而是将这种力量与担当，收束于优雅艺术与人格中，只有文明之国，才崇尚这种超越物理力量的精神之美。

## 五

金明池是北宋时期著名的皇家园林，位于汴京城顺天门外西北，园中建筑一律建在水上，池中可通大船，战时可供水军操练。北宋画家张择端曾画过一幅《金明池夺标图》，孟元老《东京梦华录》也专门描写过这片水域。元祐七年（公元 1092 年）的烟花三月，苏东坡带着他的弟子们，一起来到金明池郊游，流连光景，讨论文义。只是这等辰光，转眼间风流云散。很多年后，苏门弟子接连被贬，秦观被贬至雷州，回首当年与师友们同游金明池的盛况，唏嘘感慨之际，写下一首《千秋岁》，道是：

> 水边沙外，
> 城郭春寒退。

花影乱，莺声碎。
飘零疏酒盏，
离别宽衣带。
人不见，
碧云暮合空相对。

忆昔西池会，
鹓鹭同飞盖。
携手处，今谁在？
日边清梦断，
镜里朱颜改。
春去也，
飞红万点愁如海。

　　秦观把他对往日的怀念和远谪他乡的惆怅化作了满纸的悲
凉。后来黄庭坚被流放广西宜州，路过衡阳时，读到这首词。
那时秦观已死，黄庭坚览其遗墨，心中想起下朝之后纵马如飞、
身上玉佩撞击作响的秦少游，一时感怀无限，于是步少游词韵，
也写了一首《千秋岁》，词曰：

苑边花外，
记得同朝退。
飞骑轧，鸣珂碎。
齐歌云绕扇，
赵舞风回带。

严鼓断，

杯盘狼藉犹相对。


洒泪谁能会？

醉卧藤阴盖。

人已去，词空在。

兔园高宴悄，

虎观英游改。

重感慨，

波涛万顷珠沉海。[1]


元符三年（公元 1100 年），远在海南儋州的苏东坡读到
了这首词，应和了一首《千秋岁·次韵少游》，这首词被称作
苏东坡一生中最后一首豪放词，词中写：


岛边天外，

未老身先退。

珠泪溅，丹衷碎。

声摇苍玉佩，

色重黄金带。

一万里，

斜阳正与长安对。

---

1  ［北宋］黄庭坚：《黄庭坚集》，第 249 页，南京：凤凰出版社，2014 年版。

道远谁云会，

罪大天能盖。

君命重，臣节在。

新恩犹可觎，

旧学终难改。

吾已矣，

乘桴且恁浮于海。


三首《千秋岁》，表达出苏东坡和他的弟子们面对过去的三种态度。秦观词，凄艳美丽，伤感动人；黄庭坚词，有悲切，却也接纳了命运的无常；而贬谪得最远的苏东坡，词里已找不出西风残照、落叶飞花、愁云冷雾、微雪轻寒这样的意象，也没有沉浸于对往日辉煌的无限留恋中无以自拔，取而代之的是对自己一生理想百折不挠的坚守，就是他词里所写的"旧学终难改"，但他并不迂腐，因为这坚守的另一面，是他看透一切世事，即孔子所说的"乘桴浮于海"的通透与达观。

后来，同为苏门弟子的惠洪法师说，"少游钟情，故其诗酸楚；鲁直[1]学道休歇，故其诗闲暇"，至于苏东坡，"则英特迈往之气，不受梦幻折困，可畏而仰哉"。[2]

---

1 黄庭坚字。
2 转引自王水照：《王水照说苏东坡》，第103页，北京：中华书局，2015年版。

第 八 章

# 悲欢离合

人生至极处，不是一个情么。

一

　　恍然间，苏东坡已在汴京住了四年。这四年，对他而言，是神仙般的日子。不仅与弟弟苏辙朝夕相处，重拾"风雨对床"的旧梦，夫人王闰之、侍妾朝云以及两个儿子苏迨、苏过都陪伴身边——只有长子苏迈此时在江西德兴任县尉，不能与全家团聚——此外还有那么多杰出文士从游门下，辇毂之下，人才济济，使苏东坡成为名副其实的文坛盟主。

　　只是朝廷里那班小人日日不爽，又开始为苏东坡谋划新的罪名，这让苏东坡意识到，这京城蜚言满路，谤书盈箧，并不完全是因为自己那张不安分的嘴，而是因为只要自己身居高位，哪怕一言不发，也会遭人恨。于是，苏东坡屡次请退，朝廷终于在元祐四年（公元 1089 年）三月，同意任命他以龙图阁学士出任杭州知州，领军浙西。

此番得到朝廷任命，他迅速乘船南下，一刻也不愿停留。但他没想到的是，行至润州 [1]，前来远迎的，竟然是当年"乌台诗案"时，把他往死里整的黄履。当时黄履为御史中丞，审理"乌台诗案"时，他高坐在台上，一副傲慢的神色，对苏东坡这个罪囚，一点也没有留情。而此时，他任润州知州，苏东坡是他的顶头上司，所以那一脸的骄横不见了，变成一脸笑容。小人的生存之术，让苏东坡不寒而栗。

苏东坡一身的鸡皮疙瘩还没落，又一个小人来拍马屁了。此人不是别人，正是"乌台诗案"的始作俑者、骗得苏东坡诗稿拿去检举揭发的沈括。此时，他正在润州赋闲，听说统领浙西六州的最高长官驾临，他不敢怠慢，远远地前来迎谒，那态度是毕恭毕敬、谄媚之极。如此看来，他当年所做的一切，不是跟苏东坡过不去，而实在是跟自己过不去了。


二


我们从苏东坡的诗词里看见了 11 世纪的杭州。半个世纪以后，金军冲入苏东坡曾经活跃并被宫廷画家张择端画入《清

---

1　今江苏省镇江市。

明上河图》的汴京，将那座灿烂都城的富丽碎锦变成一地鸡毛，整座城市只剩下祐国寺塔和繁塔两座地上建筑，孤寂地站立在一片废墟瓦砾中，历史的追光将把杭州城照亮，这座吴越之都、隋唐大运河的起点，将被命名为临安，成为南宋的国都，并且因此而变得更加繁华鼎盛。而在苏东坡的时代，虽与汴京比起来，还只是一个美丽宁静的小城，但作为东南第一繁华都会，它的繁华美景，仍可让苏东坡流连忘返。

杭州城，夹在钱塘江湾与西湖两片碧蓝的水域之间，像一把打开的折扇。张驭寰《中国城池史》说，杭州城"南之左依凤凰山，东南临钱塘江，西侧与西湖逼临，地势狭长，风景秀丽，此乃天然风光与建筑具体结合的胜地，园林布置其间，使其更具有诗意"[1]。

在中国国家图书馆，收存着一幅南宋时期绘制的《宋朝西湖图》。它以鸟瞰图的方式，辅以中国画的手法，表现西湖的自然风景及历史遗迹，是我国现存最早的杭州西湖地图。有意思的是，这幅图并没有像今天的地图那样以北为上，而是把地处西湖东南的凤凰山（凤凰岭）放置在最上端。

苏东坡第一次来杭州时，就住在凤凰山上。

我想象着每天早上，苏东坡轻轻推开窗子，眺望这座城市时的那种赏心悦目。向南看，是一泓江水，向北望，则是一潭西湖，那种深邃的幽蓝，如同善良得令人心碎的眼眸。

---

1　张驭寰：《中国城池史》，第 165 页，天津：百花文艺出版社，2003 年版。

我曾经在杂花生树的春天里爬上这座山，试图寻找苏东坡当年的遗迹。这座海拔不足两百米的山上，寺庙池泉的残迹至今可见，只是苏东坡当年的馆廨，早就没了踪影。时间偷走了它的地址，把他的身影深深地隐匿起来。但站在山上，站在碧梧翠柳之间，我却可以用与苏东坡相同的视角眺望这座城，这让我感觉到他的存在，仿佛他一直站在这里，风中透出他均匀的呼吸。

这座山环水绕、云抱烟拥的城，让苏东坡如入梦境，独赏时空流幻，一时忘记了内心的忧伤与疼痛。有一次，苏东坡和朋友在西湖边上饮酒。开始时天气晴朗，没过多久，竟然下起雨来。细雨横斜中，苏东坡见证了西湖上晴和雨两种截然不同的风光。于是写下文学史上著名的一首诗：

> 水光潋滟晴方好，
> 山色空濛雨亦奇。
> 欲把西湖比西子，
> 淡妆浓抹总相宜。[1]

西子，就是战国时代的美人西施。她的身影在西湖出现过，在传说中，她与范蠡一起，打造了尘世中的爱情传奇。画美人，不是画得冰寂无味，就是画俗，画艳，甚至画得肉欲迷离。五

---

1　［北宋］苏轼：《饮湖上初晴后雨二首》其二，见《苏轼全集校注》，第二册，第848页，石家庄：河北人民出版社，2010年版。

代周文矩画过一幅《西子浣纱图》，西施的美，被他描摹得轻盈婉转，富于动感，在古代美人图中，算是够着天了。苏东坡诗中，又把西湖与西子相提并论，相互映照，彼此生辉。或许因为这首诗，西湖又获得了一个名字：西子湖。

后来南宋亡国，有人把它归咎于苏东坡的乌鸦嘴，因为吴王夫差就是因为贪恋西施的美色而亡国的，南宋朝廷的荒淫堕落，与夫差好有一比。在元朝，虚谷写下这样一首诗，苏东坡的这首《饮湖上初晴雨后》算是有了续集：

> 谁将西子比西湖？
> 旧日繁华渐欲无。
> 始信坡仙诗是谶，
> 捧心国色解亡吴！ [1]

苏东坡一生，不知为杭州写过多少诗。这些诗，构筑了那个年代的"城市文学"。早在先秦两汉，楚辞《哀郢》，还有班固和张衡的《西京赋》，都勾勒出那个时代的城市影像，但是在中国人心目中，"城市"这个概念还是过于精细了，以至于它常常从"国家""天下"这些大词的指缝中漏掉。唐宋变革之后，随着商业文明的兴起，城市才在中国艺术中占据越来越显赫的位置，中国的文学与绘画，才开始联袂编织起城市的

---

1　[元]虚谷：《问西湖》，见《桐江续集》，转引自钱锺书：《宋诗选注》，第68页，北京：人民文学出版社，1989年版。

绵密意象。代表性的，当然首推宋代的绘画《清明上河图》和那部名为"东京梦华录"的奇书。这一图一书，分别诞生自北宋与南宋，犹如隔空对话，图史互证，共同描述了对那座盛大都城的形象记忆。到明代刘侗写《帝京景物略》、清代英廉修撰《日下旧闻考》、李斗写《扬州画舫录》时，对城市的空间形象进行文字表达已成一件平常的事，而《清明上河图》这一绘画主题，也一路传承到明清，香火不断，尽管仇英款《清明上河图》（辽宁省博物馆藏）、清院本《清明上河图》（台北故宫博物院藏）等版本，绘制的已不是那座丢失在万里河山之外的汴京，而被替换成了灯火阑珊的苏州或者其他城市。

相比于《清明上河图》和《东京梦华录》的喧嚣浩大、诡异迷离，苏东坡诗词里的杭州，却更亲切，更日常化，更有温度。这里既有盛世的风度，也有平民的活泼机趣；既有贵族的骨骼，又不失百姓的强韧顽皮。因此，我们的目光透过纸页看到的那个杭州，不是"一个严肃森然或冰冷乏味的上层文化"，"缺少了狂乱的宗教想象和诗酒流连"[1]，而是一个明媚、跃动，甚至性感的南方水城。

苏东坡相信自己前世曾来过这里，所以他说"我已前生到杭州"。元祐四年（公元 1089 年），苏东坡第二次到杭州，他已不知自己是在梦里，还是梦外。

---

1 李孝悌：《士大夫的逸乐——王士禛在扬州》，转引自张泉：《城殇——晚清民国十六城记》，第 8 页，北京：新星出版社，2012 年版。

这一年八月，他与好友莫君陈在雨中泛舟小饮，吟出一首绝句：

> 到处相逢是偶然，
> 梦中相对各华颠。
> 还来一醉西湖雨，
> 不见跳珠十五年。[1]

"跳珠"，是指雨珠，雨天里，就会有无数的跳珠在船帮、湖面上乱跳不已；而"十五年"，是说他自熙宁七年（公元 1074 年）离开杭州转至密州，到这一次重返杭州，刚好过去了十五年。

## 三

苏东坡有时会带着歌伎在湖上泛舟，但他并没有迷恋上某个歌伎。正如林语堂先生所说，"他之不能忘情于女人、诗歌、猪肉、酒，正如他之不能忘情于绿水青山，同时，他的慧根之深，使他不会染上浅薄尖刻、纨绔子弟的习气"[2]。

苏东坡其实并不好色，在黄州时，他曾写下"四戒"，认

---

1　［北宋］苏轼：《与莫同年雨中饮湖上》，见《苏轼全集校注》，第五册，第 3439 页，石家庄：河北人民出版社，2010 年版。
2　林语堂：《苏东坡传》，第 135 页，长沙：湖南文艺出版社，2012 年版。

为这"四戒"中，"去欲"最难，所谓"皓齿蛾眉，命曰伐性之斧"。也是在黄州时，他曾与知州唐君、通判张公规同游安国寺，座中谈到调气养生之事，苏东坡说，其他都不足道，唯有去欲最难。张公规说，苏武当年身陷胡地，吃雪解渴，吃毛毯顶饿，被人踩背使淤血流出，才救得一命，他一句怨言都没有，但是仍然不免要和匈奴的女子生孩子。在胡地尚且如此，何况是洞房花烛呢？可见此事不易消除。苏东坡听完这段话，忍不住笑了一笑，然后回到书房，将这段话记录下来。

但苏东坡并无道学家的虚伪，对歌伎美人，他从不躲闪，也毫无避讳地写进诗里。或者说，追携着佳人，一叶舟，一壶酒，一声笑，隐匿在江湖间，正合了他暗藏在心底的某种欲念。《湖上夜归》诗中，他写自己喝酒半酣，坐在轿子里昏睡，梦里依然暗香浮动：

尚记梨花村，
依依闻暗香。[1]

在《与述古自有美堂乘月夜归》中，他又写：

鱼钥未收清夜永，
凤箫犹在翠微间。

---

1　[北宋] 苏轼：《湖上夜归》，见《苏轼全集校注》，第二册，第873页，石家庄：河北人民出版社，2010年版。

凄风瑟缩经弦柱，

香雾凄迷着髻鬟。[1]

每当歌伎向他求诗，他也从不拒绝，挥笔在她们的披肩或者纨扇上写下这样的文字：

停杯且听琵琶语，

细捻轻拢，

醉脸春融，

斜照江天一抹红。[2]

有时游罢西湖，苏东坡会舍舟登岸，一人往山中走去，就像他当年一人在赤壁摄衣而上一样。他走得深，走得远，所以，他才能走到别人走不到的境界，才能看到孤鹤横江、飞鸣而过的孤绝景象。苏东坡去世后，一位老僧曾经回忆，他年轻时在寿星院出家，时常看见苏东坡在夏天一人赤足上山。苏东坡会向他借一把躺椅，搬到附近竹林下，脱下袍子和小褂，赤背在午后的斑驳阳光里昏然小睡。那时他还年轻，不敢走近，只能远远地偷看这位大人物，蓦然，他发现这位大诗人背上有七颗黑痣，排状恰似北斗七星一样。老僧人说，这足以证明苏东坡是从天上下界到人间暂时做客的神仙。

---

1 ［北宋］苏轼：《与述古自有美堂乘月夜归》，见《苏轼全集校注》，第二册，第958页，石家庄：河北人民出版社，2010年版。

2 ［北宋］苏轼：《采桑子》，见《苏轼全集校注》，第九册，第107页，石家庄：河北人民出版社，2010年版。

四

　　对于苏东坡的脾性，夫人王闰之是了解的，她信任自己的
丈夫，所以从来不去难为他。她虽然不曾读过许多书，但她理
解丈夫的苦与乐，对丈夫体贴入微。这个比丈夫小 12 岁的女人，
在 21 岁上嫁给苏东坡作继室，便随着苏东坡宦游四方，没过
过几天安生日子。她陪伴苏东坡，从家乡眉山来到汴京，此后
辗转于杭州、密州、徐州、湖州、黄州、汝州、常州、登州、
汴京、杭州、汴京、颍州、扬州，最后在汴京去世，"身行万
里半天下"，历经坎坷与繁华，阴晴与圆缺。丈夫带回家的，
似乎永远是坏消息。她非但从来没有过怨言，还帮助苏东坡，
度过了人生中的惊涛骇浪。

　　在苏东坡心里，家就是一件干净温暖的棉袍，是屋子中央
通红的炭火，和像炭火般璨然而糍糯糯的妻妾，以及香茶和一
卷诗书。

　　当年"乌台诗案"发生时，王闰之眼睁睁看着那两名台卒
用绳子把苏东坡捆起来，推搡出门。痛哭一场之后，苏家的责
任，就沉甸甸地落到她的肩上，那一年，她也只有 33 岁。她
带着全家数十口，从湖州家中出发，投奔身处南都的苏辙。

　　王闰之知道苏东坡好酒，她从不阻拦苏东坡饮酒。从杭州
到密州后，苏东坡正被王安石的新法搅得心神不宁，孩子们又
围着他吵闹不休，烦闷中，妻子说："你在这里闷坐一天，又
有什么用呢？如果实在心烦，我就给你弄点酒吧。"

　　苏东坡曾说："予虽饮酒不多，然而日欲把盏为乐，殆不

可一日无此君。"又说："吾平生常服热药，饮酒虽不多，然未尝一日不把盏。自去年来，不服热药，今年饮酒至少，日日病，虽不为大害，然不似饮酒服热药时无病也。"如此看来，苏东坡不可一日无酒，断了酒就天天害病。

苏东坡天天吃酒，酒后稍寐，寐起即便挥毫，或写诗填词，或作文作赋，或写字作画，都笔随意行，如涌泉而出，随地势流淌，时急时缓，时曲时直，时顿时行，行于必行之道，止于不可不止。无论诗词文赋字画，皆若自然天成，无一丝矫揉造作，无一点斧凿雕痕。

元丰五年（公元 1082 年）春天，苏东坡还谪居在黄州，前往蕲水，夜间山行，途经一酒家，畅饮甚酣，酒后乘月继续夜行，至浠水县城东架在一溪之上的绿杨桥，便下马解鞍，曲肱醉卧。待杜鹃将他唤醒时，天色已晓。他举目四顾，但见"乱山葱茏"，"众山横拥，流水铿然，疑非尘世"，便在桥柱上题了一首《西江月》，后段为：

> 可惜一溪明月，
> 莫教踏破琼瑶。
> 解鞍欹枕绿杨桥，
> 杜宇一声春晓。[1]

---

1 ［北宋］苏轼：《西江月》，见《苏轼全集校注》，第九册，第 364 页，石家庄：河北人民出版社，2010 年版。

这段故事，最能表现他酒后弄墨的情景。

苏东坡喜饮酒，也喜欢自己酿酒。林语堂先生在《苏东坡传》中称其为"造酒试验家"。苏东坡一生中亲自酿过蜜酒、桂酒、真一酒、天门冬酒、万家春酒、罗浮春酒、酴醾酒等多种酒品，还把其酿酒经验加以提炼、总结，著成《东坡酒经》一文，"对酒品的创新和酿制工艺的改进作出了一定的贡献"。

早在熙宁后期，苏东坡知密州，就"用土米作酒"，但"皆无味"。他谪居黄州为生计而开垦旧背地种麦种豆时，也曾动手酿酒。他说："吾方耕于渺莽之野，而汲于清泠之渊，以酿此醪。"他酿成的酒，有的浊有的清，但比在密州时酿的酒好。他说："酒勿嫌浊，人当取醇"。他将"浊者以饮吾仆，清者以酌吾友"。其时与苏东坡泛舟赤壁的西蜀武都山道士杨士昌"善作蜜酒，绝醇酽"，苏东坡特作《蜜酒歌》以遗之。苏东坡得酿蜜酒方，试酿之，不甚佳，于是不再去酿。

这一次，出任杭州知州，再返杭州，离京赴杭时他特地载运北方的麦子百斛（十斗为一斛）到杭州去酿酒。苏东坡认为，用南方的麦酿不出好酒。

元祐七年（公元1092年），苏东坡已离开杭州，到颍州任职。正月里，王闰之见堂前梅花盛开，月色澄明，就劝丈夫苏东坡邀友人们来花下饮酒。在苏东坡看来，自己的福气比刘伶好多了，因为刘伶的夫人不让他喝酒。

五

　　苏东坡却没有想到，第二年，当他又回汴京，迁任礼部尚书，妻子却在46岁上，溘然长逝。

　　王闰之的骤然离去，使苏东坡的内心再次被抛入极度的寒冷与荒凉中。他本已看透了官场，谋求平稳走下政治台阶，与妻子同归田园，安然老去，没想到妻子的死，让他美好的梦想失去了意义。他觉得身体里的血液正被抽空，留在世界上的，只是一个空洞的躯壳。

　　当年自己的原配王弗在27岁上骤然离世，也让他陷入无限的悲苦。十年之后，苏东坡在密州任职，亡妻仍在他梦中出现。梦醒之后，他起身写下著名的《江城子》：

　　　　十年生死两茫茫，
　　　　不思量，
　　　　自难忘。
　　　　千里孤坟，
　　　　无处话凄凉。
　　　　纵使相逢应不识，
　　　　尘满面，
　　　　鬓如霜。

　　　　夜来幽梦忽还乡，
　　　　小轩窗，

正梳妆。

相顾无言，

惟有泪千行。

料得年年肠断处，

明月夜，

短松冈。


对国，对家，哪一种爱都令他千疮百孔。

即使今天，我们重读此词，依旧黯然神伤。

苏东坡与王弗的婚姻只有十年，这十年，正是苏东坡千里远行、求取功名的十年，王弗深知丈夫性情直率，因此帮他辨析人情事理，以免丈夫受到伤害。她的眼睛永远温柔地看着苏东坡，仿佛在告诉他：其实，你什么都不用怕。

当苏东坡名满天下，王弗却骤然离去，对苏东坡，是锥心之痛。

苏东坡不仅写"大江东去浪淘尽，千古风流人物"这样的"宏大主题"，他也写个人情感，他在王弗去世十年之后，在梦中回到了故乡，看到了镜前梳妆的妻子，于是在泪梦中，写下这首《江城子》。那份心折，在千载之后，仍能刺痛人心。

有人说："诗人就是情人。"感情不充沛，无以为诗，而诗人自古以来也从未放弃过寻找和选择一个情爱想象的空间。但唐五代以来，描述儿女之情的词，多是歌席酒筵间的游戏笔墨，将香浓美艳的词汇武装到牙齿，充满了各种化妆品的混杂气味，这样的词，却很少有写给正室的。因为佳人酒女，永远是青春的，妻子却会一点点容颜衰老；闺房儿女永远是浪漫的，夫妻间的岁月却终是平淡的。但苏东坡就有这样的功力，他写自己对妻子的深情，没有一句是不平实的，却在平白中见力量，因为那份情不是矫情，是真情，沉甸甸地，压在他的心底。

苏东坡写情，因为在那份情里，一个艺术家才能更深切、更精微地体验人生。扬之水说："人生至极处，不是一个情么。"[1] 只不过，苏东坡不仅没被那份情压死，相反，从那情里，他获得了一份勇敢，可以独自穿越黑夜。所以最后一句，落在了"明月夜，短松冈"，那是他们生生世世见面的地方，也是他超越悲伤的地方。

王弗死时，儿子苏迈仅有 6 岁。苏东坡的第二任夫人，王弗的堂妹王闰之，不仅在风雨中成为苏东坡可以依凭的靠山，而且对苏东坡与王弗所生的长子苏迈精心呵护、视如己出。苏东坡在给王闰之的祭文中说："三子如一，爱出于天。从我南行，菽水欣然。"

王闰之去世前，给儿子们留下的遗言是，要用她仅有的一点积蓄，请一位有名的画家画一幅佛像，供奉丛林，受十方礼拜。苏东坡急忙请来了当朝最有名的人物画家、好友李公麟。对于当年自己的"变脸"，李公麟也心有所愧，这一次，他认真地画了释迦文佛及十大弟子像，设水陆道场供养。

那一年，苏东坡已 58 岁。

---

1 扬之水：《无计花间住》，第 10 页，上海：上海人民出版社，2011 年版。

# 六

王闰之去世未久，厚爱苏东坡的宣仁太皇太后也撒手尘寰，整个帝国立刻被一种不祥的气氛所笼罩。朝臣们各怀心事，却不发一语。在这关键时刻，为了延续元祐的政治局面，防止小人们再度逆袭，使帝国自毁长城，苏东坡再次挺身而出，写好奏稿，以期力挽狂澜，没想到等待他的，却是一纸罢免令，罢免他礼部尚书之职，令他出知定州。

此时，年少的宋哲宗在一群误国小人的忽悠下，开始疯狂打击元祐大臣，四面楚歌的苏东坡又开始了一路被贬的历程。

元祐八年（公元 1093 年）九月十四，苏东坡前往弟弟苏辙府上辞行。那时已是深秋，小雨淅淅沥沥地下着，让苏东坡备感落寞。他站在雨中，盯着院子里一株梧桐，看了很久，心想三年来，每次看见这株梧桐时，天好像都在下雨，让他心中升起一种说不出的异样。定州，就是今天的河北省定县，他不会想到，那里不过只是他贬谪的驿站，他将从那里出发，越贬越远，与弟弟苏辙"风雨对床"的梦想，越发遥不可及，而他最后的依伴朝云，也将在遥远的惠州，在 34 岁的华年，死在他的怀里。

第九章

# 不合时宜

---

从朝廷上逃离，好似一次精心谋划
的私奔。

## 一

朝云是在苏东坡第一次外放杭州时来到他身边的。

上一章说过，熙宁四年（公元 1071 年），苏东坡在 35
岁上任杭州通判。有一次，他与知州陈襄观赏歌舞，见一小女
孩气质不俗，眉宇间却暗含忧伤之气。问她，才知道她父母双
亡，被亲戚卖到杭州的秦楼楚馆，只因年仅 12 岁，还未成人，
便让她先学才艺。她的歌声与身世，都让苏东坡动心，他断然
将她赎身，带回家中，取名朝云，只是当丫头养着，并未当作
侍妾，直到四年后，朝云 16 岁，苏东坡才正式将她纳为侍妾，

那时苏东坡，正任徐州知州。

朝云善解人意，冰雪聪明。苏东坡第二次到杭州，每日餐后都会在室内扪腹徐行，这是他的养生之法。有一天，他突然指着自己的肚皮问："你们且说，此中藏有何物？"一婢说："都是文章。"一婢说："都是识见。"苏东坡不以为然，只有朝云脱口而出："学士一肚皮不合时宜。"

话音落处，苏东坡捧腹大笑。

## 二

按理说，司马光重返政坛，苏东坡的出头之日来了。但苏东坡独立不倚、危言孤行的"毛病"没有改。当年反对王安石变法时与苏东坡一个战壕的战友司马光，在 67 岁上受命重返朝廷，在元祐元年（公元 1086 年）出任宰相，北宋政坛又发生了无法预料的逆转。这个司马光不仅会砸缸，而且会把王安石推行的新法彻底砸烂。他新官上任，就对王安石变法做出全盘否定。刘仲敬在《经与史——华夏世界的历史建构》一书中说："他们是现实政治家，不能满足于纯理论的胜利……他们像苏拉和庞培一样，用非常手段修补惨遭革命者破坏的'祖宗之法'，从不相信毁法者有资格向护法者要求平等待遇。"并说："他们是最后一批唐代人，不愿意为虚伪的高调放弃事功。"[1]

---

1　刘仲敬：《经与史——华夏世界的历史建构》，第261页，桂林：广西师范大学出版社，2015年版。

此时的王安石，就像他曾经实行的新法一样，到了弥留之际。当司马光废除募役法的消息传至他耳边时，他只微微叹了一声："啊，连这个法都废了。"又不甘心地说："此法终究是不该罢废的。"

王安石死后，病重的司马光半倚在床上，下令厚葬王安石。

假如反过来，王安石也会如此。

他们在政治上或有输赢，在人格上却都是胜者。

苏东坡原本已在司马光返回朝廷那年官升礼部郎中，获赐金带、金镀银鞍辔马，后来又先后被任命为中书舍人和翰林学士，成为帝国的三品大员，可谓扶摇直上，身入玉堂，但他就像李敬泽写过的伍子胥，永远没有办法让上级喜欢，永远不能苟且将就，永远像他的小妾朝云形容的那样"一肚皮不合时宜"，加上一直欣赏他的宋神宗、一直保护他的高太后去世，年少的宋哲宗在一群误国小人的忽悠下，开始疯狂打击元祐大臣，四面楚歌的苏东坡又开始了一路被贬的历程。

司马光、吕公著两位宰相从一个极端走向另一个极端，哪怕王安石一些行之有效的新法也都被尽行废除。苏东坡却挺身为王安石辩护。苏东坡不喜欢二元对立，他喜欢一切从实际出发，具体问题具体分析，因此，他不仅对司马光有意见，而且在政事堂上与司马光急赤白脸地大吵一架，回到家气还没消，连骂："司马牛！司马牛！"

"一肚皮不合时宜"，朝云一句戏言，把苏东坡描述得其神入骨。

# 三

苏东坡在元祐四年（公元 1089 年）的烟花三月，第二次来到杭州。这是他屡次请退之后，朝廷终于同意任命他以龙图阁学士出任杭州知州，领军浙西。

仿佛是对朝廷上的官僚们说：不麻烦你们了，我自己滚。

当年反对王安石变法，被贬出京，到杭州任通判，是熙宁四年（公元 1071 年），那一年，他 35 岁，就是那一年，他把朝云带回了家。此次赴杭，他已经 53 岁。十八年过去，杭州如故，他的心却已迥异。

在苏东坡眼里，朝廷上的官员只会唇枪舌剑，争权夺利，一件正经事干不来。对于宋朝政治制度的弊端，林语堂先生有着精妙的分析："宋朝的政治制度最容易酿成朋党之争，因为大权集于皇帝一人之手，甚至在神宗元丰元年（1078），政府制度改组简化以后，仍然是宰相没有专责……在当政者与反对者之间，也没有职权的严格划分。朝廷由多数党统治的办法，根本不存在。所以政治上的活动只不过是私人之间的斗争，这一点较西方尤有过之……这种制度是使庸才得势的最好制度。这种政争之中也有些规则，不过主要在幕后进行时遵守而已。"[1]

"庆历新政"失败后，范仲淹、欧阳修等人被相继贬官，并被保守派官僚指为朋党。自此以后，党议不断发生。孔子曾说："君子不党。"但是，在实际的环境下，一个官僚的政治

---

[1] 林语堂：《苏东坡传》，第 256 页，长沙：湖南文艺出版社，2012 年版。

理想，怎么可能全凭一己之力去完成呢？欧阳修曾在庆历四年（公元1044年）向宋仁宗上过一篇奏章，就是著名的《朋党论》，把朋党定义为志同道合的政治共同体，但宋代朋党，还是没有像欧阳修希望的那样，成为"同道而相益""同心而共济"的"君子之朋"[1]，而是沦为争夺权利、排斥异己而形成的政治集团，以至于宋代后来的党争，连"政见"都不见了，纯粹成了人事之争、利益之争，甚至神经过敏，到处捕风捉影，诬陷好人，弄得满朝杯弓蛇影，人人自危。从东汉党锢之祸、唐代牛李党争、宋代元祐党案到明代东林党案，朋党政治一直是中国王朝政治中最黑暗的一部分，一曲《赵氏孤儿》，掩藏的却是党派斗争的无情。以至于像苏东坡、苏辙、黄庭坚、王诜、秦观、范纯仁（范仲淹之子）这样一批有学问、有抱负、有见识、有气节的人物，都不得不为朋党政治而终生缠斗。

在中国，朋党始终没有发育成政党，根源在于中国传统的政治文化里缺乏妥协意识。政治是妥协的艺术——像《伏尔泰的友人们》一书的作者伊芙林·比阿特丽斯·霍尔在总结伏尔泰的思想时所说的那句名言："我不同意你说的每一个字，但我誓死捍卫你有说话的权利。"不能顾及别人，就不能惠及自己。在宋朝，无论谁在台上，都把自己视作正统，对反对派无情打击，连王安石这样的清流也不例外。当政治成了拼死一搏，成了两条路线的斗争，这个朝代，就只有仇恨，生生不息，只有报复，循环不已，王朝政治，就将因此而不断颠覆，永无宁日。因此，

---

1　[元]脱脱等撰：《宋史》，第8350页，北京：中华书局，2000年版。

封建中国的朋党，永远不可能成长为近代意义上的政党。

朝廷上的混乱与纷争，每每使苏东坡陷入过于喧嚣的孤独。在他看来，朝廷政治，带来的不仅仅是无效的沟通，对生命的损耗，更会带来人格的堕落，与儒家的精神背道而驰。在儒家思想中，修身与治国是一回事，一室不扫，何以扫天下？自己是狗屎，如何将天下变成天堂？但这些儒家士人，要实现他们的家国理想，朝廷是他们唯一的去处，而进入朝廷，他们就变成了帝国的政治动物，蝇营狗苟，不再有匡扶天下的能力和勇气，一朝掌权，便只手遮天，掩尽天下耳目。正像林语堂先生所说的，帝国的体制，不是优胜劣汰，而是劣胜优汰，最后胜出的，一定不会是优选出来的精品，而必然是天下最大的恶人（后来蔡京、高俅的上位证明了这一点），那金碧辉煌的朝廷，也就成了虚伪与堕落的大本营。这或许就是儒家士人的悖论。这是体制决定的，而不是理想决定的。

所以林语堂又说："政治这台戏，对有此爱好的人，是很好玩；对那些不爱统治别人的人，丧失人性尊严而取得那份权威与虚荣，认为并不值得。苏东坡的心始终没放在政治游戏上。他本身缺乏得最惨的，便是无决心上进以求取宰相之位，倘若他有意，他会轻而易举地弄到手的。作为皇帝的翰林学士——其实是属于太后——他与皇家过从甚密，只要肯玩政治把戏，毫无问题，他有足够的聪明，但是倘若如此，他就是自己断丧天性了。"[1]

---

1　林语堂：《苏东坡传》，第255—256页，长沙：湖南文艺出版社，2012年版。

他早就不想这么玩儿下去了，他决定换一种活法，在体制允许的空间里，把个人的价值最大化。与其在朝廷扯淡，不如在基层实干。他的政治经验告诉他，要实现救世济民的理想，不是官越大越好，而是官越小越好。黄州赤壁，让他看到了功名的虚无，所以在政治上，他更加务实。在苏东坡看来，官越小，自主权反而会越大，所谓"将在外君令有所不受"。当然，做小官，也不是没有条件的。关键是官不能太小，无论在哪一级政府，最好是当一把手。对苏东坡来说，这是一个了不起的变化。

何况这个基层，是他最爱的浪漫之都——杭州。只不过，这种喜悦被他深藏在心里，不可告人。假如用一句话来形容他此时的心境，那就是：小草在歌唱。

## 四

苏东坡离开汴京的时候，年已83岁的老臣文彦博为苏东坡送行，苏东坡上马时，文彦博满面忧色地说，不要再写诗了。苏东坡闻之大笑，答道："我若写诗，我知道会有好多人准备作注疏呢。"意思是说，朝廷里的那些人忙着对他的诗进行曲解和构陷，假如自己不写了，那些人岂不失业了吗？

说罢，扬鞭而去。

就在这个时候，他收到朋友陈传道的信札。陈传道听说苏东坡要去杭州，以为他被朝廷所贬斥，急忙来信安慰，他哪里知道，在杭州，苏东坡度过了"他一生最快活的日子"。他给陈传道写了一封回信，信中说：

而来书乃有遇不遇之说，甚非所以安全不肖也。某凡百无取，入为侍从，出为方面，此而不遇，复以何者为遇乎？[1]

但苏东坡的心里，并非总是纯然一色的。作为一个艺术家，他的内心丰富而敏感；而作为一个父母官，百姓生活的凄楚又让他时刻感到忧伤和不安。那时的朝廷，被一种难言的黑暗和沉寂笼罩着，欧阳修、王安石已死，富弼和范镇已退隐林下，司马光躲在洛阳的独乐园里，独享着读书修史的快乐；张方平纵情饮酒，不问政事；苏东坡的弟弟苏辙明哲保身，对政治讳莫如深；而苏东坡本人，虽然用佛道、用艺术把自己一层一层包裹起来，他的棱角，终究还是裹藏不住。

这一点，苏东坡后来离开杭州、到扬州担任知州时结识的佛印禅师看得最通透，所以他经常挖苦苏东坡，把他打击得七荤八素。

最有名的，还是"八风吹不动"的故事吧。

苏东坡曾经写诗表扬自己内心的淡定，那诗是这样的：

稽首天中天，
毫光照大千。
八风吹不动，
端坐紫金莲。

---

1　[北宋]苏轼：《答陈传道五首》其一，见《苏轼全集校注》，第十七册，第5904页，石家庄：河北人民出版社，2010年版。

苏东坡写了这首诗，很得意，派书童送到金山寺，给佛印禅师印证。佛印禅师是云门宗僧，日本学者阿部肇一的《中国禅宗史》中评价佛印"颇有三教兼容，形成一宗的气概"，这一点，与兼融儒释道于一身的苏东坡颇为相合，他也成了苏东坡的方外至交。佛印禅师看后，批了两个字"放屁"，就叫书童带回去。苏东坡气得半死，跑到金山寺去大骂佛印，佛印就哈哈大笑说："八风吹不动，一屁打过江。"苏东坡立刻意识到，自己的心并不像自己想象的那样笃定，有时风动，幡也会动。

这样的苏东坡，才是真实的苏东坡。他的精神世界，永远成分复杂；他的心里，也永远是五味杂陈，既与现实相纠缠，又不失宗教的宁静与超脱，更有艺术的潇洒与奔放。所以他的文学，既载道又言情；他的书画，既儒雅又叛逆。他自己就是一个混合体，一个精神世界里的"杂种"。但这种混杂，却让他左右逢源，不是逢官场的源，而是逢内心的源、艺术的源。蒋勋先生说他"可豪迈，可深情，可喜气，可忧伤"[1]，但那底色，还是儒家的，是救世济民。他没有一刻忘记他的国家和黎民，即使"处江湖之远"，也没有放弃过对儒家的忠贞。无论漂到哪里，让他"不思量，自难忘"的，依旧是尘埃一般的碌碌百姓。

---

1　蒋勋：《蒋勋说宋词》（修订版），第116页，北京：中信出版社，2014年版。

# 五

当年初来杭州，苏东坡就在西湖水光山色的背后，看到了这座城市的忧伤。那时正值王安石变法，私盐贩卖遭到朝廷禁止，而穷困的百姓，因无力还债，只能铤而走险，做私盐生意。官府的监狱里，一万七千多名待审囚犯挤在一起，人满为患。苏东坡的脸上，布满了忧愁，因为他知道，这些人都是为了活命才铤而走险的，朝廷把他们逼成了囚犯，然后再审判他们。但当时苏东坡只是通判，虽有一定权力，但毕竟不是一把手，而且，最令他痛苦的是，作为一个在州府长官领导下掌管兵民、钱谷、户口、赋役、狱讼等事项的命官，将这些无辜的人"绳之以法"，正是他不能不履行的职责。

熙宁四年（公元 1071 年）除夕，苏东坡坐在都厅值班，将狱中囚犯一一点名过目。那些囚犯面色乌黑，表情阴郁，拖着沉重的镣铐，从苏东坡面前一一走过，像一团黑云，重重地压在苏东坡的心头。苏东坡面无表情地执笔点名，没有人看得见他心底的暗潮涌动。他知道这些人犯罪，都是无奈为之，很想像古代的仗义之士，为这些囚犯们开释，却终究没有这样的胆魄，只能在内心里骂自己。天色将暮，心情黯然的苏东坡仍然没有返家。他坐在官衙的黑暗里，猛然间站起了身，挥手在墙壁上写下一首诗：

> 除日当早归，
> 官事乃见留。

执笔对之泣，

哀此系中囚。

小人营糇粮，

堕网不知羞。

我亦恋薄禄，

因循失归休。

不须论贤愚，

均是为食谋。

谁能暂纵遣，

闵默愧前修。[1]


　　但这一次重返杭州，苏东坡担任知州，一切都不同了。在
宋代，地方行政机构分为路、州、县三级。州一级行政长官通
常派赴京官担任，而且一律"以文臣知州事"，称为"知州"，
以避免像残唐五代那样出现藩镇割据的局面。离开汴京之前，
苏东坡收到黄庭坚专门写来的一封信，劝他不要来，但苏东坡
还是没有理会黄庭坚的建议，义无反顾地奔赴杭州。

　　刘仲敬在《经与史——华夏世界的历史建构》一书中评价
苏氏兄弟代表的蜀党（与其相对的是程氏兄弟代表的洛党）时
说："他们嘲笑新党和洛党，因为他们觉得：没有哪一种制度
注定比其他制度优越，虔诚的信念和乡民的愚蠢区别不大……

1　［北宋］苏轼：《熙宁中，轼通守此郡。除夜，直都厅，囚系皆满，日暮不得返舍，因题一诗于壁》，
见《苏轼全集校注》，第五册，第 3625 页，石家庄：河北人民出版社，2010 年版。

不能指望一劳永逸的解决方案，更不能用抽象的原则束缚自己……他们鄙视腐儒，不是从法家和酷吏的角度，而是从名士和雅士的角度。他们的理想人物更像晏婴、王导和谢安，必须儒雅和事功兼备，并不佩服热忱和悲惨的殉道者。"[1]

从朝廷上逃离，好似一次精心谋划的私奔，让他的身心感到一次畅快淋漓的洗礼，让他意识到自己身体里的激情还未曾泯灭，让他笑傲现实世界里的所有成见与约束，去决然地投奔自己的梦想和希望。


## 六


苏东坡在杭州最有名的业绩，恐怕就是西湖上的苏堤了。

杭州，这座原本水光潋滟的城市，犯起脾气来，也是让人吃不消的。钱塘江为天下之险，钱塘潮自海门东来，势如雷霆，状如鬼神。这副凶猛的气势，南宋画家李嵩在《月夜看潮图》和《钱塘观潮图》（图9.1）中展示过。杭州城有两条运河——茅山河和盐桥河。茅山河连通钱塘江，盐桥河连通西湖。每年潮起时节，汹涌的钱塘潮都会把大量的泥沙裹携到这两条运河里，若三五年不加疏浚，会让交通断绝，谷米暴涨，让这座美丽的城市沦为一座孤岛。

苏东坡找来专家商议这件事，然后根据专家的建议，测量

---

1 刘仲敬：《经与史——华夏世界的历史建构》，第262页，桂林：广西师范大学出版社，2015年版。

了运河的高度，据此开始了一次大规模的疏浚河道工程。苏东坡不仅带领官兵疏浚了河道，而且在钤辖司建了一座水闸，每逢江潮上涨，就会关闭水闸，等潮平水清，再打开闸门，使潮水不再把泥沙灌注到流经城市的运河中。这一工程，在元祐四年开工，不到半年，即已完成。两河受水的深度，都超过了八尺，杭州父老说，开河像这一次这么深、这么快的，三十年来未有。

　　然而，疏浚河道，只是万里长征走了第一步，治水的核心，还在治理西湖。苏东坡第一次来杭州做通判时，西湖已被葑草藻荇淤塞了十分之三；此次来杭州，就已经堙塞了一半，再过二十年，西湖就怕不存在了。

　　假如西湖消失，不仅使杭州城失去了灌溉、饮用和酿酒的主要水源，失去了放生祈福的重要场所，而且会导致钱塘江倒灌，江潮夹带的泥沙便会再度堵塞运河，到那时，西湖美景将变成水月镜花，杭州城亦将变成一座废城。因此，学者康震说："无论从国计民生的角度，还是从水利的角度、文学美学的角度，都必须治理西湖。拯救西湖，这是一次民生的拯救，也是一次文学的拯救。"[1]

　　苏东坡通过各方渠道筹措钱款一万余贯，以及开工需要的米粮，以此大体可以调动十余万工，空缺的部分还需要朝廷予以解决。他发动居民疏浚西湖，至于如何处理这些挖出的淤泥、

---

1　康震：《康震评说苏东坡》，第119页，北京：中华书局，2008年版。

图9.1 ［南宋］李嵩《钱塘观潮图》
北京故宫博物院 藏

湖草，苏东坡想出了一个好办法，就是把这些淤泥和湖草堆在
湖的西侧，筑起一道长八百八十丈、宽五丈的长堤，横跨西湖
南北，将西湖分为里湖外湖。这条堤于是成为一条便捷的湖上
通道，缩短了西湖南岸与北岸之间的交通距离，人们无须再绕
湖三十里，就可以从西湖南岸抵达北岸了。当然，苏堤并没有
将里湖与外湖隔断，因为他在长堤上设计了六座桥，分别是映
波桥、锁澜桥、望山桥、压堤桥、东浦桥和跨虹桥，他还在湖
中种植芙蓉，在堤上种植杨柳，又建了九座凉亭，以方便行人
休憩。宋朝灭亡后，钱塘人吴自牧来到这里，一眼看见苏堤与
六桥，内心无比伤感，写下一部《梦粱录》，其中有这样的话：

宝塔依与峰迴处千椮并别以重峯乱光湖欲向阴神者朵庭东
西矮徂迴雷鼓声东笃左牵自雪梅始武堤所误源之二人
司是此处稍咸更合淮　石镜上峩肩映鞍把道未时潮不差
故峰赋感亂闻掌雨郎宗宫廋雀玄齐云鶖主一时浮句興撲来
荟束诚枝竹竟窖玄宁云鶖主一时浮句興撲来
帝子夹三月乾湖四百咨乙面数衘筆

"（苏堤）自西迤北，横截湖面，绵亘数里，夹道杂植花柳，
置六桥，建九亭，以为游人玩赏驻足之地……"

正如吴自牧所说，苏堤是南北走向的，上一章提到的《宋
朝西湖图》之所以不是上北下南，而是把地处西湖东南的凤凰
山放在了图卷的上方，把我们习惯的方位做了一个旋转，不是
为了突出凤凰山，而是为了把苏堤横放，置于图卷的中心水平
线上，使图卷有了一条横轴，使它具有了一种延续的、无限的、
流动的时空感。当图卷展开，苏堤就会像电影里的移动镜头那
样，一截一截地，缓缓袒露。

七

　　为了对西湖的景色进行维护，苏东坡采纳许敦仁的建议，将岸边的湖面租给民户种植菱角。因为每年春天农民在浅水种菱，都需清除水中藻荇，做到寸草不留，才可下种，所以凡是种菱的地方，杂草都不易生长。这个办法一则可使沿岸湖面每年得到一次清理；二则可以收取租金和税收，用于西湖的疏浚；三则可以解决一些民户的生计问题。此外，为了防止年深岁久，"人户日渐侵占旧来水面种植"，而官府不能及时发现，"于今来新开界上，立小石塔三五所"，禁止在石塔以内的水域进行种植，以保持西湖大部分水域的开阔清澈。很多年后，湖面上的小石塔，变成了今天的"三潭印月"。

　　从这个意义上说，苏东坡在文学家、书画家、政治家之外，还应该再加上两个头衔：水利工程师和城市规划师。

　　宋徽宗宣和年间，汴京御街两边以砖石砌御沟水，"尽植莲荷，近岸植桃李梨杏，杂花相间，春夏之间，望之如绣"[1]。这一构思，或许就是受到杭州"苏公堤"的启发。

　　著名的西湖十景，有两处与苏东坡有关，就是"苏堤春晓"和"三潭印月"。很少有人知道，它们都是实用与审美相结合的产物。

　　这一系列民生工程的完成给苏东坡带来的成就感，丝毫不

<hr>

1　［南宋］孟元老撰，邓之诚注：《东京梦华录注》，第51页，北京：中华书局，1982年版。

下于出版一部诗集。或许，那是另外一种作品，展示在那个时代的册页中。蒋勋在《苏东坡的作品》中感叹："我们今天可不可以用这样的方式来期待我们的政务官，就是除了爱民如子以外他还懂得美。"

苏东坡热爱自己缔造的秩序和一切受他荫庇的民众，当然他也就会更爱自己作为缔造者和保护者的生命。他有些沾沾自喜地写道：

> 我凿西湖还旧观，
> 一眼已尽西南碧。
> 又将回夺浮山险，
> 千艘夜下无南北。[1]

余秋雨在散文里说："就白居易、苏东坡的整体情怀而言，这两道物化了的长堤还是太狭小的存在。他们有他们比较完整的天下意识、宇宙感悟，他们有比较硬朗的主体精神、理性思考，在文化品位上，他们是那个时代的峰巅和精英。他们本该在更大的意义上统领一代民族精神，但却仅仅因辞章而入选为一架僵硬机体中的零件，被随处装上拆下，东奔西颠，极偶然地调配到了这个湖边，搞了一下别人也能搞的水利。我们看到的，是中国历代文化良心所能做的社会实绩的极致。尽管美丽，

---

1 ［北宋］苏轼：《与叶淳老、侯敦夫、张秉道同相视新河，秉道有诗，次韵二首》其一，见《苏轼全集校注》，第六册，第 3670 页，石家庄：河北人民出版社，2010 年版。

也就是这么两条长堤而已。"[1]

可见，他完全不懂苏东坡。


# 八


不为良相，便为良医。

这名言，据说也是宋代的发明。

收入清宫《武英殿聚珍版丛书》的《能改斋漫录》，作者
是南宋的吴曾。在这部书卷十三的《文正公愿为良医》里，我
们可以找到这句话。说这话的人，是时任浙江宁波刺史的范仲
淹。从此，在这句名言的号召下，有相当一部分官场失意的儒
士转而学医，悬壶济世。良相利天下，良医利大众，儒家的生
命力，在于它让人们在进退转圜之间，都能找到生命的意义。

其实，范仲淹也并不是原创，早在春秋时代，也有人说过
大致相同的话。《国语·晋语》中记载了这样一个故事：春秋
时秦国医生医和受邀为晋平公治病，诊视后对晋国大夫说："平
公的病，是惑于女色所致，如此下去，晋国必亡。"赵文子问：
"医生也管国家的事吗？"医和答道："上医医国，其次医人。
固医官也。"上医是高明的医生，首先能治理国家，然后才是
诊疗人的疾病，这才是医生的本色。言下之意，医国与医人原
本是一码事。

---

1　余秋雨：《西湖梦》，见《文化苦旅》，第130页，上海：知识出版社，1992年版。

朝廷上的相位，对苏东坡而言永远遥不可及，相比之下，做一名良医希望还大些。位于钱塘江口的杭州，至苏东坡的时代，已有五十万人口。海陆行旅，辐辏云集，极易传播疾病。果然，苏东坡刚刚治理了水患，瘟疫又来袭杭州，成百上千的民众在疾病中战栗和死亡。此时，苏东坡意识到，一剂良方，比一千首诗词都更有用。

苏东坡的手里，真握着一剂良方。但是他曾向那药方的主人发誓，绝不将此方传给他人。

还是在元祐五年（公元 1090 年），苏东坡在黄州时，从蜀中故人巢谷那里得到了这剂由高良姜、厚朴、半夏、甘草、草豆蔻、木猪苓、柴胡、霍香、石菖蒲等二十多种药材构成的秘方。它的名字叫"圣散子"。这些药材，虽然廉价，却有惊人的功效，"至于救急，其验特异"，重疾者"连饮数剂，即汗出气通，饮食稍进，神守完复"，即使健康人"平居无疾，能空腹一服，则饮食倍常，百疾不生"[1]。这一秘方，让巢谷视若珍宝，连亲生儿子都不肯传授。苏东坡虽不是什么良医，但他平日阅读医书，收集天下奇方，一次与巢谷闲谈时听说这一秘方，就死皮赖脸地要得到它，巢谷实在被纠缠不过，才把苏东坡带到江边，逼他对江水发了毒誓，绝不传给他人，才恋恋不舍地把此方交给了他。

此时，面对汹涌的死亡，苏东坡已做不到信守诺言了。他

---

1　[北宋] 苏轼：《圣散子叙》，见《苏轼全集校注》，第十一册，第 1036 页，石家庄：河北人民出版社，2010 年版。

几乎是毫不犹豫地献出了这个秘方。这个秘方，每帖药只需要一文钱，便于普及。他还自费采购了许多药材，在街头支起大锅，煎熬汤剂，"不问老少良贱，各服一大盏"[1]。

我们已经无法统计，在那一年，有多少杭州人，因这一剂药方而得以重生。

苏东坡，就是为他们再造生命的那个人。

法国汉学家谢和耐在他的历史著作中，提到南宋时代杭州的官立药局，由于官府的补贴，使那些药局的药价只有市价的三分之一。他还提到过朝廷经营的安济坊，"贫困、老迈和残疾者均可在那里免费得到医疗"[2]。但他没有提及，安济坊的创始人，正是苏东坡。

在杭州惠民路，熙来攘往的人群中，很少有人知道——或许他们根本就不关心，他们正与中国历史上第一所面向公众的官办医院擦肩而过，它就是苏东坡当年创建的"安乐坊"。苏东坡特拨款两千贯，自己又捐出了五十两黄金，建立了这家医坊，请懂得医道的僧人担任医生，用他们的医术来普度众生。他还建立了奖惩制度，对于三年之内治愈千人以上的僧医，官府将奏请朝廷赐给紫衣，以资奖励。这是一份厚奖，因为紫衣是僧官才有资格穿的衣服。安乐坊不仅平时开业看病，收留贫困病人，而且还向公众免费发放圣散子。后来这所医坊搬迁到

---

1  ［北宋］苏轼：《圣散子叙》，见《苏轼全集校注》，第十一册，第1036页，石家庄：河北人民出版社，2010年版。
2  ［法］谢和耐：《蒙元入侵前夜的中国日常生活》，第162页，北京：北京大学出版社，2008年版。

西湖边上，改名为"安济坊"，直到苏东坡去世时，仍在正常运营。

英国伦敦会传教士麦高温在他的著作里对中国城市做出了这样的评价："不管中国人有着什么样的才能，它们肯定不会存在于城市建筑这一领域。"[1] 但他是在 1860 年来到中国的，在中国度过了五十年岁月，亲历了大清帝国的末日残阳。那时，这个古老帝国已如风雨中的孤舟，朝不保夕。

多年以后，美国汉学家牟复礼表达了同样的困惑："中国人从没有感到要创建一座能表达和体现他们的城市理想的大城市的冲动。"[2]

但是，假如他们能回到唐宋，抵达李白的长安、张择端的汴京、苏东坡的杭州，他们的表情就会被城市之光照亮。唐宋元明，每朝每代，都有士人阶层参与到城市的塑造，把无形的道，纳入城市这有形的器，将大俗大雅巧妙地融合在一起，将书卷气之春雨落入市井味之桃林。因此，在这个星球上，似乎还找不出比中国城市更美轮美奂的地方，杭州的所有细节，都在《梦粱录》里纤毫毕现。又过了五百年，当出身簪缨之家的名士张岱在国破家亡之际，带着几本残书、一张断琴流离山野，一闭眼，对杭州和西湖的强烈印象仍然在他的脑海中荡漾。在《西湖梦寻》的自序中，他写道："余生不辰，阔别西

---

1　［英］麦高温：《中国人生活的明与暗》，第 234 页，北京：时事出版社，1998 年版。

2　转引自张泉：《城殇——晚清民国十六城记》，第 1 页，北京：新星出版社，2012 年版。

湖二十八载，然西湖无日不入吾梦中，而梦中之西湖，未尝一日别余也。"[1]

我们无法责备麦高温和牟复礼，要怪，只能怪他们生不逢时。

九

西湖之畔的楼外楼餐厅，有一道名菜，叫东坡肉。二十五年前，我第一次到西湖，坐在楼外楼里，面对湖光山色，第一次尝试了正宗东坡肉，至今想到它的薄皮嫩肉、味醇汁浓，依旧唾液分泌，口齿生香。

东坡肉不是东坡的肉，而是东坡发明的肉。还是在黄州时，几乎断了俸禄的苏东坡，生计维艰。特别是全家老小来黄州会合后，苏东坡只能实行计划经济，每天限制消费一百五十钱。宋人的食谱里，肉食中最被看重的是羊肉，其次是牛肉。但它们的价格，对苏东坡来说堪称天价，囊中羞涩的苏东坡难以问津。幸好，苏东坡发现猪肉十分便宜，"富者不肯吃，贫者不解煮"，苏东坡就开始买猪肉，苦心钻研烹饪方法。

"君子远庖厨"，这话是孟圣人说的。但在宋代，文人下厨并不是丢人的事，因为除了江山社稷，日常生活也成为宋代士人关注的对象，烹饪与煮茶一样，成为生活品质的标志，而

---

1　［明］张岱：《西湖梦寻》，见《陶庵梦忆　西湖梦寻》，第147页，上海：上海古籍出版社，2001年版。

内心世界的和谐，正是通过这些日常生活的细节才得以完美的表达。这种取向，造就了苏东坡这样一位超凡的美食家，不仅对文字格外敏感，他的味觉也格外敏锐。

东坡肉的烹制方法是：将猪肉切成约二寸许的正方形，一半为肥肉，一半为瘦肉，用很少的水煮开以后，再倒入酱油、料酒等佐料，文火炖上几个时辰，做出来的肉，入口香糯，肥而不腻，带有酒香，酥烂而形不碎，美味无比。

苏东坡把自己苦心研制的炖猪肉方法无偿贡献给当地百姓，让百姓不仅吃饱饭，而且吃得美味。文人烹饪，多是为了犒赏自己的味蕾，像苏东坡这样为人民服务的，绝然罕见。假如放在今天，苏东坡的发明无疑会获得巨大的商业价值，苏东坡没准儿会凭此跻身福布斯富人榜，但苏东坡当惯了活雷锋，不习惯从中取利。这是一种天大的功德，别人或许看不起，苏东坡却乐此不疲，或许，在他心里，这也是一种兼济天下吧，比起名臣猛将的千秋功业，毫不逊色。

普及于黄州的东坡肉，之所以成为浙菜名品，必然也与苏东坡有关。

假如历史可以回放，我们一定会看到一个特异的景象——越来越多的杭州人，扛着猪肉走向知州府，然后把它们堆在府衙的门口。他们知道苏东坡爱吃红烧肉，灾祸之后，他们用这些猪肉，答谢苏东坡的恩德。

苏东坡没有独吞，他吩咐家人，按照自己的方法把猪肉炖好，扛到西湖边，分送给疏浚西湖的民工们吃。于是民工们给这道菜起了个名字——"东坡肉"。后来，许多高大上的餐馆也纷纷烹制"东坡肉"，使它成为杭州第一名菜。史料上称，"'东坡肉'创制于徐州，完善于黄州，名扬于杭州"。

这次来杭州之前，妻子王闰之想要给丈夫算命，恰好当时杭州来了个相面的道士程杰，他对苏东坡说，仕途上要急流勇退。苏东坡笑道："先生也要知道，我这一生命运，颇像白居易。他进士出身，我也进士出身。他做过翰林学士知制诰，我也做过翰林学士知制诰。他做过杭州刺史，我也做过杭州知州。晚年，他退居洛阳养老，悠游闲适，游遍洛阳的名胜古迹。我也要学此啊。"

但苏东坡的命运，早已不掌握在自己的手中。他早已处在政治漩涡中，无法全身而退了。


十


按理说，不会再出问题了。

这一次，苏东坡未曾参与朝廷的权力之争，也没有攻击国家领导人。他不是没有了勇气，而是没有了兴趣。他一心埋头苦干，做一个全心全意为人民服务的好干部。

然而，他还是无法摆脱朝廷小人们的围追堵截。

苏东坡虽然在元祐六年（公元 1091 年）受朝廷重用，任翰林学士，被调离杭州，第二年（公元 1092 年）六月，弟弟苏辙也升任门下侍郎，兄弟二人终可重温"风雨对床"的好梦，然而，在这个充满明枪暗箭的朝廷上，他们很快又成众矢之的，那种让他们既讨厌又蔑视的气氛，卷土重来。

正如文彦博所担心的，苏东坡的诗又被拿出来说事，他在扬州一个寺院的墙壁上题写的一首小诗，被当作对宋神宗驾崩不敬的证据。朝廷上的小人们，百无一用，但在搜集证据方面，他们苦心孤诣，一丝不苟。苏东坡在西湖上筑起的"苏堤"，也被责骂为"于公于私，两无利益"。

苏东坡此次赴京，故意绕了道，去察访苏州及邻近地区水灾情况。当他看到百姓开始以稗糠果腹，内心无比焦虑，预言在春夏之间，流殍疾疫必起。过颍州时，他亲眼目睹成群的难民涌向淮河边，于是向朝廷呈报，百姓已经开始撕榆树皮吃。除夕之夜，他邀请皇族赵令畤登上城墙，看着难民在深雪里跋涉。他在给朝廷的奏折中预言，假如朝廷无动于衷，必将导致非常可怕的后果，成群的难民将逃离江南，少壮者将沦为贼寇。但朝廷上的官员们真的铁石心肠，还说他夸大灾情，危言耸听，"论浙西灾伤不实"，企图以此弹劾苏东坡。

被召回京的苏东坡，很快官升礼部尚书，这是他一生中的最高官职。他的夫人王闰之，也陪同太皇太后祭拜皇陵，对于苏东坡夫妇，这都是一种至高的荣耀。那时的苏家，在汴京城再度团聚，除了苏辙任门下侍郎，苏东坡的儿子也都长大成人，其中苏迈 34 岁，苏迨 23 岁，苏过 21 岁。苏迨还娶了欧阳修的孙女为妻，此时的苏东坡，可谓人生圆满。

但苏东坡一天也不想在京城待下去。

前面说过，元祐八年（公元 1093 年）始，夫人王闰之和一直保护他的高太后相继去世，苏东坡生命中又迎来了可怕的逆转。

年少的宋哲宗贪恋女色，14岁就想着以宫中寻找乳婢的名义给自己找女人。在一群误国小人的忽悠下，宋哲宗开始疯狂打击元祐大臣，尤其苏东坡的故交、此时登上相位的章惇，决意首先拿苏东坡开刀。

四面楚歌的苏东坡又开始了一路被贬的历程，由汴京，到定州[1]，到英州[2]，到惠州[3]，最后终结在海南岛"百物皆无"的儋州[4]，越贬越远，再贬，就贬出地球了。

---

1　今河北省定州市。
2　今广东省英德市。
3　今广东省惠州市。
4　今海南省儋州市。

# 南渡北归

苏东坡是一个容易感伤的人，也是
一个善于发现快乐的人。

## 一

元祐八年（公元1093年），苏东坡在58岁上被罢礼部尚书，
出知定州，临行前他遣散家臣，把家中一位名叫高俅的小史（书
童）送给曾布，曾布未收，苏东坡又送给王诜。七年之后，公
元1100年，王诜派高俅给自己的好友、时为端王的赵佶送篦刀，
正巧赶上赵佶正在花园里蹴鞠，不想那高俅原来球技很高，赵
佶与他对踢，他毫不含糊，赵佶一喜之下，不仅收下了篦刀，
连送篦刀的人也一起收下了，宋人王明清《挥麈后录》记载过
此事。

几个月后，宋哲宗死，赵佶继位，史称宋徽宗，高俅由殿前都指挥使一路官拜太尉，从此贪功好名，恃宠营私，成了白话小说《水浒传》里的那个大反派。靠踢球当上国家领导人的，古今无二。很少有人知道，最初扶高俅上战马的人，正是苏东坡和他的挚友王诜。所谓播下龙种，收获跳蚤，历史上恐难找出比这更经典的例证了吧，不过这些都是后话了。还有一个严重后果，就是自从高俅退役，中国足球九百多年没缓过来。

第二年，绍圣元年（公元 1094 年），高太后去世的那一年，14 岁的宋哲宗真正执掌朝政，这位青春叛逆的少年天子突然感到与朝廷上失意多年的新政派（王安石那一派）那么地情投意合——前者被太皇太后压制、被元祐大臣们漠视了很多年，仿佛他是空气，在朝廷上根本不存在；后者则多年来一直被排斥在外，正等着机会报仇雪恨。北宋政治又面临着一场一百八十度的翻转，苏东坡的亲友，如弟弟苏辙、学生黄庭坚、秦观、张耒、晁补之，也都受到牵连。李一冰说："仇恨与政治权力一旦相结合，则其必将发展为种种非理性的恐怖行为，几乎可以认定为未来的必然。"[1]

尽管苏东坡此时已被贬至定州，天高皇帝远，但他在元祐年间得到重用，本身就是"罪过"，他必须为自己的"罪过"付出代价。

对苏东坡的各种投诉，又汇聚在皇帝身边。罪名，依旧是

---

1 李一冰：《苏东坡传》，下册，第 174 页，南京：江苏文艺出版社，2013 年版。

"讥斥先朝""以快怨愤之私",没有一点创意。

"欲加之罪,何患无辞",这句话的意思是说:政治不讲理。

那就随他们加吧。

总之,哲宗王朝开张,第一个就要拿苏东坡开刀祭旗。

既然命运无可逃遁,那段时间,苏东坡索性与定州的同好不停地饮酒、做诗、听歌、言笑。他对李之仪说:"自今以后,要如现在这样大家同在一起的日子,恐怕很难期望了,不如与你们尽情游戏于文词翰墨之间,以寓其乐的好。"

浩大的宿命缓缓降临,他竟没有一丝怨愤与哀伤。

## 二

闰四月初三,苏东坡终于接到朝廷的诏告,撤销他的端明殿学士和翰林侍读学士两大职务,出知英州。

从河北的定州前往广东的英州,如此漫长的道路,没有飞机,没有高铁,必须徒步行走,中间要跨过无数的山脉与大河,对于一位六旬老人,能活着走过来就不容易,连苏东坡都认为自己必将死于道途。但这一路,苏东坡不仅走过来了,而且还玩得挺高兴,全当公款旅游了。

除了都会大城,那时的水陆交通,并不像今天这样繁忙。若非书生赶考,公务羁旅,或逢饥馑战争,古代的中国人更喜欢做"宅男宅女",而不喜欢四处游荡。中国人家园的观念根深蒂固,他们像植物一样固定在大地上,而国土面积之巨大、古时交通之不便,更在客观上压缩了人们的生活区域,像许多平原地区，并没有高山大川相隔，但那里依旧是闭塞的，究其原因，不是地理上的，而是文化上的。除了像谢灵运这样既有闲钱又有闲情的人，才把"腰缠十万贯，骑鹤下扬州"视为一场美梦，一般的中国人，都会对长途行旅的困顿艰辛心存畏惧。

宋代不杀文官，却形成了一种奇特的贬官文化。官场放逐，反而使许多文人官僚寄情山水，在文化上完全了自我。柳宗元写"永州八记"，范仲淹写《岳阳楼记》，欧阳修写《醉翁亭记》，苏东坡写"前后赤壁赋"，都是在他们受贬之后。但很少有人比苏东坡走得更远。他的道路始于西部的眉州，向东到汴京，向北到定州，此次又要向南，折往英州，不久，他还要渡海，抵达更加荒远的琼州。大宋帝国的地图上，留下他无数的折返线。这些线路，就像他在政治上的颠簸曲线一样，撕扯着他，也成全着他，让他的生命获得了别人所没有的空间感。这要拜朝廷上那班小人所赐，让苏东坡一次次地开始了"说走就走"的旅行。

那时的苏东坡不会想到，仅仅过了几十年，他经过的国土将会大面积地丧失，不要说北方的定州，纵然是都城汴京，都被金国的铁骑疯狂地踏过，然后一把火，把它从地图上抹掉了。

他带着家人从帝国北方的定州出发，钻入茫茫的太行山时，正逢梅雨时节，凄风苦雨打得他们睁不开眼。风雨晦暗，道路流离，他心里的家国忧患丝毫不比杜甫少，但他脸上，见不到杜甫的愁苦表情。到赵州[1]时，雨突然住了，无数条光线从云

---

1　今石家庄市赵县。

层背后散射下来，苏东坡描述其"西望太行，草木可数，冈峦北走，山谷秀杰"。山川悠远，犹如摊开的古画，或者一曲轻歌，无限地延长。他的心一下子变得无比地透彻与明净，于是写下一首《临城道中作》：

> 逐客何人著眼看，
> 太行千里送征鞍。
> 未应愚谷能留柳，
> 可独衡山解识韩。[1]

前两句主要是自嘲，身为逐客，在路上连个正眼看的人都没有，唯有绵绵无尽的太行山，目送他远行。后两句主要是自慰——他自比为唐朝柳宗元，因为永贞革新失败，贬居永州[2]，才有了山水忘情之乐；还有韩愈，因为被贬到连州阳山，后来遇到朝廷赦免，改任江陵[3]法曹参军，才能在赴任的途中，一睹衡山的壮丽雄姿。

至滑州[4]后，苏东坡得朝廷恩准，改走水路。到达当涂县慈湖夹时，已是溽热的六月，平地而起的大风阻断了苏东坡的去路。前路迢迢，生死未卜，苏东坡闷坐舟中，望着水浪翻卷，

---

1　［北宋］苏轼：《临城道中作》，见《苏轼全集校注》，第六册，第 4321 页，石家庄：河北人民出版社，2010 年版。
2　今湖南省永州市。
3　今湖北省荆州市。
4　今河南省滑州市。

一脸的茫然。突然间，他听到叫卖炊饼的声音，起初还以为是错觉，仔细看时，却见一条小舟在水浪里颠簸而来。小舟为他送来的不只是充饥的炊饼，还有山前墟落人家的消息。空茫的旅途，百里不见一线炊烟，这小小的消息，竟让他感到来自人间的暖意。

这一时刻，他内心里的细微感动，我们同样可以从他的诗里找到：

> 此生归路愈茫然，
> 无数青山水拍天。
> 犹有小船来卖饼，
> 喜闻墟落在山前。[1]

苏东坡是一个容易感伤的人，也是一个善于发现快乐的人。当个人命运的悲剧浩大沉重地降临，他就用无数散碎而具体的快乐来把它化于无形。这是苏东坡一生最大的功力所在。他是天生的乐天派，相比之下，他推崇的唐代诗人白乐天（白居易）只能是浪得虚名，白白乐天了。

更不用说，他一路上见到了思念已久的亲人旧友，成为对他旅途劳顿的最大犒赏——在汝州，他见到了被贬到那里的弟弟苏辙；过雍邱，他见到了米芾和马梦得；至汴上，他与晁说

---

1　［北宋］苏轼：《慈湖夹阻风五首》，见《苏轼全集校注》，第六册，第 4349 页，石家庄：河北人民出版社，2010 年版。

之共饮；到扬州，他见到了"苏门四学士"之一的张耒。张耒受官法限制，不能迎谒老师，于是派两名兵士随从老师南行，一路安顿照料。

那天晚上，在慈湖夹，苏东坡躺在船上，一直待到月亮西落，突然间听见艄公喊道："风转向了！"他们的船，才又悄悄起航，向帝国的深处行进。

三

苏东坡是在那一年的九月翻过大庾岭的。

从中原到南方，有一道道山脉遮天蔽日，截断去路，好在还有河流，自高山峡谷之间的缝隙穿入，成为连接南北的交通线。那个年代，纵穿帝国南北的道路主要有两条：一条是从大运河入长江，再入赣江，翻南岭，过梅关，入珠江流域；还有一条道路是由长江入湘江，经灵渠，再进入珠江流域。无论哪一条，都凶险异常。相比之下，由中原到岭南，走赣江距离更短，因而，有不同时代的名人从赣江经过，在这里"狭路相逢"，在宋代就有：欧阳修、苏东坡、辛弃疾、文天祥……我不曾想到过，这条荒蛮中的"道路"，竟然成了许多人的共同记忆，也成了中国历史上一个重要的文化现场。它像一根绳子，把许多人的命运捆绑在了一起，不是捆绑在一个相同的时间中，而是捆绑在一个相同的空间中。苏东坡从这里经过的时候，想躲过前人是不可能的，就像后来者在这里躲不过苏东坡一样。

几年前，我曾沿着赣江流域进行考察，与许多历史名人擦肩而过。他们的脚印、意志和所有故事的细节，至今仍蚀刻在那里。连来自意大利马切拉塔的天主教传教士利玛窦，也从这条路上走过。舍此，他无路可走。只不过他是与苏东坡逆向而行，苏东坡是自北向南，自中原而沿海，利玛窦则是自南而北，自沿海而中原。假如当年写《纸天堂》这本书，还有做《岩中花树》这部纪录片时，我能沿这条路走一遍，对于这个外国人进入中国内地的艰难会有更深的体味。

赣江上有十八滩，是公认的事故多发地段。这里落差大，礁石多。江水在暗礁中奔涌，势同奔马，让人望而生畏。我们都会背文天祥的诗句"惶恐滩头说惶恐"，但很多年中，我都不知道这惶恐滩在赣江上，是赣江十八滩的最后一滩，也是最凶险的一滩。江水急速流转，只有当地的滩师能够洞悉江流的每一处变化，知道江水的纹路所暗示的风险，所以船行至这里，须交给此地的滩师掌舵，行人货物全部上岸，从旱路过了十八滩，再与滩师会师，重新回到船上。到20世纪50年代，赣江上还有滩师，只是换了一个具有时代感的名字：引水员。

再往前，一道山影横在眼前，是南岭。

岭南，因地处"五岭"（也叫"南岭"，即大庾岭、骑田岭、都庞岭、萌渚岭、越城岭）之南而得名。即使到了宋代，也是遥远荒僻之地，用今天的话说，叫欠发达地区，只有广州等少数港口城市相对繁荣。五岭磅礴，隔断了中原的滚滚红尘，周围只有望不到头的大山。而那些山，就是用来跋涉的。唐代的诗人宰相张九龄曾经主持开凿过大庾岭驿道，劈山炸石，以打通中原与岭南，算是开了一条"国道"了吧，但即使"国道"，也是异常艰险。

翻过去，就是岭南了。

苏东坡是中国历史上被贬谪到大庾岭以南的第一人。

那才是"西出阳关无故人"。

那关，是南岭第一关——梅关。它像一道闸门，分开赣粤两省。梅关隘口的古驿道，同样是张九龄主持开建的，而石壁上两个巨大的"梅关"题字，却是宋代嘉祐八年（公元1063年）刻上去的。苏东坡来时，那两个字已赫然在目。

他写下《过大庾岭》：

> 一念失垢污，
> 身心洞清净。
> 浩然天地间，
> 惟我独也正。
> 今日岭上行，
> 身世永相忘。
> 仙人拊我顶，
> 结发授长生。[1]

---

1 ［北宋］苏轼：《过大庾岭》，见《苏轼全集校注》，第七册，第4391页，石家庄：河北人民出版社，2010年版。

他的诗里，早已不再有绝望和抱怨，只有宽容和接受。他既乐天，又悯人。乐天，是乐自己；悯人，是悯百姓。李一冰说："死生祸福，非人所为，人亦执着不得。苏东坡今日行于大庾岭上，孑然一身，宠辱两忘，决心要把自己过往的身世，一齐抛弃在岭北，要把五十九年身心所受的污染，于此一念之间，洗濯干净，然后以此清净之身，投到那个叫作惠州的陌生地方，去安身立命。"[1]

他的生命里，不再有崎岖和坎坷，只有云起云落，月白风清。


四


这个梅关，还真是梅之关。梅关南北遍植梅树，每至寒冬，梅花盛开，香盈雪径。一过梅关，大面积的梅花就闯进了苏东坡的视线，盛开如云。

那时才是十一月，苏东坡刚到广东惠州，松风亭下的梅花就开了。苏东坡的心底，情不自禁地涌起一阵感慨。他想起了黄州，在春风岭上见到细雨梅花，后来他在诗中记录了当年的憔悴："去年今日关山路，细雨梅花正断魂。"或许，他也想起了《寒食帖》，想起自己在宿醉之后醒来，看见庭院里的海棠花飘落满阶，零落成泥，内心曾被一种巨大的孤独感所包围。

---

1　李一冰：《苏东坡传》，下册，第 188 页，南京：江苏文艺出版社，2013 年版。

如今，那黄州已被他抛到万里云山之外，对梅花的冷艳幽独，他已心领神会，他笔下的梅花，也呈现出另外一副模样。

他抬笔，写了一首诗：

春风岭上淮南村，
昔年梅花曾断魂。
岂知流落复相见，
蛮风蜑雨愁黄昏。
长条半落荔支浦，
卧树独秀桄榔园。
岂惟幽光留夜色，
直恐冷艳排冬温。

松风亭下荆棘里，
两株玉蕊明朝暾。
海南仙云娇堕砌，
月下缟衣来扣门。
酒醒梦觉起绕树，
妙意有在终无言。
先生独饮勿叹息，
幸有落月窥清樽。[1]

1　［北宋］苏轼：《十一月二十六日，松风亭下，梅花盛开》，见《苏轼全集校注》，第七册，第4454页，石家庄：河北人民出版社，2010年版。

图10.1 ［南宋］扬无咎《四梅图》
北京故宫博物院藏

　　梅兰竹菊四君子，苏东坡专门画竹，不见他画梅，但他的诗里有梅。苏东坡这首《十一月二十六日，松风亭下，梅花盛开》，是读诗者绕不过去的。因为这诗，把梅花的秀色孤姿描摹到了极致。南宋朱熹，最恨苏东坡，唯有这首诗，他曾不止一次地唱和。清代纪晓岚为此感叹："天人姿泽，非此笔不称此花。"[1]

　　苏东坡不画梅，扬无咎替他画了。扬无咎笔下的墨梅，不是"近墨者黑"，而是在黑白中营造出绚丽耀眼的光芒与色彩。阳性的枝干，挺拔粗砺，阴性的梅花，圆润娟秀，那渊静的黑，与纯净的白，彼此映衬和成就，各有风神与风骨。北京故宫博

---

1　［清］纪昀：《纪评苏诗》，转引自《苏轼全集校注》，第七册，第4457页，石家庄：河北人民出版社，2010年版。

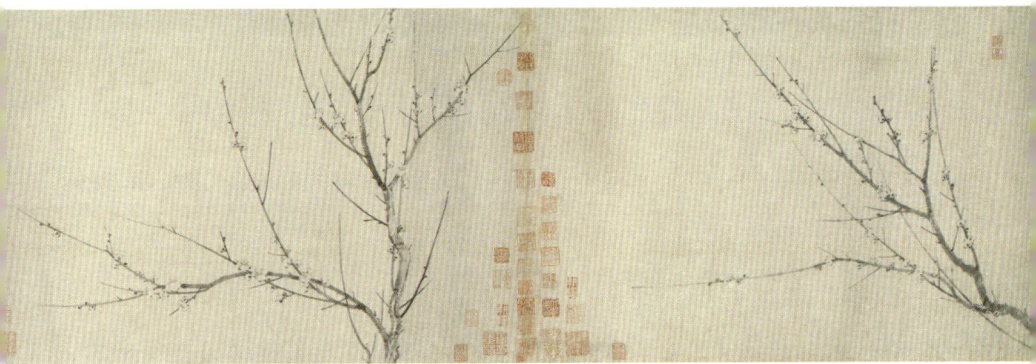

物院收着他的《四梅图》卷（图 10.1）和《雪梅图》卷，我几乎是过目不忘的。

梅花没有变，是人变了。他的身体变老了，他内心却变得雄健了，就像眼前的梅花，不惧夜寒相侵。他早已看透人世沧桑，五毒不侵，死猪不怕开水烫。

就像今天人们常说的，半杯子水，他不看那失去的半杯，只看还剩下的半杯。

最经典的例子，当然是他吃羊脊骨的故事。

那时，惠州城小，物资匮乏。由于经常买不到羊肉，苏东坡就从屠户那里买没人要的羊脊骨。苏东坡发现这些羊脊骨之间有没法剔尽的羊肉，于是把它们煮熟，用热酒淋一下，再撒上盐花，放到火上烧烤，用竹签慢慢地挑着吃，就像吃螃蟹一样。这就是今天流行的羊蝎子的吃法。它的祖师爷，依然可以

追溯到苏东坡。后来苏东坡给苏辙写信，隆重推出他的羊脊骨私家制法，对自己的创造力沾沾自喜。还说，这样做，会让那些等着啃骨头的狗很不高兴。

苏东坡依旧自己酿酒，就像在黄州那样，给自酿的酒起了桂酒、真一、罗浮春这些名目。酿酒的材料是大米，苏东坡客多，饮酒量也大，有时酒没了，去取米酿酒，才发现米也没了，不禁站在那里发呆，心里步陶渊明《岁暮和张常侍》诗韵，暗自做了一首诗：

> 米尽初不知，
> 但怪饥鼠迁。
> 二子真我客，
> 不醉亦陶然。[1]

对于苏东坡这样的吃货，遥远、荒僻的惠州并不吝啬，它以槟榔、杨梅、荔枝这些风物土产犒劳苏东坡贪婪的味蕾，让苏东坡这个地道的蜀人乐不思蜀。语云："饥者易为食。"对于一个吃不饱饭的人来说，任何食物都堪称美味。苏东坡与友人夜里聊天，肚子饿了，煮两枚芋头，都是美味。相比之下，朝廷中的高官们，锦衣玉食，还叹无处下箸，倒显得悲哀可怜。

荔枝这种水果，为南国特产，在山重水隔的中原，十分少

---

1　［北宋］苏轼：《和陶岁暮作和张常侍》，见《苏轼全集校注》，第七册，第4789页，石家庄：河北人民出版社，2010年版。

见，对苏东坡来说，也很新奇。在苏东坡心中，荔枝之味，
"果中无比"，它的丰肥细腻，只有长江上的鲥柱、河鲀这两
种水产可以媲美。苏东坡为荔枝写过不少诗，最有名的，就是
这一首：

> 罗浮山下四时春，
> 卢橘杨梅次第新。
> 日啖荔支三百颗，
> 不辞长作岭南人。[1]

苏东坡在家书中跟儿子开玩笑说，千万别让自己的政敌知
道岭南有荔枝，否则他们都会跑到岭南来跟他抢荔枝的。

## 五

然而，帝国的官场，比赣江十八滩更凶险。

就在过赣江十八滩时，苏东坡收到了朝廷把他贬往惠州的
新旨意。

苏东坡翻山越岭奔赴岭南的时候，他的老朋友章惇被任命
为尚书左仆射兼门下侍郎，成为帝国的新宰相。

苏东坡曾戏称，章惇将来会杀人不眨眼，不过那时二人还

---

1　［北宋］苏轼：《食荔支二首》，见《苏轼全集校注》，第七册，第4744页，石家庄：河北
人民出版社，2010年版。

是朋友。后来的历史，却完全验证了苏东坡的预言。苏东坡到惠州后，章惇一心想搞死他，以免他有朝一日卷土重来。由于宋太祖不得杀文臣的最高指示（北京故宫博物院藏有明代刘俊绘《雪夜访普图》轴，描绘赵匡胤在风雪之夜探访大臣赵普的场面，可见赵匡胤对文臣的重视，见图10.2），他只能采取借刀杀人的老套路，于是派苏东坡的死敌程训才担任广南提刑，让苏东坡没有好日子过。苏东坡过得好了，他们便过不好。

那时，苏东坡的儿子苏迨等人已经去了宜兴，他的身边，只有儿子苏过，侍妾朝云、碧桃。

苏东坡的家伎本来不多，在汴京时也只有数人而已，与士大夫邸宅里檀歌不息、美女如云的阵势比起来，已称得上寒酸了。此番外放，前往瘴疠之地，苏东坡更是把能遣散者都遣散了，唯有朝云，死也不肯在这忧患之际离开苏东坡，尤其在王闰之过世之后，这六十多岁老人的饮食起居，没有人照顾不行，所以她坚决随同苏东坡，万里投荒。

朝云之于苏东坡，并没有妻子的名分，却不失妻子的忠诚与体贴，朝云的存在，让晚年的苏东坡，多了一份安慰。

到达惠州的第二个秋天，苏东坡与朝云在家中闲坐，看窗外落叶萧萧，景色凄迷，苏东坡心生烦闷，便让朝云备酒，一边饮，一边吟出一首《蝶恋花》。

这词是这样的：

花褪残红青杏小。
燕子飞时，

图10.2 ［明］刘俊《雪夜访普图》
北京故宫博物院 藏

绿水人家绕。

枝上柳绵吹又少，

天涯何处无芳草。


墙里秋千墙外道。

墙外行人，

墙里佳人笑。

笑渐不闻声渐悄，

多情却被无情恼。[1]


　　"蝶恋花"，是五代到北宋时代的词人经常使用的一个词牌，是那个年代里最美的流行歌曲曲调。"蝶恋花"，本来就代表着一种依恋，甚至带有几分欲望的成分，晏几道、欧阳修、苏东坡，都曾用这一词牌表述自己的感情，"庭院深深深几许"，就出自欧阳修的"蝶恋花"，20 世纪词人毛泽东怀念杨开慧的词，也有意使用了这一词牌。因此，这一词牌，可以被视作一种美学形式。[2]


　　苏东坡的这首《蝶恋花》，本不是为朝云而作的，在词里，他把自己当成一个在暮春时节站在墙外偷看墙内少女荡秋千的

---

1　［北宋］苏轼：《蝶恋花》，见《苏轼全集校注》，第九册，第691页，石家庄：河北人民出版社，2010 年版。

2　参见《蒋勋说宋词》（修订版），第87页，北京：中信出版社，2014 年版。

偷窥者，后来那少女发现了有人在偷窥，就从秋千上下来，悄悄跑掉了，她的笑声，也越来越远。所谓"多情却被无情恼"，不是抱怨，而是自嘲，像苏东坡这样坦然在词里写进自己的尴尬，文学史上少见。

朝云抚琴，唱出这首《蝶恋花》，却一边唱，一边落下眼泪。苏东坡看见朝云泪光闪动，十分惊讶，忙问这是为何，朝云说："奴所不能歌者，惟'枝上柳绵吹又少，天涯何处无芳草'二句。"这是因为这二句，看上去朴实无华，却道尽了人世的无常。苏东坡一生坎坷，在严酷的现实之前，他不过是个墙外失意的过客而已。朝云懂得这词里的深意，想到人世无常，一呼一吸之间便有生离死别之虞，她想为苏东坡分担他的痛苦，却又无着力处，每想及此，便泪如泉涌，无法再歌。此后，朝云日诵"枝上柳绵"二句，每一次都为之流泪。后来重病，仍不释口。

后来苏东坡才意识到，这是朝云死亡的不祥之兆。

朝云是在绍圣三年（公元 1096 年）的七月里死去的，那是她随苏东坡到达惠州的第三个年头，死因是传染上了当地的瘟疫。果然是岭南这瘴疠之地害死了她，或者说，是苏东坡的流放，害死了她。

弥留之际，朝云还在口诵《金刚经》的"六如偈"：

> 一切有为法，
> 如梦幻泡影，
> 如露亦如电，

应作如是观。


念着念着，朝云的声息渐渐低微下去，缓缓而绝。

苏东坡的第一位夫人王弗死时，27 岁。

苏东坡的第二位夫人王闰之死时，45 岁。

朝云死时，只有 34 岁。

苏东坡悲苦流离的一生，曾先后得到三位女子的倾心眷顾，她们却又先后华年而逝，对于苏东坡，是幸，还是不幸？

有人说，"'枝上'二句，断送朝云"[1]。

朝云死后，苏东坡终身不再去听《蝶恋花》。[2]

三个月后，十月的秋风里，惠州西湖边，梅花又放肆地盛开了。西湖的名字，是苏东坡起的；西湖上的长堤，同样是苏东坡捐建的。西湖的一切，都与从前一样，只是此时，苏东坡的身边，永远不见朝云的身影。她就葬在湖边的山坡上，离苏东坡并不遥远。暮树寒鸦，令苏东坡肝肠寸断，望着岭上梅花，苏东坡悲从中来，写下一首《西江月》：


玉骨那愁瘴雾，

冰姿自有仙风。

海仙时遣探芳丛，


---

1　[明] 沈际飞：《草堂诗余正集》卷二，转引自邹同庆、王宗堂：《苏轼词编年校注》，第 756 页，北京：中华书局，2002 年版。
2　[清] 沈辰垣等编：《历代诗余》卷一一五，转引自邹同庆、王宗堂：《苏轼词编年校注》，第 754 页，北京：中华书局，2002 年版。

倒挂绿毛幺凤。

素面翻嫌粉涴，
洗妆不褪唇红。
高情已逐晓云空，
不与梨花同梦。[1]


## 六


朝云就这样走了，若她是蝴蝶，该有多好，会在每年花开时节，回来寻他。

北回归线的阳光照亮苏东坡苍老的面孔，荡秋千的少女却永远隐匿在黑暗中，永远不再复现。纵然长夜如发，寒凉透骨，梦醒时，却天空深邃，云翳轻远。

无论怎样，生活还要继续。他曾在给友人的信中称，不妨把自己当成一个一生没有考得功名的惠州秀才，一辈子没有离开过岭南，亦无不可。他依旧作诗，对生命中的残忍照单全收，虽年过六旬，亦从来不曾放弃自己的梦想，更不会听亲友所劝，放弃他最心爱的诗歌。在他看来，丢掉了诗歌，就等于丢掉了自己的灵魂，正是灵魂的力量，才使人具有意志、智性和活力，尽管那些诗歌，曾经给他，并且仍将继续给他带来祸患。

---

1 ［北宋］苏轼：《西江月》，见《苏轼全集校注》，第九册，第730页，石家庄：河北人民出版社，2010年版。

朝云的死，没有让政敌们对苏东坡生出丝毫怜悯之心，苏东坡内心的从容，却令他们大为不爽。那缘由，是苏东坡的一首名叫"纵笔"的诗，诗是这样写的：

> 白发萧萧满霜风，
> 小阁藤床寄病容。
> 报道先生春睡美，
> 道人轻打五更钟。[1]

这首诗，苏东坡说自己虽在病中，白发萧然，却在春日里，在藤床上安睡。这般的潇洒从容，让他昔年的朋友、后来的政敌章惇大为光火，说："苏东坡还过得这般快活吗？"朝廷上的那班政敌，显然是不愿意让苏东坡过得快活的，苏东坡快活了，他们就不快活。他们决定痛打苏东坡这只落水狗，既然不能杀了苏东坡，那就让他生不如死吧。朝云死后的第二年（公元1097年），来自朝廷的一纸诏书，又把苏东坡贬到更加荒远的琼州[2]，任昌化军安置，弟弟苏辙，也被谪往雷州。

苏东坡知道，自己终生不能回到中原了。长子苏迈来送别时，苏东坡把后事一一交待清楚，如同永别。那时的他，决定到了海南之后做的第一件事，就是为自己确定墓地和制

---

1　[北宋]苏轼：《纵笔》，见《苏轼全集校注》，第七册，第4770页，石家庄：河北人民出版社，2010年版。
2　今海南。

作棺材。他哪里知道，在当时的海南，根本没有棺材这东西，当地人只是在长木上凿出臼穴，人活着存稻米，人死了放尸体。

那时的苏东坡，白发苍然，孑然一身，只有最小的儿子苏过，抛妻别子，孤身相随。年轻的苏过，过早地看透了人世的沧桑，这也让他的内心格外早熟。他知道，父亲一贬再贬，是因为他功高名重，又从来不蝇营狗苟。他知道，人是卑微的，但是自己的父亲不愿因这卑微而放弃尊严，即使自然或命运向他提出苛刻的条件，他仍不愿以妥协而实现交易。这一强硬的姿态是原始的，类似于自然物的仿制。一座山、一块石、一棵树，都是如此。甚至一叶草，虽然弱不禁风，也试图保持自己身上原有的奇迹。这卑微里，暗藏着一种伟大。所以，有这样一个父亲，他不仅没有丝毫责难，相反，他感到无限的荣光。苏过在海南写下《志隐》一文，主张安贫乐道的精神，苏东坡看了以后，心有所感，说："吾可以安于岛矣。"

在宋代，已经有了"海南"之名。海南岛在大海之中，少数民族众多，语言、风俗皆与大陆迥异，《儋县志》记载："盖地极炎热，而海风苦寒。山中多雨多雾，林木阴翳，燥湿之气不能远，蒸而为云，停而为水，莫不有毒。"还说："风之寒者，侵入肌窍；气之浊者，吸入口鼻；水之毒者，灌于胸腹肺腑，其不死者几稀矣。"描述了一副非常可怕的景观。中原人去海南，十去九不还。苏东坡在给皇帝的谢表中，描述了全家人生离死别的场面：

生无还期，死有余责……而臣孤老无托，瘴疠交攻。子孙恸哭于江边，已为死别；魑魅逢迎于海外，宁许生还？念报德之何时，悼此心之永已。俯伏流涕，不知所云臣无任。[1]

这摧人断肠的景象，将被历史永远记下。

不出苏东坡所料，到达海南后，他看到的是一个"食无肉，出无舆，居无屋，病无医，冬无炭，夏无泉"的"六无"世界。

但对于苏东坡来说，最痛苦的，还不是举目无亲，"百物皆无"，而是没有书籍可读。仓惶渡海，当然不会携带书籍，无书可读的窘境，常令苏东坡失魂落魄。于是，苏东坡父子就开始动手抄书。苏东坡在《与程秀才三首》其三中写道："儿子到此，抄得《唐书》一部，又借得《前汉》欲抄，若了此二书，便是穷儿暴富也。"

元符二年（公元 1099 年）五月，友人郑嘉会从惠州隔海寄来一些书籍，对苏东坡父子，如天大的喜讯，他们在居住的桄榔庵里将书籍排放整齐。在《与郑嘉会二首》之一中，苏东坡说："此中枯寂，殆非人世，然居之甚安。况诸史满前，甚可与语者也。著书则未，日与小儿编排整齐之，以须异日归之左右也。"

那段日子里，父子二人以诗文唱和，情深感厚，情趣相得。

---

1 ［北宋］苏轼：《到昌化军谢表》，见《苏轼全集校注》，第十三册，第 2785 页，石家庄：河北人民出版社，2010 年版。

《宋史》记载，苏辙曾说过这样的话："吾兄远居海上，惟成就此儿能文也。"

苏过也很喜爱修习道家养生之术。他每天半夜起来打坐，俨然有世外超尘之志。苏东坡在《游罗浮山一首示儿子过》一诗中，骄傲地称许道：

> 小儿少年有奇志，
> 中宵起坐存黄庭。
> 近者戏作凌云赋。
> 笔势仿佛离骚经。[1]

与苏东坡一样，苏过在书法和绘画方面也造诣极高，在今天的台北故宫博物院，还收存着他的三件存世书法，分别为《赠远夫诗帖》（图10.3）、《试后四诗帖》和《疏奉议论帖》（即《贻孙帖》）。他也像父亲一样，痴迷于枯木竹石的绘画主题。今天，我们仍可查到苏东坡在儿子所作《枯木竹石图》上写下的题诗：

> 老可能为竹写真，
> 小坡今与石传神。
> 山僧自觉菩提长，

---

1　[北宋] 苏轼：《游罗浮山一首示儿子过》，见《苏轼全集校注》，第七册，第4430页，石家庄：河北人民出版社，2010年版。

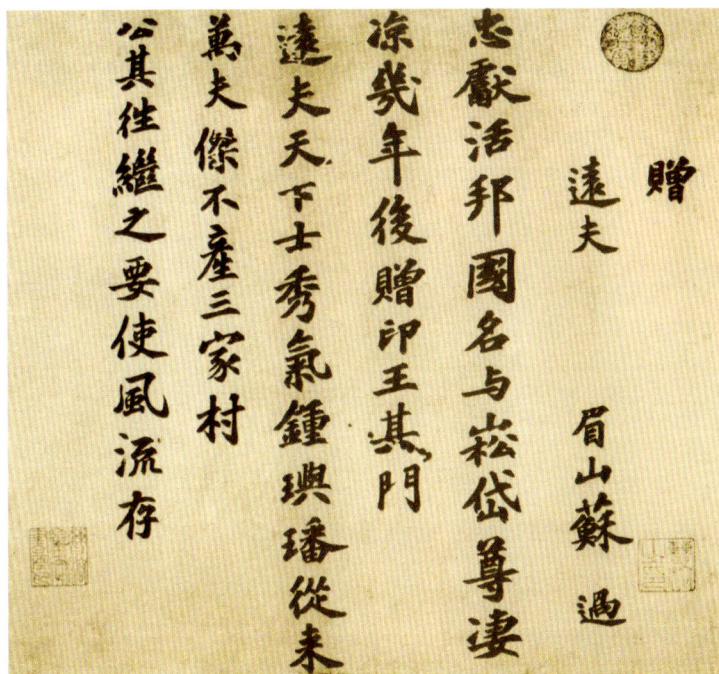

图10.3 ［北宋］苏过《赠远夫诗帖》
台北故宫博物院 藏

心境都将付卧轮。[1]

　　而苏东坡自己，则开始整理在黄州时写作的《易传》未定
稿，又开始动笔写《书传》。

　　七百多年后，纪晓岚读到这些书稿，把它们收入《四库
全书》。


## 七

　　在黄州时，苏东坡以为自己堕入了人生的最低点，那时的
他并不知道，他的命运，没有最低，只有更低。但是对人生的
热情与勇气，仍然是他应对噩运的杀手锏。在儋州，他除了写
书、作诗，又开始酿酒。有诗有酒，他从冲突与悲情中解脱出
来，内心有了一种节日般的喜悦。

　　与苏东坡泛舟赤壁的西蜀武都山道士杨士昌"善作蜜酒，
绝醇酽"，苏东坡特作《蜜酒歌》赠他。诗里写了酿制蜜酒的
过程：第一天酒液里开始有小气泡，第二天开始清澈光亮，第
三天打开酒缸，就闻到了酒香。打量着这甘浓的美酒，苏东坡
已经唾液生津了。

　　然而谁也没有想到，苏东坡酿出的蜜酒，喝下去似乎并不
那么甜蜜，反而会导致严重的腹泻。有人曾问苏东坡的两个儿

---

1　[北宋] 苏轼：《题过所画枯木竹石三首》其一，见《苏轼全集校注》，第七册，第5065页，
石家庄：河北人民出版社，2010年版。

子苏迈、苏过，这究竟是怎么回事？到底是酿酒秘方有问题，还是酿造工艺有问题？两位公子不禁抚掌大笑，说，其实他们的父亲在黄州仅仅酿过一次蜜酒，后来再也没有尝试过，那一次酿出来的味道跟屠苏药酒差不多，不仅不甜蜜，反而有点儿苦苦的。细想起来，秘方恐怕没有问题，只是苏东坡太性急，可能没有完全按照规定的工艺去酿，所以酿出来的不是蜜酒，而是"泻药"。

在黄州，苏东坡酿过蜜酒；在颍州，他酿过天门冬酒；在定州，他酿过松子酒；在惠州，为了除去瘴气，他再酿过桂酒；此时在海南，为了去三尸虫，轻身益气，他再酿天门冬酒。他在《寓居合江楼》末句"三山咫尺不归去，一杯付与罗浮春"后自注云："予家酿酒，名罗浮春。"他还写过一篇《东坡酒经》，难怪林语堂先生在《苏东坡传》中称其为"造酒试验家"。

有了酒，却没有肉。那时的海南，连猪肉也没有，在黄州研究出来的"东坡肉"，他只能在饥饿中想一想而已。他只能野菜野果当干粮，但他还写了一篇《菜羹赋》，声称："煮蔓菁、芦菔、苦荠而食之。其法不用醯酱，而有自然之味。"[1] 在饥饿的屈迫下，他像当年在黄州一样，开始寻找新的食物源。很快，他发现了生蚝的妙处。有一年，冬至将至，有海南土著送蚝给他。剖开后，得蚝肉数升。苏东坡将蚝肉放入浆水、酒中炖煮，又拿其中个儿大的蚝肉在火上烤熟，"食之甚美，未始

1　[北宋] 苏轼：《菜羹赋》，见《苏轼全集校注》，第十册，第85页，石家庄：河北人民出版社，2010年版。

有也"[1]。

刚到海南时，苏东坡经常站在海边，看海天茫茫，寂寥感油然而生，不知自己什么时候才能离开这孤岛。后来一想，九州大地，这世上所有的人，不都在大海的包围之中吗？苏东坡说，自己就像是小蚂蚁不慎跌入一小片水洼，以为落入大海，于是慌慌张张爬上草叶，心慌意乱，不知道会漂向何方。但用不了多久，水洼干涸，小蚂蚁就会生还。从人类的眼光来看，小蚂蚁很可笑，同样，从天地的视角里，他自己的个人悲哀也同样可笑。

在海南，被阳光镀亮的树木花草，动物的脊背，歌声，甚至鬼魂，都同样可以让他喜悦。这让我想起诗人杨牧在我国台湾岛上写下的一句话："正前方最无尽的空间是广阔，开放，渺茫，是一种神魂召唤的永恒。"[2]

苏东坡穿着薄薄的春衫，背着一只喝水的大瓢，在海南的田垄上放歌而行。途中一位老妇，见到苏东坡，走过来说了一句话，让苏东坡一愣。

她说："先生从前一定富贵，不过，都是一场春梦罢了。"

他不知那老妇是什么人，就像那位老妇，不会知道眼前这位白发老人，曾写下"明月几时有"和"大江东去"的豪迈诗句。

---

1　［北宋］苏轼：《食蚝》，见《苏轼全集校注》，第二十册，第 8773 页，石家庄：河北人民出版社，2010 年版。

2　杨牧：《奇来后书》，第 6 页，桂林：广西师范大学出版社，2014 年版。

八

公元 1100 年，宋徽宗即位，大赦天下，下旨将苏东坡徙往廉州[1]，苏辙徙往岳州[2]。台北故宫博物院收藏的《渡海帖》（又称"致梦得秘校尺牍"）（图10.4），就是这个时候书写的。只不过这次渡海，不是从大陆奔赴海南，而是从海南岛渡海北归，返回大陆。

那一次，他先去海南岛北端的澄迈寻找好友赵梦得，不巧赵梦得北行未归，苏东坡满心遗憾，写下一通尺牍，交给赵梦得的儿子，盼望能在渡海以后相见，这通《渡海帖》，内容如下：

> 轼将渡海，宿澄迈。承令子见访，知从者未归，又云恐已到桂府，若果尔，庶几得于海康相遇，不尔，则未知后会之期也。区区无他祷，惟晚景宜倍万自爱耳。匆匆留此纸令子处，更不重封。不罪！不罪！轼顿首梦得秘校阁下。六月十三日。
>
> 封囊：手启，梦得秘校。轼封。[3]

这幅《渡海帖》，被认为是苏东坡晚年书迹之代表，黄

1 今广西壮族自治区北海市合浦县廉州镇。

2 今湖南省岳阳市。

3 ［北宋］苏轼：《与赵梦得二首》其一，见《苏轼全集校注》，第二十册，第8855页，石家庄：河北人民出版社，2010年版。

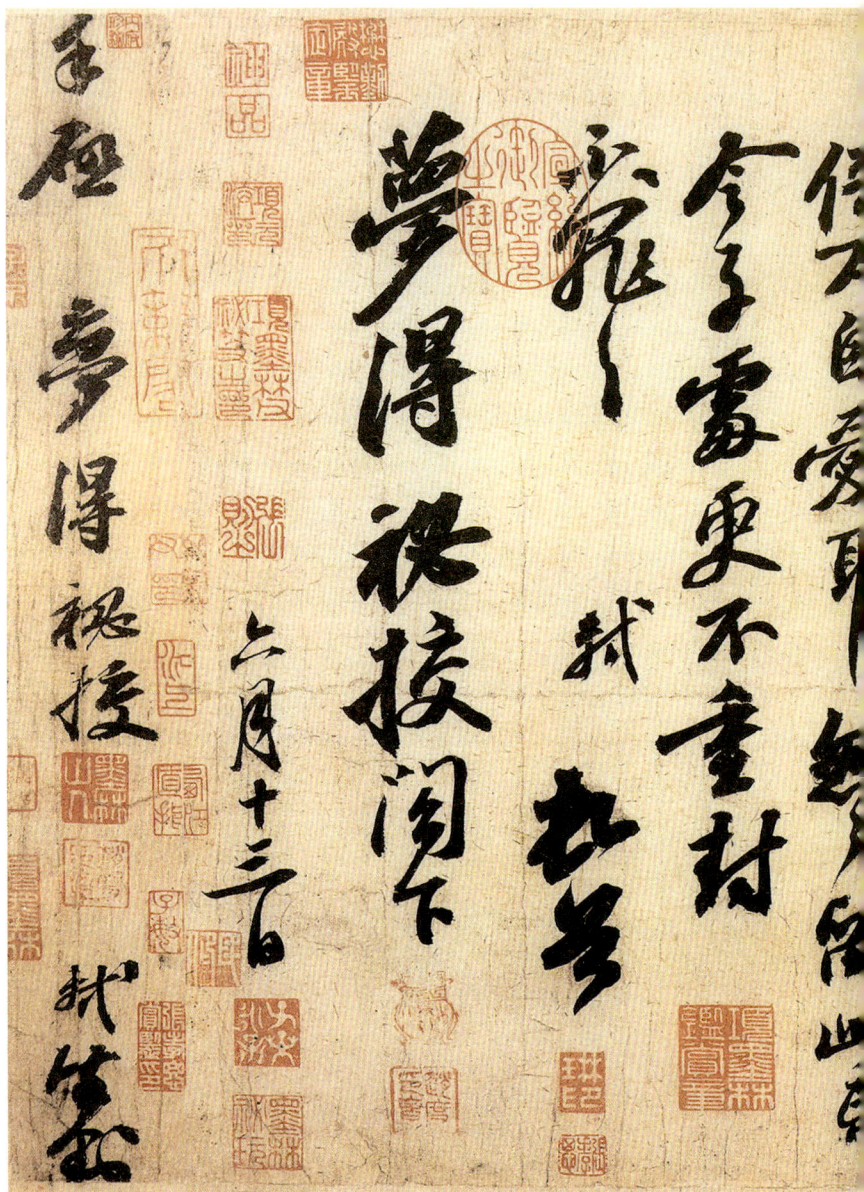

夢得秘挍閣下

軾

六月十三日

軾筆

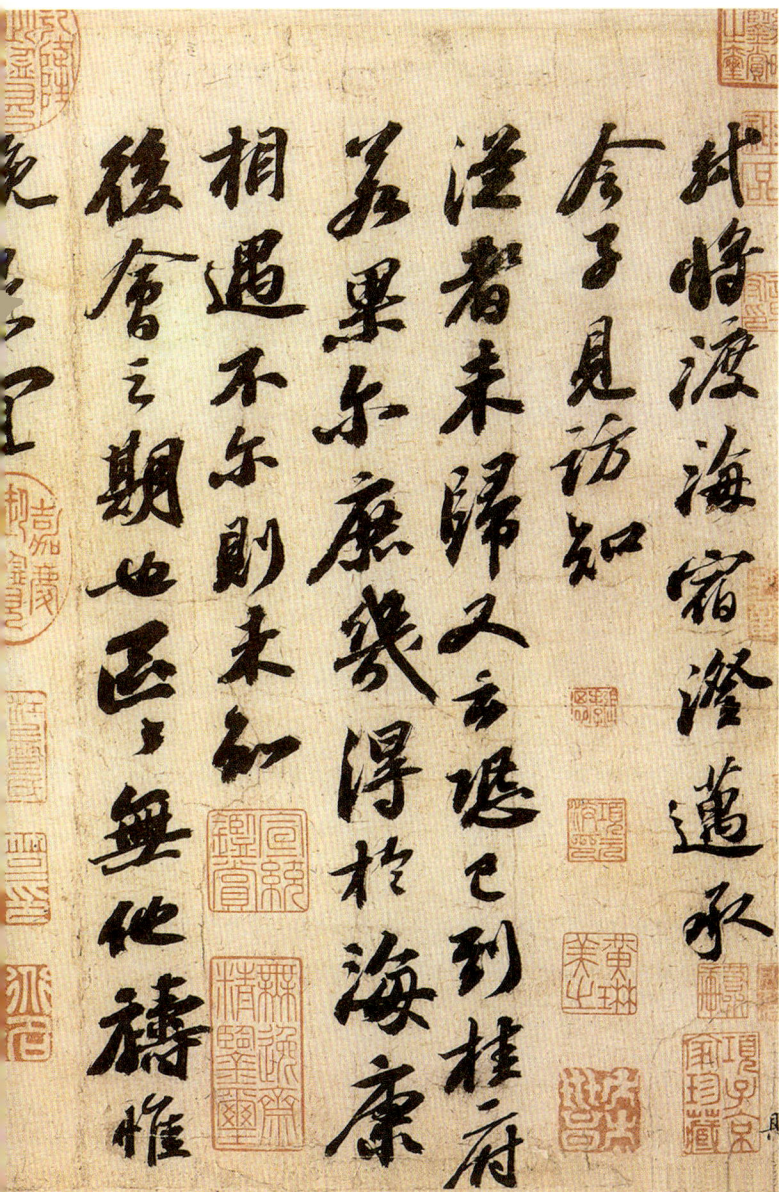

軾將渡海宿澄邁承
令子見訪知
迨者來歸又云恐已到桂府
若果尔庶幾浮於海康
相遇不尔則未知
後會之期也區區無他禱惟

图10-4　[北宋]苏轼《渡海帖》
台北故宫博物院藏

庭坚看到这幅字时，不禁赞叹："沉著痛快，乃似李北海。"
这件珍贵的尺牍历经宋元明清，流入清宫内府，被著录于
《石渠宝笈续编》，现在是台北故宫博物院《宋四家小品》
卷之一。

无论对于苏东坡，还是他之后任何一个被贬往海南的官员，
横渡琼州海峡都将成为记忆中最深刻的一段旅程。宋代不杀文
官，那个被放置在大海中的孤岛，对于宋代官员来说，几乎是
最接近死亡的地带。因此，南渡与北归，往往成为羁束与自由
的转折点。但对苏东坡来说，官位与方位的落差，都不能动摇
他心里的那根水平线，所谓"吾道无南北，安知不生今"。因
为他在自己的诗、画里找到了足够的自由，徜徉其中，无端来
去、追逐、尽享欢乐，因此，地位和地理的变化已经不那么重
要，好像不管在哪里，他都能得到一种不曾体验过的美。这让
他在颠沛之间，从来不失希望与尊严；那份动荡中的安静，在
今天看来更加迷人。他在澄迈留下的一纸《渡海帖》，没有心
率过速的痕迹，相反，这帖里有一种静，难以想象，静如石头
的沉思。

他就这样告别了那个岛，告别了台风与海啸，告别了那些
朝朝暮暮的烈日与细雨，告别了林木深处的花妖，带上行囊里
仅有的书，重返深远的大陆。再过大庾岭时，一位白发老人看
到苏东坡，得知他就是大名鼎鼎的苏东坡，便上前作揖说：
"我听说有人千方百计要陷害您，而今平安北归，真是老天保
佑啊！"

苏东坡听罢，心里已如翻江倒海，挥笔给老人写下一首诗：

鹤骨霜髯心已灰，

青松合抱手亲栽。

问翁大庾岭头住，

曾见南迁几个回。[1]


再过渡口时，不知他是否会想起当年在故乡的渡口见到过的郭纶，那个满眼寂寞的末路英雄。

岁月，正把他自己变成郭纶。

因此，在故乡，他遇到的不是郭纶，而是未来的自己。

在记忆的那端，"是红尘，是黑发"，这端则"是荒原，是孤独的英雄"[2]。

越过南岭，经赣江入长江，船至仪真[3]时，苏东坡跟米芾见了一面。米芾把他珍藏的《太宗草圣帖》和《谢安帖》交给苏东坡，请他写跋，那是六月初一。两天后，苏东坡就瘴毒大作，猛泻不止。到了常州[4]，苏东坡的旅程，就再也不能延续了。

七月里，常州久旱不雨，天气躁热，苏东坡病了几十日，二十六日，已到了弥留之际。

他对自己的三个儿子说："吾生无恶，死必不坠。"

意思是，我这一生没做亏心事，不会下地狱。

---

1　[北宋] 苏轼：《赠岭上老人》，见《苏轼全集校注》，第八册，第5237页，石家庄：河北人民出版社，2010年版。

2　李敬泽：《小春秋》，第91页，北京：新星出版社，2010年版。

3　今江苏省仪征市。

4　今江苏省常州市。

又说："至时，慎毋哭泣，让我坦然化去。"

如同苏格拉底死前所说："我要安静地离开人世，请忍耐、镇静。"

苏东坡病中，他在杭州时的旧友、径山寺维琳方丈早已赶到他身边。此时，他在苏东坡耳边大声说："端明宜勿忘西方！"

苏东坡气若游丝地答道："西方不无，但个里着力不得！"[1]

钱世雄也凑近他的耳畔大声说："固先生平时履践至此，更须着力！"

苏东坡又答道："着力即差！"

苏东坡的回答再次表明了他的人生观念：世间万事，皆应顺其自然；能否度至西方极乐世界，也要看缘分，不可强求。他写文章，主张"随物赋形"，所谓"行于所当行"，"止于不可不止"，他的人生观，也别无二致。西方极乐世界存在于对自然、人生不经意的了悟之中，绝非穷尽全力临时抱佛脚所能到达。死到临头，他仍不改他的任性。

苏迈含泪上前询问后事，苏东坡没有作出任何回应，溘然而逝。

那一年，是公元 1101 年，12 世纪的第一个年头。

---

1  周辉：《清波杂志》，转引自李一冰：《苏东坡传》，下册，第 310 页，南京：江苏文艺出版社，2013 年版。

# 九

心似已灰之木，
身如不系之舟。
问汝平生功业，
黄州惠州儋州。[1]

这是苏东坡在北上途中，在金山寺见到李公麟当年为他所作的画像时即兴写下的一首诗，算是对自己一生的总结。

有人曾用"八三四一"来总结苏东坡的一生："八"是他曾任八州知州，分别是密州、徐州、湖州、登州、杭州、颍州、扬州、定州；"三"是他先后担任过朝廷的吏部、兵部和礼部尚书；"四"是指他"四处贬谪"，先后被贬到黄州、汝州、惠州、儋州；"一"是说他曾经"一任皇帝秘书"，在"翰林学士知制诰"的职位上干了两年多，为皇帝起草诏书八百多道。

然而，当生命行将走到尽头的时候，他回首自己的一生，最想夸耀的不是厕身廊庙的辉煌，而是他受贬黄州、惠州和儋州的流离岁月。这里面或许包含着某种自嘲，也包含着他对个人价值特有的认知。钱穆先生在《谈诗》中说："苏东坡诗之伟大，因他一辈子没有在政治上得意过。他一生奔走潦倒，波澜曲折都在诗里见。但苏东坡的儒学境界并不高，但在他处艰

---

1　[北宋] 苏轼：《自题金山画像》，见《苏轼全集校注》，第十册，第5573页，石家庄：河北人民出版社，2010年版。

难的环境中，他的人格是伟大的，像他在黄州和后来在惠州、琼州的一段。那个时候诗都好，可是一安逸下来，就有些不行，诗境未免有时落俗套。东坡诗之长处，在有豪情，有逸趣。"[1]

即使在以入仕为士人第一价值的宋代，苏东坡也不屑于用世俗的价值规范自己的生命。假若立功不成，他就把立言当作另一种"功"——一种更持久、也更辉煌的功业。他飞越在现实之上，这是一种极其罕见的本领，如弗吉尼亚·伍尔夫所说：他"能把生命从其所依托的事实中解脱出来；寥寥几笔，就点出一副面貌的精魂，而身体倒成了多余之物；一提起荒原，飒飒风声、轰轰霹雳便自笔底而生"[2]。

李泽厚先生在《美的历程》中说，苏东坡的选择，"是奉儒家而出入佛老，谈世事而颇作玄思；于是，行云流水，初无定质，嬉笑怒骂，皆成文章；这里没有屈原、阮籍的忧愤，没有李白、杜甫的豪诚，不似白居易的明朗，不似柳宗元的孤峭，当然更不像韩愈那样盛气凌人不可一世。苏东坡在美学上追求的是一种朴质无华、平淡自然的情趣韵味……并把这一切提到某种透彻了悟的哲理高度"。

李泽厚先生还说，苏东坡"对从元画、元曲到明中叶以来的浪漫主义思潮，起了重要的先驱作用。直到《红楼梦》中的'悲凉之雾，遍布华林'，更是这一因素在新时代条件下的成果"[3]。

---

1 钱穆：《谈诗》，见《中国文学论丛》，第 117 页，北京：生活·读书·新知三联书店，2005 年版。
2 ［英］弗吉尼亚·伍尔夫：《普通读者》，第 114 页，北京：北京十月文艺出版社，2015 年版。
3 李泽厚：《美的历程》，第 166—168 页，北京：生活·读书·新知三联书店，2009 年版。

九百年后，2000 年，法国《世界报》在全球范围内评选 1001 年 ~2000 年间十二位世界级杰出人物，苏东坡成为中国唯一入选者，被授予"千古英雄"称号。

苏东坡在未来国人心中的位置，是蔡京、高俅之辈想象不到的，犹如苏东坡不会料到，蔡京，还有自己曾经的家臣高俅，即将在自己死后登上北宋政治的前台。

## 十

苏东坡辞世后不久，蔡京就被任命为宰相，司马光又成了王朝的负资产，北宋政坛又掀起了暴风骤雨。尽管这个王朝已经折腾不了几年了，但小人们还是完成了逆袭。他们急不可耐地把已去世多年的司马光批倒批臭，司马光曾经的战友苏东坡，也被拉进了这份"黑名单"，被列为待制以上官员的"首恶"，"苏门四学士"黄庭坚、秦观、张耒、晁补之也被打为"黑骨干"。他们请宋徽宗亲笔把这批元祐圣贤的"罪行"写下来，刻在石碑上，立于端礼门前，让这些朝廷的精英遗臭万年。这块篡改历史之碑，史称"元祐党人碑"。

为了与中央保持一致，蔡京下令全国复制这块碑，要求每个郡县都要刻立"元祐党人碑"。这应该是中国历史上规模最大的一次石碑翻刻行动，也是规模最大的篡改历史行为，宋徽宗著名的瘦金体，从此遍及郡县村寨。他们一如当年的大禹、秦始皇，再一次征用了石头，要求石头继续履行它们的政治义务，并用这一整齐划一的行动提醒人民，对历史的任何书写都要听命于政治。他们打倒了苏东坡，还不解气，还要踏上亿万只脚，让他永世不得翻身。

但即使如此，还是有人对帝国的语法不屑一顾，宋人王明清《挥麈录》里记录过九江一个名叫李仲宁的刻工，就对上级交办的任务心存不满，说："小人家旧贫窭，止因开苏内翰、黄学士词翰，遂至饱暖。今日以奸人为名，诚不忍下手。"[1]

《宋史》也记载过类似的故事，比如长安一个名叫安民的刻工，对上级官员说，小民本是一个愚人，不明白为什么要立碑，只是像司马（光）相公这样的人，地球人都知道他是正直之人，如今说他奸邪，小民实在不忍刻下来。府官听后很生气，要收拾他。安民无奈，只能带着哭腔说，让我刻我就刻吧，只是恳请不要在后面刻上我的名字，别让我落个千古骂名。

此时的官场，唯有高俅敢和蔡京分庭抗礼，说苏东坡的好话。在这一点上，他算有良心。史载，他"不忘苏氏，每其子弟入都，则给养恤甚勤"。

那时，苏东坡早已像一个断线的风筝，跌落在离家万里的紫陌红尘中，对宋徽宗和蔡京的举动，他的喉咙和手，都不能再发言了。

苏东坡的一生总让人想起《老人与海》里的老渔夫圣地亚哥，一次次出海都一无所获，最终打回一条大鱼，却被鲨鱼一路追赶，在无边的暗夜里，他没有任何武器，只能孤身搏斗，

---

1　[宋]王明清 撰，田松青 校点：《挥麈录》，第157页，上海：上海古籍出版社，2012年版。

回港时，只剩下鱼头鱼尾和一条脊骨。

但苏东坡的生命里没有失败，就像圣地亚哥说出的一句话："人不是为失败而生的，一个人可以被毁灭，但不能给打败。"[1]

## 十一

很多年过去了，苏东坡最小的儿子苏过潜入汴京，寄居在景德寺内。权倾一时的宦官梁师成知道了这件事，想验一验他的身份，就把这事报告给了宋徽宗。一日，宫中役吏突然来到景德寺，宣读了一份圣旨，召苏过入宫。抬轿人把他让进了轿子，然后行走如飞。大约走了十里，到达一处长廊，抬轿人把轿子放下来，一位内侍把苏过引入一座小殿，苏过发现殿中那位身披黄色褙子，头戴青玉冠，被一群宫女环绕的人，正是宋徽宗。

当时正值六月，天大热，但那宫殿里却堆冰如山，让苏过感到阵阵寒凉。喷香仿佛轻烟，在宫殿里缭绕不散，一切都有如幻象。苏过行过礼，恍惚间，听见宋徽宗开口了。他说："听说卿家是苏东坡之子，善画窠石，现有一面素壁，烦你一扫，没有别的事。"

苏过再拜承命，然后走到壁前，在心里度量了一下，便濡毫落笔。

那空白的墙壁，犹如今天的电影银幕，上映着荒野凄迷的

---

1　［美］海明威：《老人与海》，第99页，上海：上海译文出版社，2009年版。

景色。

他迅速画出一方石，几株树。[1]

笔触那么地疏淡、简远、清雅、稳重。

那份不动声色，那份磊落之气，几乎与当年的苏东坡别无二致。

在北宋末年落寞迟暮的气氛里，那石头，更凸显几分坚硬与顽强。

只是后来，伴随着金兵南下，那画，那墙，那宫殿，都在大火中消失了。

仿佛突然中断的电影画面。

在这世上，有些美好的事物是可以逆生长的。

当枯树发芽，石头花开，一张纸页成为传奇，人们就会从那张古老的纸上，嗅出旧年的芬芳。

---

1　［宋］王明清 撰，田松青 校点：《挥麈录》，第 157 页，上海：上海古籍出版社，2012 年版。

# 仅次于上帝的人

他给予那个时代的，比他从时代中
得到的更多。

## 一

　　中国历史上的文人艺术家，论个人境遇，很难找出比苏东
坡更惨的。假若我替苏东坡回答梁济的提问，我一定会说，他
所置身的时代，是一个最坏的时代，压抑得透不过气来，看不
到一点希望。但是，苏东坡的文字——像前面提到的《寒食帖》，
有尖锐的痛感，却没有怨气。

　　我不喜欢怨气重的人，具体地说，我不喜欢愤青，尤其是
老愤青。年轻的时候，我们对很多事物心怀激愤，还可以理解。
但人到中年以后，仍对命运忿忿不平，就显得无聊、无趣，甚

至无理了。怨气重，不是在表明一个人的强大，而是在表明一个人的猥琐与虚弱。苏东坡不是哀哀怨怨的受气包，不是絮絮叨叨的祥林嫂。倘如此，他就不是我们艺术史上的那个苏东坡了。他知道"月有阴晴圆缺，人有悲欢离合，此事古难全"，夜与昼、枯与荣、灭与生，是万物的规律，谁也无法抗拒，因此，他决定笑纳生命中的所有阴晴悲欢、枯荣灭生。他不会像屈原那样，把自己当作香草幽兰，只因自己的政治蓝图无法运行，就带着自己的才华与抱负投身冰冷的江水，纵身一跃的刹那也保持着华美的身段与造型，就像奥运会上的跳水运动员那样；他不会像魏晋名士那样，一副嬉皮士造型；也不会像诗仙李白那样"天子呼来不上船"，醉眼迷离爱谁谁，一旦不得志，随时可以挥手与朝廷说拜拜。

假如一个人无法改变他置身的时代，那就不如改变自己——不是让自己屈从于时代，而是从这个时代里超越。这一点，苏东坡做到了，当然，是历经了痛苦与磨难之后，一点一点地脱胎换骨的。木心说："李白、苏东坡、辛弃疾、陆游的所谓豪放，都是做出来的，是外露的架子。"[1]这话有点随便了。假如豪放那么好做，那就请木心先生做来看看。实际上，豪放不是做出来的，而是在炼狱里炼出来的，既有文火慢熬，也有强烈而持久的击打。苏东坡的豪放气质，除了天性使然，更因为苦难与黑暗给了他一颗强大的内心，可以笑看大江东去，纵

---

1　木心：《文学回忆录》，第231页，桂林：广西师范大学出版社，2013年版。

318　在故宫寻找苏东坡

论世事古今。他豪放，因为他有底气，有强大的自信。"大江东去，浪淘尽，千古风流人物。"无论周公瑾、诸葛亮，还是曹孟德，那么多的风云人物，那么多的历史烟云，都终被这东去的江水淘洗干净了。一切皆是浮云，都是雪泥鸿爪——"雪泥鸿爪"这词，就是苏东坡发明的。一个人的高贵，不是体现为惊世骇俗，而是体现为宠辱不惊、安然自立。他画墨竹（《潇湘竹石图》），画石头（《枯木怪石图》），都是要表达他心中的高贵。

## 二

　　苏东坡生活的时代，无论如何不能说是一个最好的时代。他一生历经宋仁宗、宋英宗、宋神宗、宋哲宗、宋徽宗五位皇帝，一茬不如一茬。叶嘉莹说："北宋弱始自仁宗。"[1]宋仁宗当年说"吾今日又为子孙得太平宰相两人"，对苏东坡器重有加；宋英宗久慕苏东坡文名，曾打算任命苏东坡为翰林，因为受到宰相韩琦的阻挠，才没能实现；宋神宗也器重苏东坡，却抵不过朝廷群臣的构陷而将苏东坡下狱，纵然他寄望于苏东坡，也犯不着为苏东坡一人得罪群臣；宋哲宗贪恋女色，14岁就想着以宫中寻找乳婢的名义给自己找女人；宋徽宗玩物玩女人，终致亡国，关于他的故事，留待以后细说。公元1101年，苏

---

1　叶嘉莹：《古典诗词讲演集》，第249页，石家庄：河北教育出版社，2001年版。

东坡死在常州，距离北宋王朝的覆灭，只有 25 年。

他敬天，敬地，敬物，敬人，也敬自我，在孤独中与世界对话，将自己的思念与感伤，快乐与凄凉，将生命中所有不能承受但又必须承受的轻和重，都化成一池萍碎、二分尘土，雨晴云梦、月明风袅，留在他的艺术里。在悲剧性的命运里，他仍不忘采集和凝望美好之物，像王开岭所写的："即使在一个糟糕透顶的年代、一个心境被严重干扰的年代，我们能否在抵抗阴暗之余，在深深的疲惫和消极之后，仍为自己攒下一些明净的生命时日，以不至于太辜负一生？"[1]

我经常说，现实中的所有问题与困境，都有可能从历史中找到答案。许多人并不相信，在这里，苏东坡就成为从现实围困中拔地而起的一个最真实的例子。时代给他设定的困境与灾难，比我们今天面对的要复杂得多。苏东坡置身在一个称得上坏的时代，却并不去幻想一个更好的时代，因为即使在最好的时代里，也会有不好的东西。

他相信，在这个世界上，没有完美无缺的彼岸，只有良莠交织的现实。因此，苏东坡没有怨恨过他的时代，甚至连抱怨都没有。这是因为他用不着抱怨——他根本就不在乎那是怎样的时代，更不会对自己与时代的关系做出精心的设计与谋划。

---

1  王开岭：《夜泊笔记》，见《第十六届百花文学奖散文奖获奖作品集》，第 17 页，天津：百花文艺出版社，2015 年版。

三

有的艺术家必须依托一个好的时代才能生长，就像叶赛宁
自杀后，高尔基感叹的：他生得太早，或者太晚了。

但像苏东坡这样的人是大于时代的，无论身处怎样的时代，
时代都压不死他。

他给予那个时代的，比他从时代中得到的更多。

因此，木心说，艺术家仅次于上帝。[1]

2015 年 8 月 31 日动笔于北京
2016 年 2 月 16 日完稿于北京

---

1　木心：《文学回忆录》，上册，第 499 页，桂林：广西师范大学出版社，2013 年版。

几乎每一个中国人，都会在不同
的境遇里，与他相遇。


一


千古风流人物，我最想写的，就是苏东坡。

不是写一篇文章，而是用一本书，表达我的敬意。

这不仅是因为苏东坡重要，每一个中国人，心头都萦绕着
他的诗句词句。比如"十年生死两茫茫，不思量，自难忘"；
比如"拣尽寒枝不肯栖，寂寞沙洲冷"；比如"老夫聊发少年
狂，左牵黄，右擎苍"； 比如"回首向来萧瑟处，归去，也
无风雨也无晴"； 比如"枝上柳绵吹又少，天涯何处无芳草"；
比如"但愿人长久，千里共婵娟"；比如"小舟从此逝，江海

寄余生"；更不用说"大江东去，浪淘尽，千古风流人物"……

这里面，有孤独，有相思；有柔情，有豪放；有挫败，有挣扎；有苦涩，有洒脱。他的文学，几乎包含了我们精神世界里的所有主题。于是，几乎每一个中国人，都会在不同的境遇里，与他相遇。

更是因为苏东坡好玩。他机智、幽默、坦荡，乐于和自己的苦境相周旋，从不绝望，也从不泯灭自己的创造力。甚至说，他文化和人格中所有的亮点，都是由他所处的苦境激发出来的。苏东坡不仅让我们见证了世界的荒谬与黑暗，也让我们看到了人的潜能，看到了中国文化精神的茁壮。

二十多年前，读林语堂先生的《苏东坡传》，就痴迷不已。苏东坡在文学、艺术和人格上的魅力，在经过林语堂先生的转译之后，没有丝毫的折损，相反更加突出。这不仅因为林语堂先生对中国古典文化有着精深的造诣，同时又有着雕塑家一般的塑型能力，更因为林语堂先生与苏东坡在气质上有着惊人的相合。因此我想，林语堂先生选择苏东坡作为传主，既有文化上的认同，亦与他个性相吻合。

林语堂先生的《苏东坡传》，几乎是一部不可超越的杰作。此书的魅力，不只在于让我们了解了苏东坡，更提醒我们对于苏东坡的了解是多么地不够。我用了四年的时间翻阅二十卷册的《苏轼全集校注》，试图以此，向他那浩瀚无边的精神世界慢慢靠近。

# 二

在先后完成《故宫的风花雪月》和《故宫的隐秘角落》两部书稿之后，我准备暂时停止这种通览式的写作，而专注于个案研究。2015年上半年，我开始酝酿本书的写作。

这本书的真正动笔，却是缘于一次失败的演讲。那是2015年11月中国作家协会在海南博鳌举办的中国文学首届博鳌论坛，作协安排我做大会发言。那天我想讲的主题，就是以苏东坡为例，分析一个作家如何面对时代的困局。那本是一次即兴演讲，但是讲到苏东坡，却突然语塞，不知从何说起。他宏大、复杂而又精妙、细致，像迷宫，像曲径交叉的花园，让我突然间迷失，语无伦次。我不知自己是否被那个文化上的庞然大物吓到了，还没有准备好，就贸然地闯进了苏东坡的世界。那一次，我算得上落荒而逃——从讲台上落荒而逃，也从苏东坡的世界里落荒而逃。

苏东坡——一千年前的一个男子，让我充满了言说的冲动，却一时不知从何说起。他就这样在我的身体里不断地汹涌和搅动，不吐不快。聊可安慰的是，那次尴尬让我开始思考，苏东坡到底是谁，怎样才能条缕清晰地表达这个人的意义，这本书，就这样慢慢地现出了模样。

因此，中国文学首届博鳌论坛的成果，不仅是后来整理发表的名家言论，本书也是论坛的成果之一，只不过，它是论坛的私生子，不太方便张扬。

# 三

巧合的是，这一年下半年，中央电视台纪录频道（CCTV9）准备拍摄大型历史纪录片《苏东坡》，总导演张晓敏是我多次合作的老搭档，我们曾合作过另一部人物传记纪录片《岩中花树——利玛窦》，此外还合作过26集大型历史纪录片《历史的拐点》等，彼此都有信任感，这一次，她仍然请我做《苏东坡》总撰稿。

此时我才意识到，写作此书的准备，已在不知不觉中完成了。我不仅阅读了苏东坡的许多篇什，而且十年之中，几乎走过了苏东坡走过的所有道路。比如前往苏东坡的故乡四川眉山；比如翻越艰险的蜀道，从四川进入陕西（当年李白从成都进入长安，走的也是这条道）；比如定州、河洛、江浙之行；比如自长江入赣江，体验十八滩之险；比如翻越南岭，抵达广东梅州、惠州；比如渡过琼州海峡，抵达海南……十余年间，我不是出于有意的策划，而全然在无意之间，重走了苏东坡的道路，而当书写苏东坡的欲念一天天明朗起来时，我才发现，这一切都是天意。

于是我放弃了来自中央电视台的另一项邀请——纪录片《孔子》的总撰稿，而选择了《苏东坡》。

尽管我也爱孔子。

只是我可以书写人间的苏东坡，却不知如何面对神坛上的孔子。

## 四

在写法上，作为故宫博物院一名工作人员，我更多地把苏东坡的精神世界与"艺术史原物"联系起来。本书拥有如此数量的插图，就是为了强调本书的图像志意义，以此证明历史本身所具有的"物质性"。两岸故宫（以及世界其他博物馆）所收存的艺术史物证（如本书所引用的），实际上是在我们与苏东坡之间建立联系的一条隐秘的通道，并借此构建苏东坡（以及他那个时代的文化精神）的整体形象。正基于此，本书取名《在故宫寻找苏东坡》。

其次，这本书首先是把苏东坡放置到人间——他本来就是人间的。他是石，是竹，也是尘，是土，是他《寒食帖》所写的"泥污燕支雪"。他的文学艺术，牵动着人世间最凡俗的欲念，同时又代表着中国文化最坚定的价值。他既是草根的，又是精英的。（这让我想起前些年中国诗坛关于知识分子写作与民间写作的对立是多么地可笑，在苏东坡的世界里，这样的对立根本就不会存在。）

第三，全书的布局，我从苏东坡的生命中撷取了十个侧面，分别是：第一章：入仕；第二章：求生；第三章：书法；第四章：绘画；第五章：文学；第六章：交友；第七章：文人集团；第八章：家庭；第九章：为政；第十章：岭南。我尽可能将这十个主题与苏东坡生命的时间线索相衔接。

我相信世间每一个人都能从苏东坡的艺术里重新感受到人生，而苏东坡，也定然在后人的阅读里，一遍遍地重新活过。

2016 年 2 月 13 日写于成都
4 月 24 日一改于北京
2017 年 2 月 10 日二改于北京

# 图版目录

## 第一章

- 1.1 ［元］赵孟頫 《苏轼小像》 北京故宫博物院藏
- 1.2 ［北宋］欧阳修 《灼艾帖》 北京故宫博物院藏
- 1.3 ［北宋］佚名 《文官图》壁画（局部） 北京故宫博物院藏
- 1.4 ［北宋］王安石 《过从帖》 台北故宫博物院藏

## 第二章

- 2.1 ［东晋］王羲之 《兰亭集序》（唐·冯承素摹本） 北京故宫博物院藏
- 2.2 ［唐］李白 《上阳台帖》 北京故宫博物院藏
- 2.3 ［北宋］范仲淹 《道服赞》 北京故宫博物院藏
- 2.4 ［北宋］范仲淹 《远行帖》 北京故宫博物院藏
- 2.5 ［北宋］范仲淹 《边事帖》 北京故宫博物院藏
- 2.6 ［北宋］李公麟 《孝经图》卷（局部） 美国大都会艺术博物馆藏
- 2.7 ［北宋］苏轼 《归去来兮辞》 台北故宫博物院藏
- 2.8 ［北宋］司马光 《通鉴稿》 中国国家图书馆藏

## 第三章

- 3.1 ［北宋］苏轼 《寒食帖》 台北故宫博物院藏
- 3.2 ［北宋］苏轼 《治平帖》 北京故宫博物院藏
- 3.3 ［北宋］苏轼 《新岁展庆帖》 北京故宫博物院藏
- 3.4 ［北宋］苏轼 《人来得书帖》 北京故宫博物院藏
- 3.5 ［北宋］苏轼 《前赤壁赋》 台北故宫博物院藏

第四章

- 4.1 ［北宋］米友仁 《潇湘奇观图》（局部） 北京故宫博物院藏
- 4.2 ［北宋］米芾 《珊瑚帖》 北京故宫博物院藏
- 4.3 ［北宋］苏轼（传） 《枯木怪石图》 日本阿部房次郎爽籁馆藏
- 4.4 ［北宋］苏轼（传） 《潇湘竹石图》 中国美术馆藏
- 4.5 ［元］顾安 《幽篁秀石图》 北京故宫博物院藏
- 4.6 ［明］夏昶 《淇园春雨图》 北京故宫博物院藏
- 4.7 ［南宋］夏圭 《雪堂客话图》 北京故宫博物院藏
- 4.8 ［北宋］苏轼 《跋王诜诗词帖》 北京故宫博物院藏
- 4.9 ［北宋］王诜 《行草自书诗卷》（局部） 北京故宫博物院藏
- 4.10 ［北宋］王诜 《渔村小雪图》（局部） 北京故宫博物院藏

第五章

- 5.1 ［五代］李成 《读碑窠石图》 日本大阪市里美术馆藏
- 5.2 ［北宋］郭熙 《窠石平远图》 北京故宫博物院藏
- 5.3 ［元］李士行 《枯木竹石图》 北京故宫博物院藏
- 5.4 ［北宋］赵佶 《祥龙石图》 北京故宫博物院藏
- 5.5 ［南宋］赵构 《后赤壁赋》 北京故宫博物院藏
- 5.6 ［南宋］马和之 《后赤壁赋图》（局部） 北京故宫博物院藏

第六章

- 6.1 ［北宋］苏轼 《一夜帖》 台北故宫博物院藏

第七章

- 7.1 ［北宋］李公麟 《西园雅集图》（局部） 私人收藏
- 7.2 ［南宋］刘松年 《卢仝烹茶图》 北京故宫博物院藏

# 参考文献

## 文献汇编及年谱

- 《苏轼年谱》，北京：中华书局，1998 年版。
- 四川大学中文系：《苏轼资料汇编》，北京：中华书局，1994 年版。
- 《故宫博物院藏品大系》（书法编，绘画编），北京：故宫出版社，2008-2015 年版。
- 《故宫书画图录》，台北：故宫博物院，1989-2008 年版。
- 《故宫藏画大系》，台北：故宫博物院，1993-1998 年版。
- 《故宫百宝——故宫人最喜爱的文物》，北京：故宫出版社，2013 年版。
- 《中国美术全集》，北京：人民美术出版社，2006 年版。
- 《中国绘画全集》，北京：文物出版社，2014 年版。
- 《宋画全集》，杭州：浙江人民美术出版社，2008 年版。
- 《石渠宝笈》（精选配图版），北京：故宫出版社、南昌：江西美术出版社联合出版，2014 年版。
- 《中国书画全书》，上海：上海书画出版社，1992-1999 年版。
- 《中国古代画论类编》，北京：人民美术出版社，1957 年版。
- 金维诺：《中国美术史论集》，哈尔滨：黑龙江美术出版社，2004 年版。
- 唐圭璋：《词话丛编》，北京：中华书局，1986 年版。

## 原始著作

- ［元］脱脱等撰：《宋史》，北京：中华书局，2000 年版。
- 《苏东坡全集校注》，石家庄：河北人民出版社，2010 年版。
- 《苏洵集》，郑州：中州古籍出版社，2010 年版。
- 《欧阳修集》，南京：凤凰出版社，2014 年版。
- 《黄庭坚集》，南京：凤凰出版社，2014 年版。
- 《宣和书谱》，杭州：浙江人民美术出版社，2012 年版。
- 《宣和画谱》，杭州：浙江人民美术出版社，2012 年版。
- ［唐］陆羽等著、宋一明译注：《茶经译注（外三种）》，上海：上海古籍出版社，2009 年版。
- ［北宋］沈括著、金良年、胡小静译：《梦溪笔谈全译》，上海：上海古籍出版社，2013 年版。
- ［南宋］孟元老撰、邓之诚注：《东京梦华录注》，北京：中华书局，1982 年版。
- ［南宋］王明清：《挥麈录》，上海，上海古籍出版社，2012 年版。
- 《黄州府志》（弘治十四年刻印本），黄冈市地方志办公室、黄冈市档案局，2009 年重刊。
- 《黄州府志》（康熙二十四年刻印本），黄冈市地方志办公室、黄冈市档案局，2009 年重刊。
- ［明］张岱：《陶庵梦忆　西湖梦寻》，上海：上海古籍出版社，2001 年版。
- ［清］沈复：《浮生六记》，上海：上海古籍出版社，2001 年版。
- ［清］阮元：《石渠随笔》，杭州：浙江人民美术出版社，2012 年版。

## 研究著作

- 林语堂：《苏东坡传》，长沙：湖南文艺出版社，2012 年版。
- 李一冰：《苏东坡传》，南京：江苏文艺出版社，2013 年版。
- 王水照、崔铭：《苏轼传》（最新修订版），天津：天津人民出版社，2013 年版。
- 王金山：《文同 苏轼》，石家庄：河北教育出版社，2006 年版。
- 王水照：《王水照说苏东坡》，北京：中华书局，2015 年版。
- 中国人民政治协商会议眉山市委员会编：《千年英雄苏东坡图传》，成都：四川人民出版社，2007 年版。
- 钱钟书：《宋诗选注》，北京：人民文学出版社，1989 年版。
- 葛兆光：《中国思想史》，上海：复旦大学出版社，2009 年版。
- 徐复观：《中国艺术精神》，桂林：广西师范大学出版社，2007 年版。
- 李春青：《趣味的历史——从两周贵族到汉魏文人》，北京：生活·读书·新知三联书店，2014 年版。
- 孙立群：《中国古代的士人生活》，北京：商务印书馆，2014 年版。
- 刘扬忠：《崇文盛世——中华文学通览·宋代卷》，北京：中华书局，1997 年版。
- 吴钩：《宋——现代的拂晓时辰》，桂林：广西师范大学出版社，2015 年版。
- 钱穆：《国史大纲》，北京：商务印书馆，2013 年版。
- 黄仁宇：《中国大历史》，北京：生活·读书·新知三联书店，1997 年版。
- 许倬云：《从历史看人物》，桂林：广西师范大学出版社，2011 年版。
- 李敬泽：《小春秋》，北京：新星出版社，2010 年版
- 刘仲敬：《经与史——华夏世界的历史建构》，桂林：广西师范大学出版社，2015 年版。

- 谢俊美、田玉洪：《中国古代官制》，北京：中国国际广播出版社，2010 年版。
- 张驭寰：《中国城池史》，天津：百花文艺出版社，2003 年版。
- 李孝聪：《中国城市的历史空间》，北京：北京大学出版社，2015 年版。
- 张泉：《城殇——晚清民国十六城记》，北京：新星出版社，2012 年版。
- 白寿彝：《中国交通史》，长沙：岳麓书社，2011 年版。
- 李桂平：《赣江十八滩》，北京：生活·读书·新知三联书店，2014 年版。
- 宗白华：《美学散步》，上海：上海人民出版社，2015 年版。
- 宗白华：《艺境》，北京：商务印书馆，2011 年版。
- 李泽厚：《美的历程》，北京：生活·读书·新知三联书店，2014 年版。
- 《徐邦达集》，北京：故宫出版社，2005-2014 年版。
- 黄宾虹：《古画微》，杭州：浙江人民美术出版社，2013 年版。
- 潘天寿：《关于构图问题》，杭州：浙江人民美术出版社，2013 年版。
- 张伯驹：《烟云过眼》，北京：中华书局，2014 年版。
- 陈师曾：《中国绘画史》，杭州：浙江人民美术出版社，2013 年版。
- 俞剑华：《中国绘画史》，南京：东南大学出版社，2009 年版。
- 王伯敏：《中国绘画通史》，北京：生活·读书·新知三联书店，2009 年版。
- 薄松年：《中国绘画史》，上海：上海人民美术出版社，2013 年版。
- 郑午昌：《中国画学全史》，上海：上海古籍出版社，2008 年版。
- 郑昶：《中国画学全史》，长沙：岳麓书社，2010 年版。
- 石守谦：《从风格到画意——反思中国美术史》，北京：生活·读书·新知三联书店，2015 年版。
- 李霖灿：《中国美术史稿》，台北：雄狮图书股份有限公司，1987 年版。
- 陈传席：《中国绘画美学史》（修订第二版），北京：人民美术出版社，2012 年版。

- 滕固：《唐宋绘画史》，北京：中国古典艺术出版社，1958 年版。
- 童书业：《唐宋绘画谈丛》，北京：朝花美术出版社，1962 年版。
- 徐小虎：《画语录：听王季迁谈中国书画的笔墨》，桂林：广西师范大学出版社，2014 年版。
- 余辉：《隐忧与曲谏——〈清明上河图〉解码录》，北京：北京大学出版社，2015 年版。
- 巫鸿：《时空中的美术——巫鸿中国美术史文编二集》，北京：生活·读书·新知三联书店，2009 年版。
- 吴欣主编：《山水之境——中国文化中的风景园林》，北京：生活·读书·新知三联书店，2015 年版。
- 袁金塔：《中西绘画构图之比较》，台北：艺风堂出版社，1989 年版。
- 刘纲纪：《书法美学简论》，武汉：湖北人民出版社，1982 年版。
- 徐利明：《中国书法风格史》，郑州：河南美术出版社，1997 年版。
- 蒋勋：《美的沉思》，长沙：湖南美术出版社，2014 年版。
- 蒋勋：《汉字书法之美》，桂林：广西师范大学出版社，2009 年版。
- 蒋勋：《蒋勋说宋词》（修订版），北京：中信出版社，2014 年版。
- 王国维：《人间词话》，北京：中华书局，2012 年版。
- 叶嘉莹：《唐宋词十七讲》，石家庄：河北教育出版社，1997 年版。
- 叶嘉莹：《唐宋词名家论稿》，石家庄：河北教育出版社，2001 年版。
- 叶嘉莹：《古典诗词讲演集》，石家庄：河北教育出版社，2001 年版。
- 彭国忠：《元祐词坛研究》，上海：华东师范大学出版社，2002 年版。
- 木心：《文学回忆录》，桂林：广西师范大学出版社，2013 年版。
- 张炜：《陶渊明的遗产》，北京：中华书局，2016 年版。
- 孙机：《中国古代物质文化》，北京：中华书局，2014 年版。
- 扬之水：《无计花间住》，上海：上海人民出版社，2011 年版。
- 扬之水：《宋代花瓶》，北京：人民美术出版社，2014 年版。
- 扬之水：《香识》，北京：人民美术出版社，2014 年版。

- 扬之水：《唐宋家具寻微》，北京：人民美术出版社，2014 年版。
- 扬之水：《两宋茶事》，北京：人民美术出版社，2015 年版。
- 袁江蕾：《忆昔花间相见时》，天津：天津教育出版社，2009 年版。
- 格非：《博尔赫斯的面孔》，南京：译林出版社，2014 年版。
- 格非：《雪隐鹭鸶——〈金瓶梅〉的声色与虚无》，南京：译林出版社，2014 年版。

## 汉译著作

- [德]傅海波、[英]崔瑞德编:《剑桥中国辽西夏金元史》,北京:中国社会科学出版社,2006 年版。
- [日]小岛毅:《中国思想与宗教的奔流——宋朝》,桂林:广西师范大学出版社,2014 年版。
- [德]迪特·库恩:《儒家统治的时代——宋的转型》,北京:中信出版社,2016 年版。
- [英]麦高温:《中国人生活的明与暗》,北京:时事出版社,1998 年版。
- [法]谢和耐:《中国社会史》,南京:江苏人民出版社. 1997 年版。
- [法]谢和耐:《蒙元入侵前夜的中国日常生活》,北京:北京大学出版社,2008 年版。
- [英]罗伊·莫克塞姆:《茶——嗜好、开拓与帝国》,北京:生活·读书·新知三联书店,2015 年版。
- [美]费正清、赖肖尔主编:《中国:传统与变革》,南京:江苏人民出版社,1992 年版。
- [德]马克斯·韦伯:《儒教与道教》,南京:江苏人民出版社,1997 年版。
- [美]D. 布迪、C. 莫里斯:《中华帝国的法律》,南京:江苏人民出版社,1998 年版。
- [英]柯律格:《长物——早期现代中国的物质文化与社会状况》,北京:生活·读书·新知三联书店,2015 年版。
- [美]高居翰:《图说中国绘画史》,北京:生活·读书·新知三联书店,2014 年版。
- [英]迈珂·苏立文:《山川悠远——中国山水画艺术》,上海:上海书画出版社,2015 年版。
- [美]孟久丽:《道德镜鉴——中国叙述性图画与儒家意识形态》,北京:生活·读书·新知三联书店,2014 年版。
- [美]何慕文:《如何读中国画——大都会艺术博物馆藏中国书画精品导览》,北京:北京大学出版社,2015 年版。

研究文章

- 钱穆：《理学与艺术》，原载《宋史研究集》，第七辑，第 2 页，台北：台湾书局，1974 年版。
- ［日］内藤湖南：《概括的唐宋时代观》，原载《日本学者研究中国史论著选译》，第 11-18 页，北京：中华书局，1992 年版。
- 贾平凹：《丑石》，原载《人民日报》，1981 年 2 月 20 日。
- 佳音:《苏东坡画作孤本〈潇湘竹石图〉的历史传奇》，原载《文史参考》（精华本），总第 25—48 期。
- 徐胜利：《隐括：宋词独特的创作方法》，原载《鄂州大学学报》，2005 年第 4 期。
- 韩晓东：《王蒙：政治、文学、生活、人生》，原载《中华读书报》，2015 年 9 月 23 日。

**图书在版编目（CIP）数据**

在故宫寻找苏东坡 / 祝勇著. -- 长沙 ：湖南美术
出版社，2017.6

　　ISBN 978-7-5356-8035-8

　　Ⅰ．①在… Ⅱ．①祝… Ⅲ．①散文集－中国－当代
Ⅳ．① I267

中国版本图书馆 CIP 数据核字（2017）第 107019 号

# 在故宫寻找苏东坡
ZAI GUGONG XUNZHAO SU DONGPO

祝勇 著

出 版 人 黄　啸

出 品 人 陈　垦

出 品 方 中南出版传媒集团股份有限公司
　　　　 上海浦睿文化传播有限公司
　　　　 上海市巨鹿路 417 号 705 室（200020）

责任编辑 张抱朴

特约编辑 赵恭宏

装帧设计 周伟伟

美术编辑 张　苗

责任印制 王　磊

出版发行 湖南美术出版社

长沙市雨花区东二环一段 622 号（410016）

网　　址 www.arts-press.com

经　　销 湖南省新华书店

印　　刷 恒美印务（广州）有限公司

开本：880mm×1230mm　1/32　　　印张：10.5　字数：200 千字

版次：2017 年 6 月第 1 版　　　　　印次：2019 年 9 月第 7 次印刷

书号：978-7-5356-8035-8　　　　　定价：78.00 元

版权专有，未经本社许可，不得翻印。

如有倒装、破损、少页等印装质量问题，请与印刷厂联系调换。

联系电话：020-84981812

**PR** 浦睿文化
INSIGHT MEDIA

出 品 人：陈　垦
策　　划：刘　佳
监　　制：余　西　蔡　蕾
出版统筹：戴　涛
编　　辑：张　煜
装帧设计：周伟伟
美术编辑：张　苗

浦睿文化 Insight Media
投稿邮箱：insightbook@126.com
新浪微博 @浦睿文化